OUVRAGES DE A. ROBIDA

LES VIEILLES VILLES D'ITALIE. Un volume in-8° raisin, illustré de nombreuses gravures. (Maurice Dreyfous, éditeur.)

LES VIEILLES VILLES DE SUISSE. Un volume in-8° raisin, illustré de nombreuses gravures. (Maurice Dreyfous, éditeur.)

LES VIEILLES VILLES D'ESPAGNE. Un volume in-8° raisin, illustré de nombreuses gravures. (Maurice Dreyfous, éditeur.)

VOYAGES TRÈS EXTRAORDINAIRES DE SATURNIN FARANDOUL. Un fort in-8° jésus, illustré de nombreuses gravures. (A la *Librairie illustrée*.)

LA GRANDE MASCARADE PARISIENNE. Un volume in-8° jésus, illustré de nombreuses gravures. (A la *Librairie illustrée*.)

LE VINGTIÈME SIÈCLE. Un volume in-8° colombier, illustré de gravures dans le texte et hors texte. (A la *Librairie illustrée*.)

VOYAGES DE MONSIEUR DUMOLLET. Un volume in-8° colombier, illustré de gravures dans le texte et hors texte. (A la *Librairie illustrée*.)

LE DIX-NEUVIÈME SIÈCLE. Un volume in-8° colombier, illustré de gravures dans le texte et hors texte. (A la *Librairie illustrée*.)

ŒUVRES DE RABELAIS, illustrées de très nombreuses gravures, dans le texte et de gravures hors texte en couleurs. (A la *Librairie illustrée*.)

ÉVREUX, IMPRIMERIE DE CHARLES HÉRISSEY

LA
VIEILLE FRANCE

NORMANDIE

LA
VIEILLE FRANCE

TEXTE, DESSINS ET LITHOGRAPHIES

PAR

A. ROBIDA

NORMANDIE

PARIS
A LA LIBRAIRIE ILLUSTRÉE
8, RUE SAINT-JOSEPH, 8

Tous droits réservés.

A Georges DECAUX

EN TÉMOIGNAGE DE VIEILLE AMITIÉ

Permettez-moi, mon cher ami, en souvenir de chaudes sympathies déjà anciennes, et de tant de bonnes causeries sur tout ce que nous aimons tous les deux, les grands aspects de notre pays, l'art et les belles choses d'autrefois, de vous dédier cette série de volumes sur la Vieille France *et en particulier celui-ci, consacré à cette Normandie que nous avons vue un peu ensemble, aux bons endroits, du côté des enroulements fleuris de la Seine, autour de la majestueuse vieille cité normande, du Rouen magnifique aux flèches géantes.*

Il y a bien longtemps déjà que nous avions projeté cette promenade dans les provinces françaises si variées de caractère et de couleurs si diverses, d'aspects si tranchés au point de vue monumental. Tous les pays n'ont pas cette heureuse variété, la France sous ce rapport est favorisée; quelle différence entre la Bretagne par exemple et la Bourgogne, entre l'Auvergne ou la Provence et la Normandie ! C'est un changement complet du tout au tout. Fondues dans la grande patrie, elles n'en ont pas moins toujours une vie propre et elles se sont développées différemment, — les ancêtres les ont modelées, ont élevé les villes, et les ont décorées de monuments plus ou moins superbes, — avec un idéal particulier, suivant des goûts différents.

Villes petites ou grandes, capitales importantes autrefois ou petits bourgs ensommeillés, fières cités ayant souvent joué un rôle considérable et tenu grande place dans l'histoire, vieux châteaux, donjons debout encore dans l'inébranlable solidité de leurs pierres, ou riches castels de la Renaissance épanouie, cathédrales et beffrois de villes où battit le cœur des vieilles populations, antiques abbayes ruinées, combien possédons-nous de monuments admirables d'un grandiose passé! nul pays au monde n'est aussi riche que nous en magnifiques souvenirs des siècles disparus, vestiges non pas éparpillés à travers des espaces, mais serrés au contraire en grand nombre, semés partout sur notre sol et répandus tout le long de nos fleuves et de nos rivières.

Hélas! il faut l'avouer, l'âge présent leur est bien dur à ces vieux souvenirs. Aujourd'hui a déclaré la guerre à Jadis, et très injustement, très maladroitement bat en brèche tous nos vieux monuments, toutes nos villes, qu'il veut à toute force faire passer dans un moule monotone, raclant toute saillie intéressante, et détruisant impitoyablement toute originalité. Combien de changements attristants, combien d'édifices superbes ou modestes ont déjà disparu! combien de remarquables aspects de ville ont été lamentablement détériorés! On a passé dans un pays, on a vu et admiré quelque chose, monument ou carrefour, on repasse, il n'y a plus rien, rien qu'une rue banale et des façades tristement quelconques!...

Pendant qu'il en est temps encore, et que, Dieu merci, il nous reste à admirer chez nous beaucoup de belles et bonnes choses, dépêchons-nous donc et voyageons le crayon à la main!

A. ROBIDA.

L'ABBAYE DU MONT SAINT MICHEL

L'ARRIVÉE AU MONT

NORMANDIE

I

LE MONT SAINT-MICHEL

Dans les sables mouvants sur formidable roc,
Au péril de la Mer est Saint-Michel de France.

Monseigneur saint Michel, l'archange soldat, patron de l'illustre rocher sculpté, merveille entre les merveilles, chef-d'œuvre énorme des confins de Normandie, de l'illustre mont Saint-Michel au péril de la mer, des sables et des ingénieurs; Monseigneur saint Michel, très certainement, ne peut pas aimer le modernisme épidémique, le transformisme faussement utilitaire qui sévit sur presque tout le sol européen et que les marées mugissantes et les sables enlisants ne semblent pas, hélas! devoir arrêter dans sa marche menaçante sur tout ce qui subsiste encore de noble et de brave, de grand et de pittoresque dans l'héritage bien dilapidé d'un magnifique passé.

C'est donc sous l'invocation du vaillant saint Michel qu'il convient de placer ce pèlerinage artistique aux bonnes villes de la vieille France et en particulier aux cités de la riche et grasse Normandie, d'autant plus menacées qu'elles sont plus riches et plus prospères, — aux beautés pittoresques des villes, œuvre des aïeux en train de disparaître presque partout sous la pioche brutale et inconsidérée des fils.

Ce n'est pas seulement parce que saint Michel est le patron du reliquaire de pierre et de granit placé dans les flots, là-bas devant Avranches, que nous l'invoquons, c'est encore et surtout parce qu'il a le poignet très vigoureux, qu'il est bardé d'acier et armé de la lance toujours victorieuse.

O grand saint Michel, brandis cette lance, coupe d'abord la digue injurieuse qui menace de conduire jusqu'à toi le dragon de feu du XIXe siècle, le chemin de fer, d'ailleurs excellent pour les contrées de la prose, mais ici anachronisme inutile et blasphématoire. Coupe la digue à trois cents mètres de la place pour garder à ton roc son poétique aspect d'îlot éternellement battu par la vague, et perfore ensuite de ton fer les ennemis de nos vieilles pierres, de nos villes et de nos monuments, de nos paysages urbains, des suprêmes témoins et des vestiges d'autrefois; pointe sans pitié sur tout ennemi du Beau pittoresque, qu'il soit préfet ou sous-préfet, maire, conseiller municipal ou entrepreneur de démolitions; sur tous bourreaux de vieilles rues innocentes ou tourmenteurs jurés de malheureux édifices sans défense [1]

Mets-toi donc en travers de tout nouveau meurtre architectural, notre génération anti-artistique en a commis assez et de suffisamment gros; sauve ce qui reste encore debout des vestiges d'un temps où l'art était partout, sur tout et dans tout, aussi bien en la plus petite bâtisse du plus petit maçon de campagne, que dans les cathédrales s'élevant magnifiquement dans le ciel, — temps lointain et parfaitement écoulé, hélas! où l'idéal des municipalités, des architectes et des populations n'était pas encore Chicago!

O grand saint Michel! que notre roi Louis XI qualifia de premier chevalier, de Prince de la gendarmerie céleste, si les supplications des artistes des Gaules pour les vieilles pierres en péril de démolisseurs, enlaidisseurs et transformateurs te laissaient insensible, peut-être se souviendrait-on, en désespoir de cause, que l'éternel ennemi que tu foules aux pieds sur ton champ de bataille de nuages, l'archange maudit lui-même, fut, toutes les traditions l'affirment, un grand bâtisseur et un rude architecte! Et peut-être irait-on, en suprême désespérance, jusqu'à l'invoquer à ton défaut!

Que l'on y réfléchisse, Satanas le Maudit qui a bien ses défauts et n'est pas défendable sous les autres rapports, gagne beaucoup à être considéré uniquement comme architecte. Son œuvre éparpillée un peu partout est immense et mériterait d'être étudiée à fond... même à l'École des beaux-arts. En n'accordant même à l'architecte cornu que la moitié de ce qu'on lui attribue de monuments superbes éparpillés de par le monde, on est bien forcé d'avouer que nul artiste ne fut jamais plus superbe et plus génial et qu'il a eu bien tort d'occuper ses brillantes facultés à toute autre chose que l'architecture.

Les traditions sont là, à toutes les pages de l'histoire de l'art on voit Satanas bâtisseur, maçon, sculpteur, forgeron, menuisier, horloger, Satanas donnant des plans de cathédrales, mettant courageusement la main au travail, couvrant les vastes nefs de voûtes trop compliquées pour de simples géomètres, élevant à lui tout seul, étage par étage, les grosses tours et dressant au sommet les flèches de pierre, ajourées pour laisser passer la prière, construisant la pyramide de Strasbourg, le Kreisker de Saint-Pol-de-Léon, ou les tours de Bayeux, sculptant sur les façades des anges et des symboles qui le devaient bien gêner pourtant, ciselant les grandes rosaces, forgeant comme à Notre-Dame de Paris, sous le pseudonyme de Biscornette, les pentures des portes en fantastiques arabesques de fer.

Éprouve-t-on des difficultés à bien asseoir sur quelque roc incommode le donjon formidable de quelque château fort, ou à jeter un pont sur un fleuve peu endurant, Satanas s'en charge et livre sans délai un travail toujours parfait...

Et pour le règlement des comptes, le quart d'heure toujours douloureux, Satanas, si malin quand il n'y a pas de question artistique en jeu, se laisse chaque fois berner et duper avec la plus grande facilité. Certes, les vrais artistes n'entendirent jamais rien aux affaires ! Toujours on le voit recevoir une grimace, une âme de chat ou de juif pour tout honoraire et, non découragé, se remettre naïvement ensuite à un autre chef-d'œuvre qui sera payé de même !

Trop de déconvenues ont cependant fini par le lasser, car il semble avoir pris de nos jours une retraite définitive. Il est probablement retourné à ses autres et plus vilaines occupations, le maudit, ce qui est vraiment dommage pour bien des monuments modernes qui eussent gagné à l'avoir pour *Maître de l'œuvre*. Et voilà pourquoi votre architecture est muette !

Roc-château-abbaye-ville, le mont Saint-Michel se dresse très superbe au centre de la baie qu'incessamment, deux fois par jour, avec la douceur d'une lente inondation ou la froide furie d'une mer traîtresse, les vagues parcourent, venant de loin, du fond verdâtre de l'horizon.

La terre profile ses côtes basses et verdoyantes sous Avranches, remontant ensuite en falaises vers la pointe de Carolles qui ferme la baie du côté de la Normandie, de l'autre s'éloignant et s'estompant dans un lointain bleuâtre vers les roches de Cancale et la pointe bretonne du Grouin. Il y a bien, pour rattacher le roc illustre à la terre, l'ithsme factice, la fameuse et malencontreuse digue qui rend des services et les fera probablement payer très cher si l'on n'y prend garde — qui pourrait, au moyen de la coupure proposée, rendre tout autant de services sans rien ajouter au péril du mont, — mais l'arrivée au mont par cette digue de Pontorson, trop commode et trop facile, par l'omnibus banal qui va là comme à Pontoise, est bonne tout au plus pour les Cooks-touristes ou les trains de plaisir pressés.

Pour qui tient à se procurer toutes les sensations, les impressions graduées d'une arrivée convenable au roc, la vraie route, c'est encore l'ancienne route par le gué de Genets, un petit bourg allongé sur la rive non loin de la ravissante côte de Saint-Jean-le-Thomas, falaise de verdure dont les grands arbres descendent en masses serrées comme celles d'une vraie forêt jusqu'aux sables de la mer.

C'est à Genets que s'arrêtent les voitures venant de Granville par la route qui des sables de Saint-Pair monte au village de Carolles, aimé des peintres, débouche en haut des falaises rocheuses et suit la rive en passant par Champeaux et Saint-Jean-le-Thomas, avec toute la baie du Mont étalée en bas sous la route en corniche, Une belle route, des gorges de falaises sauvages entrevues, des dévalements de côtes entre les arbres de Saint-Jean-le-Thomas, cascades de verdure, hauts peupliers bruissant au vent de la mer, des clochers curieux et toujours le Mont et Tombelaine glissant entre les arbres, se présentant sous tous les aspects, au milieu de l'immense étendue de sables jaunâtres sous le soleil, grisâtres plus loin, lagunes, mares ou rivières courant rejoindre la mer au bout de l'horizon.

Genets, c'est un gros village d'autrefois, une bonne vieille place, de vieux bâtiments, des auberges, un gros clocher pittoresque sur un tertre qu'entoure un cimetière à travers lequel on aperçoit le vieux porche gothique accolé au flanc de l'église. Une petite rivière qui ne vient pas de bien loin passe au fond de la place et court se perdre dans la baie qui apparaît encadrée dans une ouverture entre les maisons, au-dessus du lavoir rustique où retentit le battoir des *lessivières* de Genets. En avant s'étend l'*herbi*, c'est-à-dire la dune raboteuse de sable durci, hérissé de touffes également dures de christe marine.

Et pendant que l'on cherche la petite voiture légère nécessaire pour traverser les sables, on a le temps de humer la brise à saveur salée qui vient de tourner là-bas autour des murailles de l'abbaye; les battoirs tapent le linge, la petite rivière coule pressée comme si elle avait l'espoir de remplir à elle toute seule la baie vidée par la mer, l'ombre des nuages court sur le sable, couvrant et découvrant le

Mont, changeant les effets... La voiture est trouvée, on cherche un cheval, l'un est aux champs, l'autre au marché d'Avranches; enfin le cheval est amené et attelé, on cherche le guide maintenant, sans lequel on ne doit pas s'aventurer sur les sables. Le guide est allé mettre sur leur chemin deux piétons — deux pèlerins, s'il vous plaît, ô XIX° siècle! — qu'un autre guide prendra à mi-route; il revient en

LA PREMIÈRE PORTE DU MONT. INTÉRIEUR

courant, on le voit de loin, il tourne bride quand nous le rattrapons sur la dune et, toujours courant, reprend le chemin du Mont en avant de nous.

La petite voiture secoue ses voyageurs sur le gondolement fantastique de l'*herbi*, il faut qu'elle soit solide et les voyageurs aussi; enfin voici le sable doux et lisse, le sable sur lequel on glisse, mais aussi le sable dans lequel on s'enlise quand on perd la bonne voie dans les détours qu'on est obligé de faire pour éviter les fondrières ou les mares trop profondes. — Aucun danger avec le guide, un gaillard nerveux, jambes nues, pantalon retroussé et roulé en haut, qui galope en avant, tenant à la main comme Neptune un trident pour sonder les gués et transpercer, s'il se peut à l'occasion, un saumon rencontré entre deux eaux.

Deux ou trois rivières à passer, de longues mares à contourner ou à traverser; le cheval continue à trotter, on est secoué au-dessus de l'eau, on reçoit des paquets d'écume, on a des éclaboussures de langue, la vase grise des fondrières, on craint de verser sous les cahots brusques, au milieu des rivières, on ne verse pas et peu à peu on dépasse Tombelaine qu'on laisse à tribord et l'on arrive au Mont qui grandit, grandit, et dresse là-bas au-dessus de ses tours les hautes murailles de la Merveille au pied de laquelle on va passer.

Des points noirs s'éparpillent au loin sur la baie, ce sont des pêcheurs relevant les filets à saumons plantés en travers des rivières, ce sont des *coquetières*, des pêcheuses de coques, l'huître du pauvre dans ces parages, un petit coquillage qui a le goût de la moule.

On tourne autour du Mont, une digue noire le réunit à la côte solide, c'est la digue qui vient tout droit buter aux remparts entre deux tours. Il faut passer par-dessus pour gagner l'unique entrée de la ville, la porte Bavolle. A la haute mer, les voitures sautent dans le flot, tandis que les piétons prennent la passerelle de bois qui longe le mur de l'ouvrage avancé défendant la porte.

A gauche de la porte sud, sur le roc gris battu par la mer, se dressent les bâtiments des fanils, et comme extrême pointe la tour Gabriel, un gros ouvrage du XVIe siècle en cours de restauration, autrefois surmonté d'un moulin dont on a rétabli la tourelle.

En levant la tête, des murailles crénelées, restaurées ou à demi ruinées encore accrochées au roc pour relier la grosse tour aux remparts de la ville, plus haut encore les énormes contreforts épaulant le roc ; sous la terrasse dernière qui porte l'église, les échafaudages de restauration de ces contreforts se profilant sur le ciel ainsi que de fantastiques machines de siège dressées contre le Mont ; puis les vertigineuses murailles de l'abbaye poussées sur le roc à pic, leurs tours, leurs contreforts, leurs mâchicoulis et, par-dessus le tout, couronnement de la Pyramide, l'église lourde et massive vers le portail, mais si légère du côté de l'abside qui découpe sur les blancs nuages ses arcs-boutants aériens, ses pinacles et son *Escalier de dentelle*.

Avec un rayon de soleil pour éclairer les reliefs, pour marquer les angles, faire étinceler ici le toit ardoisé d'une tourelle ou jaunir çà et là des plaques de verdure, pour souligner enfin par des ombres les mille détails robustes ou délicats de l'ensemble, le Mont est gai. Alors que tant de monuments sont comme des cadavres de pierre, impérissables, mais abandonnés par le siècle qui tourne autour indifférent et sans comprendre, ici l'œuvre formidable du moyen âge respire et palpite encore, on sent le souffle de la vie sous la grande impression d'art. C'est, il est vrai, une renaissance ou une convalescence, car le Mont, longtemps abandonné et souillé, était assez malade quand on le débarrassa de ses geôles et de sa garnison de malfaiteurs. Prison d'État, réservée à des insurgés ou des conspirateurs, cela n'était pas déshonorant, le rôle de Bastille semblait ajouter une teinte plus sombre encore à ses pierres moussues, mais prison de voleurs, quelle triste chute pour les nobles murailles dressées en l'honneur de saint Michel par l'art et la foi, par les dévots architectes et abbés aux jours brillants du xiiie siècle.

La restauration savante entreprise par M. Corroyer va rendre au Mont sa jeunesse et sa force et un jour peut-être le reverrons-nous complètement rétabli avec sa parure d'autrefois, l'abbaye tout à fait restaurée, les remparts de la ville reconsolidés, toutes les défenses ruinées refaites avec leurs poternes, leurs barbacanes et leurs chemins de ronde crénelés, les tours coiffées de leurs combles... un peu moins d'argent jeté çà et là à des édifices baroques et nuisibles à la santé du goût et un peu plus de fonds appliqués ici à la splendide abbaye forteresse, et le rêve est réalisé.

Si gai qu'il soit aujourd'hui, le Mont, je me souviens de l'avoir vu, il y a six ou sept ans, par un jour de tempête, sombre et presque noir sur un ciel terrible empli par une bousculade de nuages culbutés par un coup de vent d'ouest. La mer houleuse, toute blanche à l'horizon, les sables livides, un temps démonté tout à fait; quand je voulus faire le tour du Mont et passer sous la Merveille, il me fut impossible de doubler le cap de la fontaine Saint-Aubert; dès que je dépassais le piédestal rocheux de la petite chapelle, l'aquilon fondait, lançant avec une brutalité cinglante des douches de pluie et des poignées de sable, retournait prestement le parapluie, faible bouclier à lui opposer, et me forçait, malgré mon obstination, à battre en retraite.

LA PORTE DU ROI

Aujourd'hui le temps est superbe, les aimables nuages qui courent dans le ciel font passer le sable de la baie par des teintes diverses, du jaune au gris verdâtre et les petits œillets sauvages poussés entre les pierres dans les aspérités du roc, s'épanouissent sous les caresses du soleil.

Quelques changements déjà sautent aux yeux dès l'entrée; on a restauré à la

Porte du Roi la jolie tourelle du guet assez abimée il y a peu de temps, et le corps de garde si souvent dessiné et redessiné par tout ce qui vient au Mont armé d'un crayon, pignon à deux étages porté sur deux piliers sous lesquels passe le degré conduisant aux logis supérieurs de la porte et aux remparts. Maintenant le corps de garde est une annexe d'hôtel comme presque tous les bâtiments du bas de la petite ville, un garde-manger pend entre les deux piliers et des tables s'alignent dans la rue.

Des constructions toutes neuves s'élèvent des deux côtés de la Porte du Roi, ce sont toutes des salles à manger supplémentaires, des annexes d'hôtel. C'est sous cette forme que le modernisme entre dans le Mont. Le temple de la célèbre omelette aux fines herbes prend les pèlerins dès l'entrée et ne leur permet la visite à l'autre sanctuaire qu'après avoir accueilli leurs dévotions. Cependant, ô madame Poulard, puisque vous vous êtes donné une cuisine xve siècle à grande cheminée de pierre, soyez xve siècle complètement, rétablissez la grande enseigne accrochée à son support de fer forgé, ayez des chambres xve siècle et surtout, surtout, puisque vous bâtissez d'encombrantes annexes qu'on voit de si loin sur les paliers du roc, aux beaux endroits, laissez le malencontreux style xixe siècle aux hôteliers des grandes villes.

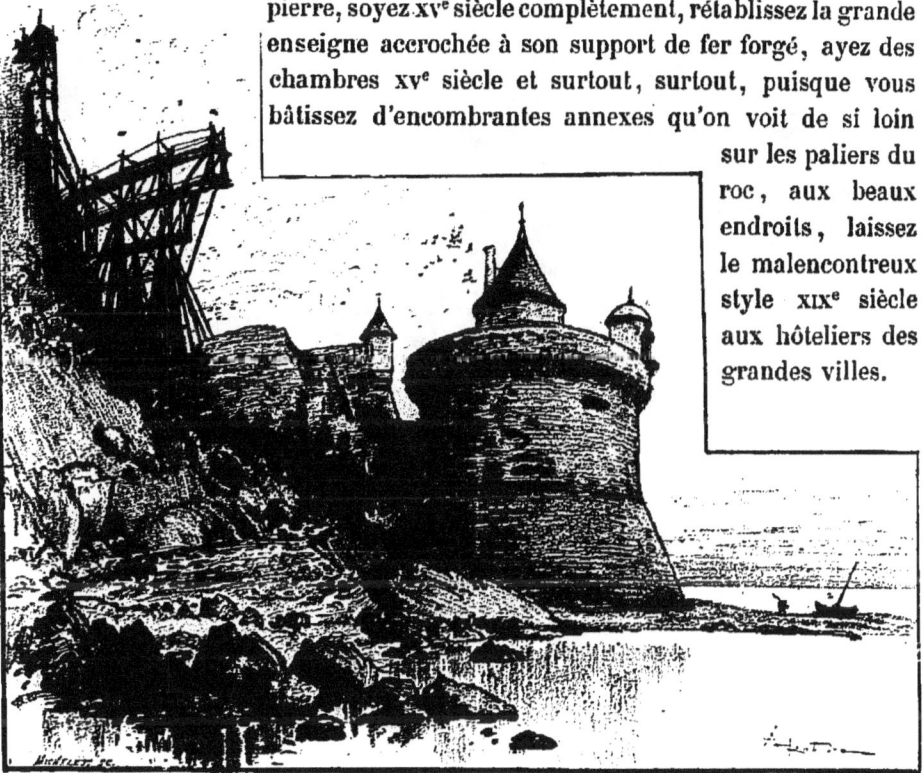

LA TOUR GABRIEL

LE MONT SAINT-MICHEL. — COTÉ DE LA MERVEILLE.

PORTE DE LA BARBACANE. INTÉRIEUR

II

LE MONT. — SUR LES REMPARTS DE TOUR EN TOUR
ANGLAIS ET HUGUENOTS

Roc-ville-château-abbaye, port même, à défaut de bateaux, pour les omnibus qui fendent l'eau à marée haute en descendant de la digue, le Mont amphibie, comme dit Mme de Genlis dans le récit du voyage du duc de Chartres, est de plus forêt sur la baie de l'Ouest sous la Merveille et même garenne puisque dans le petit bois verdoyant sur les pentes du roc habitent des lapins qui ne sont peut-être pas autochtones, chasse réservée d'ailleurs, la chasse de France la plus étrangement située.

Le tour du roc, isolé dans la vastitude de la baie, se fait aisément à marée basse ; les grands bâtiments que le flot bat directement à gauche de l'arrivée sont situés sur l'emplacement des fanils, greniers ou magasins de l'abbaye, constructions élevées pour tous les services accessoires, les écuries et les étables qui communiquaient avec les bâtiments d'en haut par des rampes et par les poulains ou plans inclinés dont le dernier subsiste et servait encore au temps de la prison. Ces fanils ruinés ont été remplacés par une caserne occupée maintenant par un orphelinat.

Après le petit ouvrage défendant l'entrée des anciens fanils, on distingue encore la base d'une tour ronde perdue dans les substructions; puis, après un bout de courtine, se carre la belle grosse tour Gabriel, un bastion rond du XVIe siècle percé d'embrasures largement échancrées pour le canon des trois étages de batteries.

La tour Gabriel restaurée a maintenant son échauguette, extrême découpure du Mont de ce côté, et la tourelle coiffée de la poivrière d'ardoises, il ne lui manque plus que les ailes de son moulin pour avoir recouvré sa physionomie d'autrefois. Au-dessus des bâtiments ces contreforts gigantesques qui grimpent par retraits successifs sous les non moins gigantesques échafaudages, soutiennent la plate-forme de l'église qui faillit tomber avec les bâtiments de l'hôtellerie écroulés il y a soixante ans.

La tour Gabriel passée, il faut circuler parmi les rocs jaunâtres échoués dans la vase, escalader, tourner des places boueuses, sous la grande terrasse de l'abbaye; sur l'angle ouest s'étagent d'autres terrasses, de vieux murs délaissés, garnis de lierre s'épaulant les uns les autres, restes de l'ancien chemin de ronde qui passe au pied de la Merveille, dominés par une vieille muraille en haut de laquelle s'ouvre la grande fenêtre à trois arcades accolées du cloître restauré.

En bas, tout à fait à pic sur la mer, s'élève la chapelle Saint-Aubert sur un piédestal de rochers jaunâtres striés de longues lignes noires au niveau des hautes mers, une bien modeste chapelle, simple bâtiment carré solidement assis, construite en l'honneur de saint Aubert, évêque d'Avranches, lequel fonda l'abbaye sur le roc sauvage alors habité par un simple ermite, pour obéir aux ordres réitérés de l'Archange.

Saint Michel lui apparut plusieurs nuits de suite et pour enlever au saint les doutes qui l'assaillaient dans le jour ou guérir les chanoines de l'évêque de leurs hésitations devant les difficultés de l'entreprise, lui appuya pendant son sommeil un doigt sur le front de façon à lui faire un pertuis à travers la tête, miracle visible qui dissipa toutes les mauvaises volontés et fit incontinent commencer les travaux. La fontaine Saint-Aubert, seule et unique source du Mont, jaillie miraculeusement sous le bâton pastoral du saint pour aider à la construction de la première église, se trouve un peu plus loin sous les débris d'une tour élevée pour la défendre et jadis reliée par un degré fortifié aux défenses premières. C'est ici le côté agreste du Mont, une petite forêt en pente suspendue au rocher, un taillis accidenté, sauvage et même giboyeux, qui grimpe jusque sous la Merveille.

Ces gigantesques murailles de la Merveille qui depuis sept siècles bientôt dressent leur masse solennelle du côté de la pleine mer et reçoivent sans broncher toutes les brises, tous les embruns de la mer et tous les ouragans, ont toujours la même apparence de santé robuste qu'au temps des abbés leurs constructeurs. Ils ont traversé des sièges et subi à maintes reprises les assauts des hommes sans

CHAPELLE SAINT-AUBERT

daigner en garder la trace; dédaigneux de la bise du nord et de l'ouragan de l'ouest, bien étayés par leurs contreforts, ils braveront encore pendant des siècles tous les assauts de la tempête. A travers les arbres on distingue à leur base la muraille du chemin de ronde, qui rejoint l'enceinte de la ville descendant de roc en roc jusqu'au saillant des remparts défendu par le bastion quadrangulaire du XVIe siècle, pendant de la tour Gabriel du saillant Sud-Ouest.

La *Merveille* se compose de deux grands bâtiments de hauteur également formidable accolés l'un à l'autre, soutenus par de puissants contreforts entre lesquels s'ouvrent trois étages de fenêtres; les combles seuls avaient souffert, on doit achever de les rétablir dans l'état primitif avec leur crénelage. Ces fenêtres de formes diverses éclairent le cellier, la fameuse salle des chevaliers, l'aumônerie et le réfectoire des moines; au sommet du bâtiment de droite s'ouvrent les petites fenêtres du cloître récemment restauré, ces minces ouvertures par lesquelles on a sur les lointains de la mer une vue si prestigieuse, et à l'étage supérieur du bâtiment de gauche, ainsi qu'une longue arcature, toute la rangée de fenêtres du dortoir des moines étroites et serrées comme une file de meurtrières.

L'angle du bâtiment du cloître est soutenu par une tour carrée qui fut le chartrier de l'abbaye; le pignon du côté opposé des bâtiments domine superbement de sa masse flanquée d'une haute tour octogonale l'entrée de l'abbaye, sa barbacane et son châtelet. La ville commence de ce côté, ou plutôt finit, aux pieds de l'abbaye; par-dessus le rempart crénelé du grand degré montant au châtelet d'en-

L'ARRIVÉE DEVANT LA PORTE BAVOLE

trée, on aperçoit les vieux toits des maisons et le clocher de la petite église de la ville. Le tour complet du Mont est effectué, il n'y a plus qu'à suivre le bas des remparts dont on est en train de nettoyer les pierres envahies par les herbes et de consolider les parties faibles. Mais il y a des pas difficiles à franchir, des trous de vase à sauter, et c'est ici qu'attend un des types du Mont, bien connu des peintres et même des photographes, un pêcheur barbu, chevelu et crépu, surnommé le marquis de Tombelaine, gaillard aux bras robustes qui se charge d'opérer le passage en enlevant les curieuses et les curieux fourvoyés.

C'est avec le livre de M. Corroyer, — l'éminent architecte qui a si bien attaché son nom au mont Saint-Michel pour sa belle restauration, malheureusement interrompue par des influences politiques régionales, — qu'il convient de parcourir le Mont et d'étudier morceau par morceau cette accumulation sans pareille de motifs superbement pittoresques qui mènent de la porte de la mer au dernier palier de l'abbaye.

D'abord la porte de la ville, si intéressante avec sa barbacane et son avancée.

Un curieux coin très animé pendant la belle saison et les jours de pèlerinage, cette toute petite cale de la porte Bavole où s'arrêtent les voitures; les chevaux con-

ENTRÉE DE LA VILLE. INTÉRIEUR

duits aux écuries, véhicules et cochers restent à la porte du Mont trop étroit, avec les douaniers, les gendarmes, les quelques malingreux, cour des miracles ambulante qui suit les pèlerinages, les pêcheurs et pêcheuses entrant ou sortant, le panier au dos et le filet à manche en ciseaux replié sur l'épaule, amphibies plutôt que marins puisqu'ils n'ont pas de bateaux, ou si peu, et qu'ils vont dans l'eau plutôt que dessus, poussant leur grand filet dans le flot ou visitant à marée descendante les pêcheries établies aux bons endroits dans la baie. Très particuliers, ces pêcheurs, grands gaillards blonds aux jambes nues comme des pêcheurs napolitains, qui n'ont pas du tout le type des matelots de la côte, et bien originales aussi ces pêcheuses de coques qu'on voit courir sur la grève par bandes, jupes courtes relevées, paniers ronds dans le dos, jambes nues se démenant au pas gymnastique avec ensemble.

Sous un angle de remparts, dans un mur percé de meurtrières, une porte cavalière et une petite porte piétonne aux montants rongés par le flot et par la circulation de plusieurs siècles, voilà l'entrée ; la porte Bavole franchie, on se trouve dans l'Avancée, une petite cour triangulaire pourvue d'un petit corps de garde, bien fermée sous les crénelages de la barbacane et des remparts qui s'accrochent à toutes les parties du roc inaccessibles.

Dans l'angle à côté de la porte de la barbacane deux bombardes du XVe siècle, les fameuses *Michelettes* couchées sur une charpente allongent leurs vieilles gueules rouillées. Ce sont des trophées de victoire de la forteresse invaincue, si souvent assaillie par l'Anglais d'abord et le huguenot ensuite, si souvent en péril de siège et jamais prise. Parlez, vieux trophées, antiques bombardes prisonnières, qui peut-être avez tiré sur Dunois et Lahire, sur la belle chevalerie d'Azincourt ou sur Rouen affamé ! Depuis si longtemps les blessures de votre amour-propre doivent être cicatrisées et vous pouvez sans amertume nous raconter vos prouesses d'antan devant les brèches du rempart et les derniers assauts désespérés du sire de Scales, parlez, antiques Michelettes ! Murailles et bombardes racontent le long siège ou investissement du Mont à partir du moment où les Anglais victorieux à Azincourt, enlevant ville à ville, morceau par morceau, la haute et la basse Normandie, prenant Caen et enfin Rouen, arrivèrent à l'Avranchin et se heurtèrent pour la première fois au roc de l'Archange. Trente ans de siège, trois fois plus qu'à Troie, trente ans de guette, d'embûches, d'attaques soudaines, d'assauts furieux, de déroutes et de retours obstinés contre le Mont défendu par les hommes d'armes de l'abbaye et les gentilshommes de la province sous les ordres de Louis d'Estouteville, parmi lesquels les fameux cent dix-neuf chevaliers qui firent graver leurs noms entre deux assauts sur le mur d'une chapelle de l'église.

Les Anglais tenant toute la baie avaient fait de l'îlot de Tombelaine une bastille dressée contre le Mont, comme Semlin devant Belgrade. Roc contre roc, Tombelaine assaillait le Mont ou le Mont jetait ses chevaliers sur Tombelaine, tantôt par des courses rapides entre flux et reflux, par des surprises aux marées de nuit, tantôt par des débarquements sur les marges de grève laissées par les flots le long des roches, champs de bataille étroits et mouvants.

Les murailles qui cernent la petite ville et mènent de la tour du Roi au Châtelet d'entrée de l'abbaye, ont été élevées contre les Anglais en avant d'une ancienne enceinte moins forte qui laissait trop de place à l'assaillant. L'abbé Jollivet, qui les construisit en ces jours de danger, laissa peu après l'abbaye pour se rallier à la cause du roi anglais de Rouen, mais les tours de l'abbé félon résistèrent vaillamment aux rudes journées de 1423, année de la grande tentative du sire de Scales, venu avec une quinzaine de mille hommes sur les grèves... Attaques du côté de la mer avortées par la dispersion des nefs anglaises brisées ou coulées, une nuit que le grand courroux de Monseigneur saint Michel lança la foudre et souleva les flots contre elles; siège régulier devant la place en temps de mortes eaux, batteries et machines élevées devant les remparts, mineurs attachés aux tours, brèches ouvertes...

Les Michelettes en étaient. Dressées en batterie sur le sable à peu de distance des tours, elles faisaient leur partie dans le concert, criblaient tout le jour le Mont de leurs boulets de pierre et à chaque retour du jusant, les bombardiers anglais rentrés dans leurs lignes, elles demeuraient sous la vague, ancrées solidement avec leurs gabions et couvertes de peaux suiffées et goudronnées.

Enfin un jour de grand assaut, repoussés par les vaillants hommes du sire d'Estouteville, les Anglais écharpés, écrasés sous les quartiers de roc, bousculés dans la mer, durent se retirer laissant parmi les débris de leurs batteries avec tous leurs engins, tout le matériel et attirail de siège, plus de 2,000 cadavres, entassés sur la grève et balancés par le flot montant. Le sire de Scales retira les débris de sa troupe dans Tombelaine et dans ses bastilles aux gués de la côte pour couper les vivres à ses vainqueurs, courir sus à leurs convois sur les grèves et essayer d'affamer ceux que la force n'avait pu réduire. Et le long investissement continua jusqu'en 1450, année de la reprise d'Avranches par les troupes de Charles le Victorieux.

Et n'est-ce pas sans doute, en ce temps de grande dévotion à saint Michel considéré comme patron et défenseur de la terre de France, n'est-ce pas le tonnerre des Michelettes grondant sur le Mont en grand péril d'être pris, qui retentit douloureusement bien loin par delà Paris, aux marches de Lorraine, dans le cœur de Jeanne, qui éveilla l'héroïne au fond de la petite paysanne et lui donna l'inconcevable énergie, la miraculeuse intelligence des choses de la guerre et l'indomptable résolution nécessaires en son entreprise.

Ce qu'on racontait du siège de l'antique abbaye, du grave danger couru par le palladium de la terre gauloise, les singularités de cette bataille au milieu des flots sur le roc ou sur les sables mouvants, tout cela porté au loin, amplifié, agrémenté de détails surnaturels, dut frapper fortement l'esprit des populations.

Si les parents de Jeanne avaient précédemment pèleriné au Mont, comme tant de bonnes gens venus des quatre coins de la France, la grande dévotion de l'héroïne envers le légendaire Archange s'expliquerait tout naturellement, ainsi que les voix et les apparitions pour son esprit surexcité. Merci, Michelettes, qui

LE GROS BASTION ET LE CHEMIN DES REMPARTS

avez votre part dans l'éclosion de la vaillante et sainte Jeanne, éternelle gloire de la vieille France !

De votre défaite de jadis, consolez-vous, braves Michelettes, prisonnières d'il y a si longtemps ! Personne ne vous en veut plus et les bandes anglaises d'à présent en pèlerinage artistique et circulaire, les Cooks touristes que vous voyez chaque jour passer ne vous font pas grise mine...

Derrière les Michelettes, s'ouvre la barbacane, seconde cour bien fermée de murs solides aussi, mais encombrée maintenant de constructions modernes, hôtels, écuries, remises, avec une garnison de cuisinières et de marmitons qui attendent le voyageur, assaillant pacifique, fourneaux allumés, la rôtissoire garnie, la lardoire et la lèche-frite à la main. Le Mont moderne n'a plus que des annales gastronomiques, ses saumons sont déjà dans ses armes anciennes sculptées sur

LA RUE DE LA VILLE (LE MONT SAINT-MICHEL)

fond ondé, ici même au-dessus de la porte du Roi, — les hôteliers modernes voudraient y faire entrer l'omelette. Il est bien aussi en péril d'hôteliers, le Mont, et l'hôtel pousse et grandit trop, montrant de trop loin sa tête par-dessus les remparts.

C'est entre deux cuisines ou salles à manger que la porte du Roi ouvre sa grande baie, surmontée de mâchicoulis; sa petite poterne reste malheureusement bouchée par les excroissances modernes qui cachent aussi la grosse tour découronnée défendant la porte. De l'autre côté commence l'unique et grimpante rue de la ville; à droite un escalier prenant au pied de la tour du guet, monte au

AU SOMMET DU GRAND DEGRÉ

rempart, un étroit chemin entre deux parapets qui va de tour en tour jusqu'aux premières marches du grand degré après le gros bastion quadrangulaire du XVIe siècle. Joli chemin, cette corniche de vieilles murailles battue par les flots, balcon porté sur mâchicoulis, du haut duquel on domine les grèves aux changeants aspects, ou des toits de maisons, des intérieurs de cours pittoresques. De temps en temps, une tour à passer, soit par le crénelage intact sous les charpentes du comble, soit à ciel ouvert. Voici, après la tour du roi, la tour de l'escadre, la mieux conservée, au pied de laquelle vient butter la longue et laide bande de la digue, qui loin de mettre un frein à la fureur des flots, les déchaîne au contraire sur les pierres des remparts et déchaîne en même temps la colère des amis impuissants du beau. Ensuite la tour de la Liberté, terrassée et remparée, puis une longue courtine donnant sur des cours, des jardins, des hangars ouvrant sans façon des fenêtres dans le rempart, la Tour Basse coupée jadis à mi-hauteur pour l'établis-

V. F. — T. I.

sement d'une batterie, la tour Boucle et le gros bastion quadrangulaire renforcé par un puissant éperon en avant. Le bastion de la tour Boucle, une ancienne tour transformée au XVIᵉ siècle, — au temps où le Huguenot avait pris contre le Mont le rôle de l'Anglais du siècle précédent, — en un boulevard à deux étages de batteries casematées, percées d'embrasures horizontales, est en partie à ciel ouvert ; des choux poussent sur les pentes de sa galerie basse, des arbres grimpent pour prendre l'air par-dessus le couronnement. Le chemin des remparts continue par la plate-forme étroite sur laquelle s'ouvrent des créneaux d'une troisième batterie et passe devant l'échauguette triangulaire plantée sur l'éperon du bastion. Le rempart tourne brusquement à l'est et n'est plus qu'une suite de paliers et d'escaliers montant droit à la Merveille ; les maisons du haut de la ville donnent sur ces paliers et l'on passe devant les bonnes vieilles prenant le soleil à la fenêtre de leur chambrette, ou balayant le rempart, leur balcon. Des remparts escaladant le rocher après la tour du Nord, on domine maintenant le bois de la Merveille répandu sur la pente jusqu'à la limite du flot, et la chanson des arbres agités par la brise dans l'immensité ouverte est le seul bruit qui monte de cet admirable coin de solitude, bien insulaire de ce côté. Le délicieux endroit pour rêver au soleil que cette plate-forme de la tour du Nord, balcon encorbellé d'où l'œil monte des pointes de rocher battues par le clapotement de la vague tranquille aux créneaux de la Merveille plongeant là-haut dans le ciel, et la mer au large entourant Tombelaine, l'île sœur à 3 ou 4 kilomètres, roc désert où se distinguent à peine quelques apparences de ruines.

Les escaliers grimpent toujours et rejoignent sous les ruines de la tour Claudine le grand degré qui monte de la ville aux ouvrages défendant l'entrée de l'abbaye. Les abords de l'abbaye sont imposants et majestueux, mais bien que l'on soit préparé, l'effet est saisissant, lorsque, la porte de la barbacane franchie, on se trouve dans la petite cour devant le châtelet d'entrée. Un grand bâtiment sombre couronné de larges créneaux, percé seulement de meurtrières, dans un angle étroit entre deux hautes tourelles en encorbellement sur des contreforts massifs, un grand escalier d'une quarantaine de marches montant et disparaissant dans le noir. C'est l'unique porte de l'abbaye-forteresse, une entrée formidable et presque sinistre d'aspect qui semblerait plutôt l'entrée d'une Bastille féroce ; on pense tout de suite dès cette porte aux sombres légendes du Mont, aux cages de fer, aux cachots effrayants du grand Exil et du petit Exil, cachés au fond mystérieux de la forteresse ! Ces marches conduisent à la salle des gardes, un magnifique vestibule aux voûtes ogivales, dont le fond est rempli par une haute cheminée. La lumière entre largement dans cette salle par une belle fenêtre à bancs de pierre dans l'ébrasement ; d'autres marches, à droite et à gauche, conduisent à l'église en passant par le saut Gaultier et aux bâtiments de la Merveille. On peut se figurer ce corps de garde, au temps jadis, avec les soldats de l'abbaye par-dessus les toits de la ville guettant les chemins des grèves, le capitaine surveillant le va-et-vient des arrivants obligés d'y laisser leurs armes, des nobles visiteurs ou des simples pèlerins qui déjà dans la tour de la Barbacane avaient trouvé les marchands de menus objets, souvenirs de pèlerinage, installés dans les petites boutiques voûtées pratiquées sous le crénelage.

Quels tableaux devait offrir, aux siècles pittoresques, ce Mont qui nous ravit encore en sa vieillesse, aujourd'hui qu'il n'est plus que le magnifique décor d'un autre temps! Les affreux

LE PETIT BOIS SOUS LA MERVEILLE

machinistes de notre âge de fer et de plâtras ont oublié d'enlever ce décor comme ils en ont enlevé tant d'autres, eux qui semblent avoir pris à tâche de tout racler des belles choses du passé. Par un vrai miracle, à travers mille chances mauvaises, le Mont est resté; par la pensée, retournons en arrière et voyons-le tel qu'il était avec ses défenses étagées, bien complètes, les tours coiffées de leurs combles et armées de leurs engins, les ponts-levis aux portes, les gardes aux échauguettes, avec le poste de bourgeois de la ville à l'avancée de la barbacane, et les soldats de l'abbaye aux poternes intermédiaires du grand Degré. Des caravanes de pèlerins, hommes, femmes et enfants de toute classe, de tout pays, des villes d'alentour ou des provinces lointaines, tous le bourdon à la main, les coquilles au capuche, traversent les grèves aux gués de Bretagne ou de Normandie. Leurs acclamations, leurs chants lorsqu'ils touchent le Mont disent les fatigues endurées, les périls traversés dans la dévote pérégrination vers saint Michel de la mer et Marie-la-Gisante de Tombelaine. Des gentilshommes bien équipés galopent sur le sable, des dames montées sur des mules escortées de cavaliers se

LE CORPS DE GARDE

dirigent vers la porte, ce sont des visites des châteaux du voisinage pour l'abbé, seigneur de bien des terres, lui aussi ; voici des moines, quelque gros prieur ou abbé de couvent vassal de la grande abbaye arrivant pour quelque cérémonie...

Le vent change, les temps sont troublés, les guerres religieuses s'allument. Les pèlerinages s'arrêtent ou se font plus rares ; s'il vient encore des pèlerins, ils vont par petites troupes avec des espadons et quelquefois des arquebuses. La garde est plus sévère à la porte du roi ; sur les grèves se sont montrées des bandes de huguenots pour tâter le Mont, épiant l'occasion, tendant des pièges, fomentant la trahison, ils rôdent aux pays d'alentour, ruminant la douce espérance de piller la riche abbaye et de brûler ce nid de moines si haut perché.

ENTRÉE DE L'ABBAYE

Et les soldats de l'abbaye doivent protéger les convois de vivres, les arrivages de redevances, les allées et venues sur les grèves. Le temps n'est plus où ils pouvaient à leur aise s'étendre sur les bancs de la grande fenêtre de la salle des gardes pour bâiller ou rêver suivant leur tempérament; il leur faut ouvrir sérieusement les yeux et ne pas se laisser surprendre par de faux pèlerins cachant bonnes épées et fortes dagues sous des habits pacifiques. La chose arrive plusieurs fois sans parler de la fameuse escalade de Montgommery. Des huguenots déguisés s'introduisent dans la place, boivent avec les soldats du corps de garde, les tuent et tiennent un instant l'abbaye. Mais ils commencent trop tôt à jeter les moines du haut en bas du roc, ce qui éveille l'attention des bourgeois de la ville, fait lever le pont devant les renforts attendus par les assaillants. La salle des gardes revoit deux ou trois fois les mêmes scènes, mais les surprises finissent toujours par mal tourner, il y a des gens tués, un commencement de réussite, puis la débandade, des poursuites dans la ville et des retraites précipitées sur les grèves. La ville en souffre quelquefois, elle est quelque peu brûlée et pillée par les bandes protestantes furieuses de leur impuissance contre les solides murailles du Mont catholique et ligueur. Pontorson, en face, a pris le rôle de Tombelaine du temps des Anglais, Pontorson tient pour Calvin, ses huguenots viennent porter le ravage dans le Mont pendant que les gens du Mont s'en vont attaquer Pontorson; il y a un jour chassé-croisé entre les deux troupes et la ville reste pendant quatre jours aux mains des Huguenots qui n'en sont chassés que par composition au retour du gouverneur avec sa troupe.

Autres temps, autres scènes. Les pèlerins comme avant les guerres ont repris le chemin des grèves revenues à la tranquillité. De temps à autre, un convoi de soldats se dirige vers le Mont devenu forteresse royale; les formidables portes s'entre-bâillent pour recevoir des prisonniers d'État, des malheureux qui s'en vont connaître l'horreur des cachots cachés au fond du roc sous l'écrasante accumulation d'édifices superposés.

TOUR DE GENETS

LES CRÉNELAGES DU CHATELET VUS DE L'ÉGLISE

III

LE MONT
DE LA BASTILLE D'ENTRÉE AU CLOITRE AÉRIEN DE LA MERVEILLE

La salle des gardes donne dans la petite cour de la Merveille, un espace étroit et sombre ménagé entre les bâtiments de la Merveille et le châtelet d'entrée. Un grand escalier monte de là sous l'église à une terrasse qui sert de jardin aux gardiens ; la muraille de l'escalier, le mur du fond au-dessus de la porte massive à pentures et gros clous, tout est en velours vert, un tapis moussu, prairie perpendiculaire semée de petits bouquets de broussailles.

L'autre issue du corps de garde mène par une série d'escaliers à l'entrée de l'église donnant sur la plate-forme du saut Gaultier, c'est le chemin que suivent les gardiens conduisant les visiteurs. On monte entre les gros contreforts soutenant l'abside de l'église et les grands murs noirs des bâtiments abbatiaux construits sur la pente du roc, et qui vous ont de l'autre côté, par-dessus les toits de la ville, une si fière allure de forteresse. Un pont fortifié enjambe l'étroit chemin et fait communiquer la *Crypte des gros piliers* avec le logis des abbés ; ce pont a encore ses mâchicoulis d'un beau dessin, les corbeaux séparés par des arcatures trilobées, mais ses créneaux sont noyés dans un replâtrage qui a fait de ce joli pont une passerelle banale, aux temps peu lointains où pour loger la Maison centrale on a positivement ravagé l'abbaye.

A gauche avant le pont, dans les bâtiments abbatiaux, était le quartier des politiques, en face d'une petite porte précédée d'un perron entre deux contreforts, coin bien sinistre où l'on se représente des détenus menés, pour expier des tentatives d'évasion, par des sombres couloirs aux cachots légendaires. Au bout des escaliers, voici le soleil et la lumière, un balcon superbe au-dessus de la ville, c'est la terrasse du saut Gaultier, ainsi appelé, dit-on, du nom d'un pauvre fou qui sauta de là sur la roche. Encore un souvenir de la prison, dans un angle de la terrasse gît le canon qui tonnait jadis pour annoncer les évasions.

L'ancienne infirmerie des moines ferme la terrasse ; au delà de l'infirmerie, s'élevait l'hôtellerie de l'abbaye, écroulée au commencement de ce siècle. La grande plate-forme devant l'église faillit choir également et l'on a dû pour la soutenir faire partir d'en bas quatre gigantesques contreforts ; ce côté est depuis longue date en restauration, c'est là que se dressent les échafaudages Eiffeliens, lesquels, faute de crédit pour continuer le travail, reçoivent l'eau depuis quinze ans et demanderaient eux-mêmes une restauration.

Horreur, voici sur cette plate-forme le grand portail de l'église, la hideuse façade bâtie en 1780 pour fermer la vieille nef romane amputée de trois des travées et de son porche. Au sommet du Mont, par-dessus de si nobles et si fiers bâtiments, cet affreux placage à colonnes gréco-romanes est un attentat criminel de la banalité ridicule contre l'art, cela fait l'effet d'un buffet de salle à manger style rue de Cléry, campé à la place d'honneur dans une des salles de Cluny. Vite trois coups de canon là dedans pour pousser à la restauration. En tout cas, mieux vaudrait une belle ruine que ce portail déshonorant.

L'intérieur de l'église dans certaines parties a touché de bien près à la ruine ; un des piliers soutenant la tour penchait tout lézardé, menaçait de choir avec la tour et d'écraser le chœur, achevant ainsi l'œuvre des écroulements partiels et des incendies nombreux dont l'église a souffert. Il y a quelques années, on faisait admirer aux visiteurs le pilier aux grandes lézardes, la voûte menacée d'une dislocation imminente ; on montrait le danger et l'on ne faisait rien ; aujourd'hui on travaille, il y a bien déjà quatre ouvriers occupés à sauver l'église. Si l'on voulait employer à l'œuvre de sauvetage la même somme d'efforts appliqués, de la fin du siècle dernier au milieu de celui-ci, à martyriser le Mont, à l'abimer dans toutes ses parties et de toutes les façons, ce serait bientôt fait, et en peu d'années, le Mont complètement restauré, intérieur comme extérieur, avec son église rétablie et pointant dans le ciel une flèche de pierre terminée, comme jadis, par un saint Michel à l'épée flamboyante, statue colossale virant sous le vent, le Mont recouronné resplendirait au centre de l'immense cercle verdâtre de la baie.

SUR LE PROMENOIR A AVRANCHES

Pauvre abbaye, que n'a-t-elle pas souffert! le plus étonnant miracle de l'archange saint Michel, c'est qu'elle soit encore debout malgré les hordes de vandales qui l'ont du haut en bas ravagée depuis le siècle dernier. L'œuvre des xie et xiie siècles, agrandie, embellie avec religion, avec amour, par les siècles suivants — d'affreux siècles de barbarie chacun sait ça, — a été sabrée par le xixe siècle déchaîné, siècle de civilisation pure, siècle de tous les progrès ainsi qu'il le dit lui-même, et traitée avec une brutalité féroce, une barbarie sans nom, déchaînées par le vandalisme imbécile et tranquille de fonctionnaires contents d'eux.

Prison d'État depuis 1730, l'abbaye victime des architectes épris du faux romain qui plaquent un portail ridicule à son église, court un plus grave danger en 93. Elle est envahie par la populace des villages environnants qui mettent le feu au chartrier pour brûler les titres de redevances, puis après un premier pillage désordonné, repillée régulièrement et à fond par les magistrats du district

COUR DE LA MERVEILLE

qui enlèvent l'antique mobilier, les richesses du trésor, les reliques et les reliquaires, les archives importantes et la bibliothèque, les transportent dans

Avranches où le tout est volé, détruit ou abandonné, les métaux fondus, les boiseries brûlées, les parchemins jetés dans des coins pour moisir, et les livres cédés à l'épicier, ce qui fut d'ailleurs l'histoire de bien des abbayes, des châteaux et des bibliothèques! O bibliophiles dépourvus de millions, ô collectionneurs, tristesse à part, quel rêve que ce temps où l'on pouvait se monter une bibliothèque rien que par des sauvetages peu coûteux opérés chez des débitants de denrées comestibles! Temps des désastres, mais aussi des ventes de chefs-d'œuvre artistiques à six francs l'un dans l'autre!

A peine vide de prisonniers de la Monarchie, le Mont reçoit les prisonniers de la Révolution, une population de prêtres insermentés qui sont délivrés par les Vendéens dans leur expédition de Granville.

Après les Vandales brutaux, les Vandales administratifs. Le Mont devient maison centrale et pendant trente ans Messieurs les directeurs taillent, rognent, coupent, abattent, tranchent des colonnes, raclent les chapiteaux, établissent des étages intermédiaires jusque dans les chapelles de l'église; du haut en bas la Merveille est saccagée, il y a des cuisines et des cantines dans l'église, des ateliers dans le promenoir des moines; les politiques occupant le logis abbatial, on loge messieurs les voleurs dans la salle des chevaliers ou dans le dortoir des moines. — L'abbaye subit des incendies nombreux, le treizième et dernier en 1839, commencé dans un atelier de chapeaux de paille, enveloppa toute l'église de ses flammes, brûla les combles et faillit tout détruire.

L'église déploie toute l'austérité du style roman dans la nef et dans les transsepts, c'est bien l'église du moutier solitaire soumis à une dure règle des premiers temps; le chœur, monument de puissance et de faste, fut construit au milieu du XVe siècle par les abbés-seigneurs pour remplacer le chœur roman écroulé trente ans auparavant vers le temps du siège des Anglais. Malgré la différence des styles, le chœur largement ouvert et fenestré, fait un très bel effet, l'étage intermédiaire entre les hautes et imposantes arcades sans chapiteaux d'en bas et les grandes verrières d'en haut, fait valoir par la délicatesse de ses arcatures à meneaux ouvragés, la robuste structure de l'ensemble et la sévérité du granit.

La nef est posée sur le roc plein, mais la déclivité du sol a permis de ménager sous le chœur une seconde église, l'église basse dite Crypte des gros piliers. Cette crypte compte autant de chapelles que l'église supérieure qu'elle continue sous terre exactement, les huit énormes piliers qui lui ont donné son nom entourent l'autel, laissant à peine passage entre eux et supportant l'église haute.

On descend à cette église par un escalier pratiqué dans un gros contrefort; l'escalier se continue après l'église haute et monte aux terrasses de l'église, sur les chapelles.

Encore un balcon, cette terrasse qui circule autour de l'abside, derrière les contreforts, sous les légers arcs-boutants entre-croisés ; à chaque tournant c'est un changement de vue, un morceau de l'immense rayon de paysage que l'œil embrasse de là-haut. On monte encore plus haut ; le contrefort contenant l'escalier se dégage et devient tourelle au-dessus de l'abside, tourelle élégante terminée par un pinacle décoré de fausses arcatures. Tout en haut par-dessus l'enchevêtrement d'arcs de pierre, par-dessus gargouilles et pointes de contreforts, par-dessus tout, un arc-boutant léger part de cette tourelle, supportant un escalier jeté sur le vide, en plein ciel, pour gagner la balustrade du comble de l'abside.

Ce chemin aérien est le fameux Escalier de dentelle, c'est la légèreté de sa balustrade de pierre finement sculptée se détachant sur l'azur du ciel qui lui vaut ce nom mérité. Permettez-moi de l'admirer un peu plus que certains escaliers en tire-bouchons de fer battu ou que les échafaudages vertigineux, le comble de l'Art dans l'esthétique nouvelle forgée par les ingénieurs du XIXe siècle.

Inutile de renouveler les prouesses absurdes de gens qui grimpaient autrefois jusqu'au comble dépourvu de balustrade de la tour pour exécuter ce qu'on appelait le tour des fous, ce qui est heureusement interdit aujourd'hui. Des terrasses ménagées sur les chapelles la vue est suffisamment étendue. Toute la baie apparaît là entre les arcs-boutants, cernée de côtes bleuâtres avec certaines élévations qui sont les verdoyants coteaux d'Avranches, le Mont Dol surmonté de ses moulins imperceptibles, les roches de la Houle de Cancale avec la flottille de bateaux de pêche, une centaine de voiles blanches cinglant comme un grand vol de mouettes vers la haute mer. Même à marée haute, on distingue dans la baie à la couleur de leurs eaux les rivières et les mares qui se ramifient, s'étalent, se rejoignent par des zigzags capricieux, des moires jaunâtres sur le vert général.

C'est le Couesnon, maintenant endigué, changeant autrefois qui passait tantôt du côté breton du Mont, et tantôt séparait les soldats du Mont des Anglais de Tombelaine, puis la Sée qui vient d'Avranches et la Sélune, toutes deux non moins changeantes et quelques plus minces filets d'eau.

Et les sables mouvants? Il y a des endroits plus ou moins dangereux un peu partout, sans qu'on en puisse déterminer exactement la géographie variable ; seuls sont au courant de cette géographie les pêcheurs du Mont et les coquetières, ces points noirs qu'on voit courir sur le sable, diminuer bien vite et disparaître au loin pour reparaître tous, le panier sur le dos et le filet sur l'épaule, par petits groupes convergeant vers le Mont de tous les points de l'horizon dès que le flot monte.

Ceux-là seuls peuvent se risquer du côté des lisses de sable mou mélangé d'eau, ils ne se laisseront pas prendre par le sable traître ni par la mer, ennemie plus loyale, disparue tout à l'heure avalée par le large, mais qui remonte à son heure silencieusement, implacablement, avale à son tour les sables, les rivières, les mares, enveloppe Tombelaine, pousse ses pointes vers les deux côtés de la baie et tout à coup se referme sur le Mont.

Des gués, des passages connus des gens de la rive traversent la grève; avec un guide, la tombée subite d'un brouillard est seule à craindre. Des imprudents cependant s'aventurent sur les sables et ne s'en tirent pas toujours. Il y a des histoires récentes, des demoiselles anglaises parties en voiture d'un village de la côte et tombées dans une lisse, heureusement en vue de pêcheurs qui les sauvèrent à grand'peine en laissant le cheval et la voiture s'enfoncer dans le sable. Autre drame plus terrible, des saltimbanques venus au Mont laissèrent leur roulotte pour faire une partie de pêche à Tombelaine. Ils étaient cinq, toute la voiturée; ils s'oublièrent à la pêche et quittèrent trop tard le roc de Tombelaine. La mer gagnait, ils eurent beau courir, elle leur coupait la route devant et derrière. On les vit du Mont se débattre, lutter contre le flot et disparaître tous les cinq avant qu'on ait pu se porter à leur secours.

Du haut de cet observatoire des terrasses, on a des vues plongeantes sur la petite ville étalée au pied du roc comme un plan en relief, avec son enceinte de remparts, ses escaliers, son grand degré aboutissant au châtelet dont on domine les crénelages au premier plan. Sur l'autre côté, les terrasses sont dominées elles-mêmes par les hauts bâtiments de la Merveille.

Le Mont tout simple, le roc sauvage et nu des âges mérovingiens, tout seul dans la splendeur grave et solennelle de sa baie emplie à des heures régulières par le mugissement de la mer, devait être déjà d'une grave et mélancolique beauté. La main de l'homme a pris ce mont des mains de la nature, l'a pétri et en a fait ce poème de granit dont le dernier chant triomphal, défi jeté aux vagues et aux rafales, est cette Merveille colossale qui porte tout en haut de ses salles superposées les arcades d'un mâle et sévère Alhambra chrétien, du superbe cloître des moines où la prière et la rêverie se trouvaient presque de plain-pied avec les premiers nuages du ciel. Mieux que tous les livres, ces bâtiments disent l'importance des seigneurs abbés de la puissante abbaye de la mer; on connaît tous les grands constructeurs de cet ensemble imposant, les abbés qui osèrent combiner des édifices de cette taille, réunir des ressources pour mener à bien l'œuvre religieuse et militaire jusqu'à complet achèvement. Les noms de Robert de Thorigny, qui éleva l'église romane, de Raoul de Villedieu, qui fit le cloître, sont connus, la Merveille eut pour constructeur au commencement du XIIIe siècle, l'abbé Jourdain et aussi Philippe-Auguste, puisque ce roi contribua, par d'importants subsides à son édification qui complétait formidablement le système de défense du Mont, forteresse de première ligne du côté de la Bretagne.

L'abbaye, reconstituée, fortifiée et enrichie, les abbés mitrés devenus des seigneurs terriens considérables, vassaux directs de la couronne, capitaines de place, durent garnir leur forteresse d'engins de guerre et d'hommes d'armes ; soldats et moines vécurent côte à côte dans ces grands bâtiments de la Merveille, la salle des chevaliers sous le cloître ayant été aussi la salle de réunion des hommes d'armes avant de servir de siège officiel à l'ordre de Saint-Michel.

Les deux bâtiments de la Merveille assis sur leurs substructions colossales contiennent trois étages de salles ; en bas, sur le roc même, le Cellier et l'Aumônerie communiquant avec la petite cour d'entrée et le corps de garde, la salle où les moines distribuaient vivres et aumônes aux vassaux misérables et aux pèlerins malingreux ; à l'étage au-dessus le réfectoire et la salle des chevaliers ; plus haut, enfin, le dortoir des moines et le cloître.

TERRASSE DU SAUT GAULTIER

Les quatre salles sont voûtées et divisées en plusieurs nefs par des rangées de fortes colonnes, différentes de force et de structure dans chaque salle. L'immense vaisseau du Réfectoire, largement éclairé par de hautes verrières, avec des bancs dans chaque fenêtre, a l'une de ses extrémités entièrement remplie par une colossale cheminée double, sous chaque ouverture de laquelle on donnerait un dîner de douze couverts. La salle des Chevaliers, moins longue, mais plus large, moins sévère que le Réfectoire, plus élégante, s'éclaire sur la mer par deux étages de belles fenêtres entre lesquelles deux hautes cheminées dressent leurs vastes manteaux jusqu'aux belles et harmonieuses voûtes qui portent sur trois rangées de colonnes à chapiteaux plus ornementés que dans la salle précédente. Cette salle, primitivement salle de réception des hôtes, salle de réunion ou salle du chapitre, devint, lorsque Louis le onzième, par grande dévotion à Monseigneur saint Michel, fonda l'ordre de l'archange, la salle où se réunirent les chevaliers pour les cérémonies.

L'étage supérieur, c'est, d'un côté, le dortoir des moines et de l'autre le cloître. Inutile de dire que toutes ces salles réclament une complète restauration ; l'administration pénitentiaire les avait laissées dans le plus triste état, coupées par des planches et des cloisons, souillées et littéralement dévastées, presque à l'état de ruine. La restauration extérieure est faite, l'intérieur, simplement dégagé et nettoyé, attend.

Ce fut d'ailleurs le sort de l'Alhambra de Grenade auquel le Mont fait penser, qui fut bagne au commencement de ce siècle, qui souffrit les mêmes maux, qui eut ses plus belles salles abimées par le vandalisme administratif pour l'aménagement de ses locataires, jusqu'au jour où l'on s'aperçut qu'il présentait quelque intérêt artistique, absolument comme pour le Mont.

Les salles d'en bas, le Cellier et l'Aumônerie sont célèbres sous le nom de *Montgommeries*, pour l'audacieuse escalade du fameux chef huguenot en 1563. Les murailles de ce cellier furent le cadre de la sanglante tragédie, c'est par cette petite ouverture entre deux contreforts donnant au-dessus de la fontaine Saint-Aubert en bas du roc, que Montgommery fit passer ses hommes. Un poulain mû par une roue qu'un seul homme pouvait tourner, système semblable au poulain qui reste encore sur l'autre face de l'abbaye, servait alors à monter l'eau nécessaire aux moines et à la garnison. Par une nuit sombre, les huguenots de Montgommery, ayant traversé les grèves, se glissèrent inaperçus le long des rochers jusque sous la Merveille aux degrés de la fontaine Saint-Aubert. Un traître de la garnison devait les hisser par le poulain jusque dans le cellier et l'abbaye était prise. La roue tourna, les chefs huguenots regardaient leurs hommes monter un à un et se perdre silencieusement dans le noir de la nuit ; déjà plus de quatre-vingts étaient parvenus dans la place et le silence continuait, rien ne remuait, pas de cris, pas de coups de feu, aucun bruit de lutte ou de saccage ; Montgommery inquiet fit monter un homme sûr qui, parvenu au cellier, se rejeta en arrière en criant à la trahison. Tout était perdu, le traître n'était qu'un faux traître ; les huguenots hissés par lui étaient conduits un à un par l'aumônerie jusque dans le corps de garde où ils étaient pertuisanés sans bruit. Montgommery et ce qui lui restait d'hommes se sauvèrent à travers les grèves : le Mont l'avait échappé belle. Le massacre des moines eût été suivi de la destruction de l'abbaye. Les moines seraient morts tout de même maintenant, se dit l'artiste pour s'excuser de penser d'abord aux pierres, tandis que le monument reste.

Quand on songe à ce que les huguenots ont fait dans les villes prises par eux ou simplement dans celles où ils tenaient le pouvoir, aux églises détruites ou ravagées, aux splendides portails de nos cathédrales abimés et raclés, aux milliers de statues brisées, aux merveilles de l'art religieux démolies par de stupides iconoclastes en des accès de rage, retours offensifs ou revanches de la bêtise humaine contre l'Art qui élève ou anoblit, on arrive à comprendre et la fureur des catholiques atteints dans ce qui devait être le plus cher à leur cœur et l'état d'esprit qui conduit aux Saint-Barthélemy. C'est la même maladie, la même iconophobie qui a sévi par toute la France en 93 et passé jusque dans les petites villes les plus

UNE DES CHEMINÉES DE LA SALLE DES CHEVALIERS

tranquilles, chez des populations d'humeur douce qui n'osant pas couper de têtes vivantes, se sont appliquées en l'honneur des nouveaux saints Marat et Robespierre à guillotiner tous les ci-devant saints et les personnages quelconques sculptés dans les églises ou sur les monuments civils.

Les choses de l'intelligence ne pèsent pas lourd en ces réveils de la brute; le cloître du mont Saint-Michel qui avait échappé aux huguenots n'a pu éviter les briseurs d'images de 93. Le ravage a été grand, les petites figurines des bas-reliefs, des motifs de sculpture, jusqu'à de bien innocents ornements avaient été martelés. Les directeurs de la Maison centrale sont venus et ils ont achevé la ruine. Il a fallu, pour empêcher un écroulement définitif procéder à une réfection complète. C'est la partie achevée de l'œuvre de restauration de M. Corroyer, le célèbre cloître, cette impressionnante merveille d'art religieux, est rétabli dans toute sa beauté primitive.

Il est aujourd'hui tel que l'ont connu les moines d'autrefois, il a retrouvé toutes les fines colonnettes de sa galerie d'une disposition si curieuse, les arceaux

LE CLOITRE

posés sur deux rangées de colonnettes en ligne brisée et ses voûtes lambrissées en bois. L'espace entre chaque arcature est rempli par des rosaces ou des ornements tous différents, et tous d'une étonnante finesse d'exécution, avec mille détails les plus charmants de la fantaisie décorative de l'art ogival, l'ensemble est pur et complet. Quels sont les arceaux sauvés du naufrage, quels sont ceux qui ont dû être refaits plus ou moins complètement; on ne le devine pas, ce qui est en matière de restauration le comble de l'art.

Sous les galeries dominées au fond par le pignon du dortoir, se trouve, du côté adossé à l'église, le lavatorium des moines, des bancs de pierre en deux travées, pour les ablutions régulières des vivants et la cérémonie du lavage des frères morts, devant tout le couvent, selon la règle de saint Benoît. Du côté du couchant, une belle fenêtre à trois larges arcatures : une ogivale, entre deux plus petites à plein cintre, ouvre sur la mer et les côtes bretonnes par-dessus des pentes garnies de murs plus ou moins ruinés ; cette fenêtre est une porte, la porte de la salle capitulaire projetée en même temps que le cloître et qui ne fut jamais construite. Porte ou fenêtre, l'effet est admirable de ces trois arcatures

ABBAYE DE LA LUCERNE

encadrant dans leurs vitraux un large horizon et l'éternelle allée et venue de la mer d'un bout de la baie à l'autre. Dans ce cloître si haut perché, au sommet du Mont, les moines, assis au soleil sur leurs banquettes de pierre, n'ont pas dû regretter l'absence de la salle du chapitre.

Homme du XIXe siècle qui arpentes ce vieux promenoir aérien aux arceaux suggestifs, tout en haut de la puissante forteresse monastique, qu'aurais-tu bien voulu être si tu avais vécu au XIVe ou XVe siècle au temps de la belle jeunesse de ces pierres dressées si haut pour la défense contre les hommes et pour la prière s'envolant vers Dieu?

Bon soudard de fer vêtu et de cœur solide en dessous, cognant de son mieux aux grandes journées, humant le grand air par monts et plaines, homme d'armes féal des seigneurs abbés, parcourant de son pas lourd les plates-formes du Mont et prenant son poste aux créneaux quand il le fallait, ou bien moine de l'abbaye, un de ces moines au front chenu des grands cloîtres, qui travaillaient entre deux prières à recueillir tous les débris et menus vestiges des sciences et des littératures anciennes, perdus sous l'écroulement des vieilles sociétés, non pas de ceux qui se perdaient dans les sentiers ardus et pédantesques de la scolastique, mais un de ces braves moines compilateurs des origines de notre histoire, des annales provinciales et des vieilles chroniques, imagiers de missels, enlumineurs de manuscrits?...

ÉGLISE DE LA VILLE

IV

LE MONT
L'INTÉRIEUR DU ROC. — CRYPTES ET CACHOTS. — LA VILLE

Grande pyramide de roc et de pierres, le Mont, comme les Pyramides d'Egypte, renferme au plus profond de ses entrailles, par-dessous les monuments visibles, des chambres mystérieuses, sépulcrales aussi, des hypogées comme là-bas, des tombeaux mais des tombeaux creusés pour des vivants.

La grande plate-forme actuelle devant le portail de l'Eglise, ne pose pas sur le roc même, c'est un sommet artificiel, le promontoire qui le forme est creux et renferme des salles superposées, des cryptes et des cachots.

Il y a d'abord sous la partie gauche l'ancien promenoir des moines, un triste préau, qui précéda le superbe cloitre du XIII° siècle, et sous le promenoir la galerie de l'Aquilon, ancienne chapelle souterraine dédiée à la Vierge où le roc affleure parmi la maçonnerie. Des passages noirs s'enfonçant sous terre ou tournant sous des voûtes basses, des salles obscures et humides, simples trous creusés dans le roc ou ménagés dans les substructions, il y a là-dessous comme un labyrinthe de galeries effrayantes au bout desquelles passe à peine parfois la lumière de quelque meurtrière. Ce sont les charniers des moines et les cachots, le petit Exil et le grand Exil, le cachot du Diable, etc., endroits peu agréables, tombeaux de pierre qui ont, hélas ! été quelquefois habités. On dit que l'un d'eux a eu

Barbès pour locataire, mais ce fut probablement pour quelques heures, après une tentative d'évasion ; ils n'ont pu être en ce siècle où l'on construit de si beaux logements pour malfaiteurs, que des cachots de punition.

Dans une de ces galeries noires, dans un enfoncement de la muraille sous une arcade basse, se voit encore la fameuse cage de fer, ou plutôt de bois, épouvantail tragique, boîte étroite aux barreaux épais, où l'homme devait se tenir assis, cercueil à claire-voie qui servit, dit-on, à plusieurs, depuis le cardinal de la Balue que Louis XI y renferma, jusqu'à un malheureux gazetier nommé Dubourg, qui périt dévoré par les rats dans cette cage pour avoir irrévérencieusement parlé de quelque favorite de Louis XV.

Mme de Genlis dit que la cage de fer fut détruite lors du voyage du duc de Chartres qui lui porta le premier coup de hache. Celle que l'on montre encore est-elle la vraie cage ou une simple copie? En tout cas, sa vue n'est pas sans faire passer un frisson dans le dos. Le petit Exil devient un endroit confortable à côté de cette monstrueuse boîte.

Des passages conduisent par la chapelle Saint-Étienne aux cryptes situées sous le saut Gaultier, à l'ouverture où aboutit le poulain, système sur plan incliné qui servait à monter les provisions de l'abbaye d'abord, de la maison centrale ensuite. La grande roue est encore là. Des hommes placés dans cette roue, grimpant sans cesse comme des écureuils en cage, faisaient mouvoir l'appareil. Celui-ci est le dernier des trois de jadis, en comptant le poulain de Montgommery.

Les grands bâtiments qui sur cette face du Mont font pendant à la Merveille, ne sont pas moins imposants qu'elle et peut-être même font-ils plus d'effet s'élevant à pic sur le roc au-dessus de la ville et se développant sur un front beaucoup plus vaste en lignes plus accidentées. C'est aussi formidable et moins solennel, il est vrai, mais c'est le côté sud, celui qui reçoit les caresses du soleil, le côté de la vie et non celui de l'immensité déserte. Les bâtiments, fondés sur des assises puissantes et soutenus par des contreforts, se développent en ligne courbe jusqu'au pignon de la Merveille ; élevés par les seigneurs abbés aux XIIIe et XIVe siècles, ils furent des logements divers en même temps que de solides fortifications, les nécessités militaires primant tout. Le gros bâtiment carré qui dessine à son dernier étage quatre fausses arcades immenses est le logis abbatial, réuni par les bâtiments de la bailliverie, en retrait, à la tour Perrine accolée à Belle-Chaise, cette grosse tour carrée qui contient le corps de garde et au-dessus, après un petit étage intermédiaire, la salle des officiers éclairée par de grandes fenêtres ouvertes dans une belle et haute arcature tenant tout l'étage. C'est ensuite le châtelet d'entrée et le pignon de la Merveille avec la svelte tour des Corbins.

La petite ville étagée sur les pentes du roc, c'est tout simplement une rue étroite et unique qui commence à la porte du Roi et finit au grand degré de la barbacane; en dehors de cette rue, il n'y a que des sentiers à escaliers montant à des jardins suspendus à mi-côte, ou longeant la base des murailles. Elle est

LA RUE DE LA VILLE

extrêmement intéressante, cette belle rue du Mont que l'abbaye écrase de sa grandeur; à part les hôtels du bas de la côte, toutes les maisons sont anciennes

LA MONTÉE DE LA GRANDE RUE

et n'ont guère subi de remaniements. Les pèlerins du xve siècle, s'ils pouvaient revenir, s'y retrouveraient et reconnaîtraient les hôtelleries où ils logeaient, les petites boutiquettes des marchands de chapelets et de médailles, qui n'ont ajouté à leur antique commerce que les albums de photographies du Mont.

Voici, bon pèlerin du moyen âge, la voûte de la maison de la Licorne sous laquelle tu passas jadis, tu dois en reconnaître la façade ardoisée et la jolie lucarne pointue, voici l'hôtellerie de la Tête d'or, l'hôtellerie du Mouton Blanc; à gauche cette maison de pierre, avec un perron que le peu de largeur de la rue force à se glisser de côté dans l'ébrasement de la porte, à droite les petits logis, simples rez-de-chaussées sur la rue et surplombant par derrière les remparts de la ville, ces pignons de pierre, ces pans de bois en encorbellement, tu les reconnais aussi, ils sont de ton âge et n'ont pas changé.

Voici l'église paroissiale, extérieurement une simple église de village, avec tour carrée, surmontée d'un toit en batière, avec le petit cimetière en contre-haut. A l'intérieur, cette petite église est très décorée, des bannières pendent aux voûtes, ses murailles sont comme un musée héraldique, garnies de haut en bas de grands écus armoriés des chevaliers de saint Michel, ou des vaillants hommes d'armes qui luttèrent contre l'Anglais à côté du sire d'Estouteville.

Braves défenseurs du Mont contre les dangers de jadis, reprenez vos bonnes lames et allez faire face au danger d'aujourd'hui, coupez la digue de Pontorson qui vient dénaturer l'aspect splendide de votre vieille forteresse, l'isthme qui vient si baroquement s'accrocher à vos remparts en faisant obstacle aux courants de la baie, et force le flot à se retourner contre les remparts de la ville qu'il bat ainsi en brèche comme jadis les bombardes anglaises, mais avec plus d'efficacité. On a parlé de la couper à 300 mètres, ce qui supprimerait les inconvénients en laissant les avantages. Il y aurait peut-être encore un autre moyen d'arranger l'affaire, ce serait, la digue coupée à 2 ou 300 mètres, d'établir comme un pont une longue et solide jetée de bois, qui permettrait d'arriver à pied en tout temps jusqu'à la porte Bavolle. Cette jetée, très pittoresque elle-même, ne nuirait en rien au grand aspect insulaire du Mont.

Et vive longtemps le mont saint-Michel ! La vieille Normandie qui comptait tant de si magnifiques fleurons à sa couronne artistique en a perdu assez, en ce siècle surtout, pour qu'on défende pied à pied ce qu'il en reste. Que de crimes contre le beau, que d'attentats monstrueux dans les petites et surtout dans les grandes villes trop riches ! A-t-on assez méconnu ce qu'il y avait de tonique et vivifiant pour l'esprit, pour les âmes, dans ces admirables monuments dressés sous le ciel de France par des siècles que l'outrecuidance moderne taxe de brutalité et barbarie ! Si l'on ne s'était arrêté tout à coup dans cette voie, si par une heureuse réaction, on ne se hâtait de sauver ses édifices survivants, de réédifier ou restaurer ce qui menace de tomber, il ne serait bientôt plus resté, en fait de monuments, que d'affligeants cubes de pierre, à volonté hôtels de ville ou prisons, des gares utiles, mais peu artistiques et des cheminées d'usine.

De même que l'esprit de l'homme civilisé a besoin tout autant de la nourriture intellectuelle que de l'autre, qu'il a faim tout autant de livres que de pain, de même il faut absolument pour son œil de grands monuments et de l'Art émergeant de l'énorme banalité courante, — et cela non pas seulement pour l'artiste pratiquant, pour le poète ou pour l'archéologue fureteur, mais pour la santé intellectuelle de tous en général, si l'on ne veut qu'une anémie artistique déjà bien avancée n'amène la complète atrophie du sens du beau.

Vive Saint-Michel, joyau de la Vieille France, vivent les cathédrales, magnifiques vaisseaux isolés se dressant au-dessus des cubes rectilignes des villes banalisées, vivent les vieux hôtels cachés par les boulevards tirés au cordeau, vivent les vieux châteaux et tous les monuments, épaves du passé échappées à la haine, à la férocité des pioches inintelligentes.

ÉGLISE DE PÉRIERS

SOUS LES REMPARTS D'AVRANCHES

V

AVRANCHES

SILHOUETTE A DISTANCE. — L'ALLUMETTE DE LA LIGUE

Vous voyez ce petit rentier rasé, propret, l'air bonasse et vulgaire et même un peu béat, assis au soleil sur un banc de la promenade ; qui se douterait vraiment qu'en sa jeunesse ce type parfait du petit boutiquier retiré des affaires, quelque peu marguillier de sa paroisse et l'âme occupée uniquement de pêche à la ligne, fut un coureur d'aventures aux passions violentes, grand batailleur d'humeur farouche, un pourfendeur à la moustache en croc, au chapeau campé sur l'oreille.

Ce petit rentier bonasse et béat, c'est Avranches. De loin sur sa colline où elle vit bourgeoisement en petite ville retirée des affaires et des tracas, Avranches est encore quelque chose ; à travers les arbres, dans la silhouette irrégulière des toits perchés tout en haut de la rude montée, on croit vaguement apercevoir des tours d'enceinte qui n'existent plus et des édifices depuis bel âge démolis. De près, c'est bien le rentier rasé et béat de tout à l'heure.

Et pourtant il est bien peu de villes campées en aussi belle situation. Dans un admirable paysage, sur la croupe fort escarpée d'une belle colline formant le dernier ressaut de la terre normande, comme un dernier bastion naturel en face des Bretons de l'autre côté de la baie, Avranches peut suivre au travers d'un

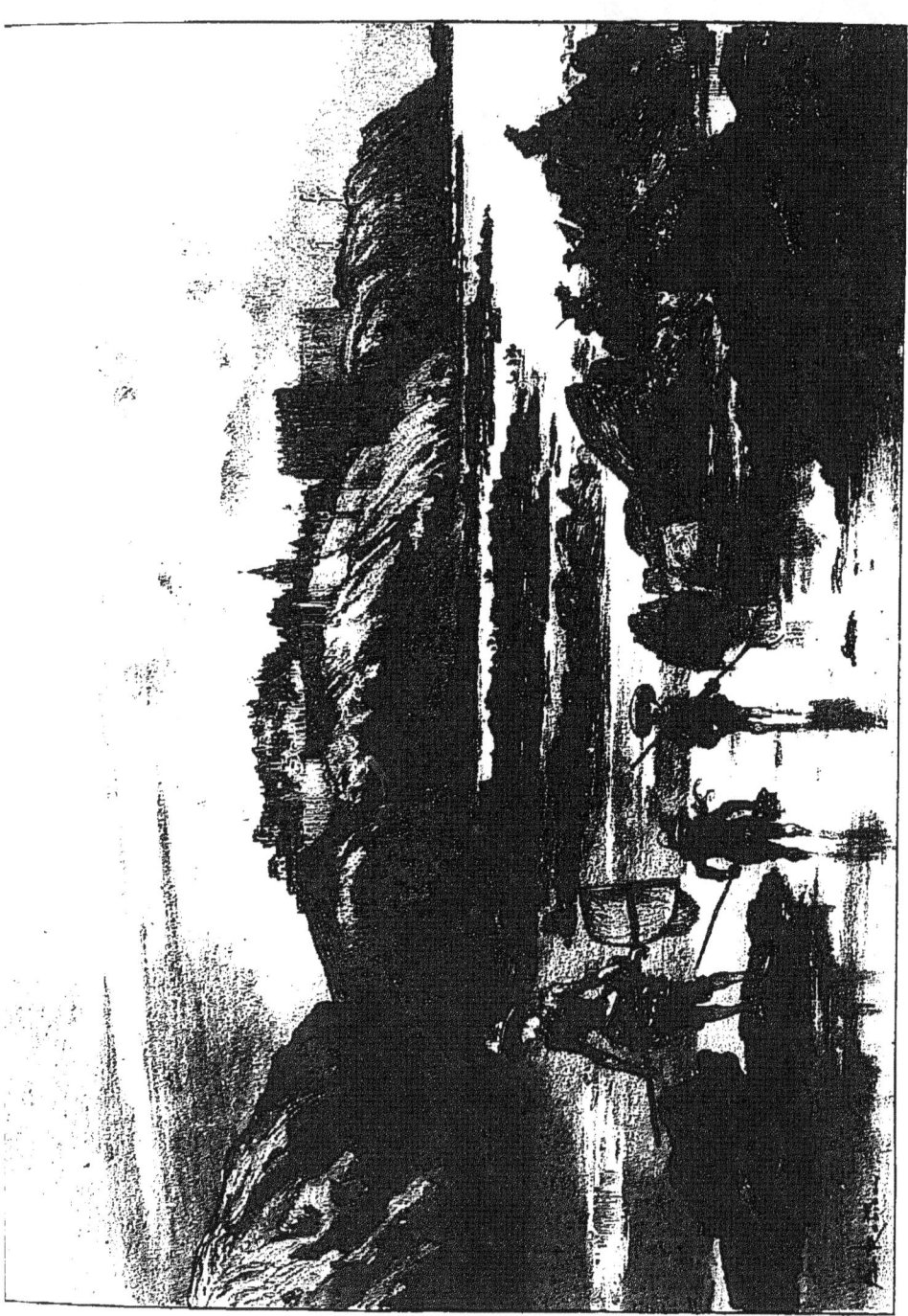

LE ROC DE GRANVILLE

fouillis de verdure la palpitation éternelle de la mer et voir le flot monter des lointains bleuâtres, tourner autour des deux rocs de Saint-Michel et de Tombelaine et gagner presque le pied de sa montagne en refoulant sa rivière, la mince Sélune perdue dans un vaste lit de sable.

La plaine est fort belle, les chemins ombreux, les villages pittoresques et les fermes aimables, on arrive bien impressionné devant la Sélune, large comme un fleuve à marée haute, à marée basse beaucoup plus modeste. Ses deux rives s'élargissent en un estuaire rempli de tangue, ce sable gras couleur de cendre qui remplit la baie du mont Saint-Michel, excellent engrais qu'incessamment des

RESTES DU CHATEAU D'AVRANCHES

voitures de paysans viennent prendre et dont on enlève plus de cinquante mille charretées par an sur ces seuls points de la côte. Parmi le doux frissonnement au vent de la mer et le balancement des grands arbres, la route de voitures monte à Avranches en décrivant un long zigzag, tandis qu'un chemin de piétons escalade à pic la rude montée, pour arriver ensemble aux premières maisons, sous la plate-forme qui porta jadis la cathédrale et qui n'a plus maintenant à montrer que la sous-préfecture.

Entrée de ville assez jolie et qui permet encore les illusions. Oui, sur la place du Marché qui s'ouvre au bout de la rue on compte trouver quelque chose ; il y a un jardin public en contre-bas de la plate-forme, des allées couvertes d'ormes et de tilleuls et au bout de ces voûtes vertes la statue du général Walhubert ; ce jardin s'allonge au pied d'un immense bâtiment qui fut palais épiscopal, et qui est maintenant tribunal, gendarmerie, prison, musée, etc. ; du palais épiscopal il ne reste guère autre chose extérieurement que des soubassements et intérieurement qu'une salle et un escalier. Au bout du jardin s'ouvre la place du Marché ou place Littré, avec l'hôtel de ville dans le fond. La place est grande, c'est tout ce qu'on peut dire; quant à l'hôtel de ville, il est moderne, il est carré, il est... peu joli.

Je me rappelle avoir lu quelque part le *Journal d'étapes d'un Volontaire de 92*, volant à l'armée du Nord ; ce naïf compagnon du sergent Fricasse et du capitaine Coignet, joignait à ses récits de bataille des descriptions de toutes les villes où il passait : « Le bataillon arrive à X... où l'on nous distribue de la viande et des « souliers. X... est une ville bien bâtie, il y a une grande place avec des maisons « en pierres. — ou en briques, — bien bâties,... la municipalité est dans un grand « bâtiment bien bâti et tout proche il y a des auberges vastes et bien bâties et « l'église Notre Dame qui est assez bien bâtie quoique ancienne et tout à fait du « temps de la barbarie féodale... Nous couchons à Z... où un général à grand « chapeau à plumes nous a passés en revue. Z... est une ville mal bâtie, la place « Marat ci-devant Saint-Pierre est une place des temps barbares, mal bâtie ; les « auberges sont grandes, mais mal bâties... Y..., où nous arrivâmes le soir, est « une ville bien bâtie, etc... » Et ainsi de suite !

Le brave volontaire, s'il était venu de ce côté-ci faire campagne, n'eût pas manqué de décrire en ces termes la ville d'Avranches :

« En poursuivant les brigands dans leur retraite de Granville, le bataillon « fait halte dans Avranches, qui est une ville bien bâtie, quoique ancienne, avec « une grande place où l'on a construit un bel hôtel de ville bien bâti pour cacher « les restes d'un château des temps barbares... »

Oui, Avranches est une ville ancienne, mais parfaitement banalisée ; elle a perdu tout ce qu'elle avait pu posséder d'édifices anciens ou elle en a soigneusement caché les débris. Il ne reste que des rues vides, solitaires, plongées dans un excès de tranquillité, bordées de blanches maisons silencieuses aux fenêtres closes laissant voir des rangées de rideaux blancs sans un pli, de dignes maisons bourgeoises grandes ou petites, vieilles sans doute, mais qui ne veulent pas le paraître et qui se sont mises au goût du jour, — sous la Restauration ou sous Louis-Philippe, — des rues traversées uniquement çà et là par des raies de soleil, par un chien qui s'ennuie, par un monsieur très calme qui sort d'une grande maison muette et va promener son parapluie au Jardin des Plantes, ou par deux vieilles demoiselles qui s'en vont faire visite à M. le vicaire de la paroisse, des rues dormantes enfin, comme on en voit de si bien décrites dans les *Scènes de la vie de province* de Balzac.

La grande place, où il n'y a guère de curieux qu'un grand abreuvoir enfermé dans une sorte de cour entre de vieux murs d'hôtels ou d'écuries, c'est le centre du quartier commerçant et animé, entre l'hôtel de ville et la très laide église Saint-Gervais du style grec le plus baroque ; ici quelques noms de rues pittoresques à l'ancienne mode : la rue des Trois-Rois, la rue des Quatre-Œufs, la rue du Pot-d'Étain, etc...

Il y a encore deux autres églises toutes neuves ou refaites dont une même n'est pas terminée, Saint-Saturnin et Notre-Dame des Champs, toutes deux dans le style gothique. Quartiers solitaires et plus que tranquilles à l'ombre de ces églises, vieilles petites rues tournantes entre des maisons de sacristains ou d'antiques murailles de jardins ; puis de grands boulevards où le soleil poudroie — sans gêner personne.

C'est ici le lieu de marquer le manque absolu d'imagination des municipalités modernes, — boulevard du Nord ou boulevard du Sud, on n'a rien trouvé de mieux que les quatre points cardinaux pour dénommer la ceinture de boulevards qui enferme la ville à la place de son ancien corselet de murailles. Les vieux et si curieux noms de rues d'autrefois, ces rues qui rappellent un fait de la petite histoire particulière d'une ville, un souvenir quelconque ou une légende locale, ces noms empreints souvent de la bonne humeur et de la franche jovialité des ancêtres, ces sobriquets qui font sourire et donnent parfois une physionomie intéressante au moindre bout de ruelle, disparaissent un à un, remplacés par des appellations banales ou prétentieuses ou par quelque nom historique de conseiller municipal important.

Du sentiment, de la gaîté et de l'histoire sur une plaque municipale de coin de rue ? Et pourquoi pas ?

Est-ce que le passé d'une ville ne devrait pas être écrit en abrégé sur les plaques de ses rues, de façon à rappeler cette histoire souvent émouvante et intéressante, à l'étranger qui passe et cherche, ainsi qu'à l'indigène qui souvent connaît moins la chronique de sa ville natale que le sauvage des îles océaniennes les traditions de sa tribu.

Et les appellations politiques changeant à chaque régime ! Dans un pays aussi riche en souvenirs de toutes sortes que la Normandie, que de rues Thiers ou de boulevards Gambetta succédant à des rues d'Orléans et des boulevards Napoléon en attendant autre chose. N'est-ce pas en raison de cette même haine pour l'imagination que les hôtels et auberges qui jadis mettaient sur leurs enseignes des noms pittoresques comme *les Trois Rois, le Cheval Blanc, le Cœur Volant*, dans les pays maritimes *l'Ancre d'Or* ou *la Côte de Baleine*, s'intitulent maintenant Grand-Hôtel ou Hôtel de l'Europe ?

Pour nous en tenir aux noms des rues et pour rester à Avranches, ne serait-il pas intéressant, au cours d'une promenade dans la ville, d'y trouver le boulevard de la Ligue, la rue Montgommery, la rue de l'Armée-de-Souffrance, la rue Jean-

Nu-Pieds, la rue des Monopoliers, le boulevard de le Chouannerie, etc., etc., ce qui rappellerait à chacun les épisodes tragiques de l'histoire si mouvementée d'Avranches.

Une rue banale et quelconque à première vue, mais dans laquelle il s'est passé quelque chose, n'est plus banale et le moindre souvenir accroché à un pan de mur fait de ce pan de mur un témoin intéressant qui parle et qui raconte.

AU JARDIN DES PLANTES

Là-haut, ne regardons-nous pas avec intérêt sur la place devant la sous-préfecture, une dalle provenant de l'ancienne cathédrale, posée à terre dans un coin avec l'inscription :

ICI, SUR CETTE PIERRE,
A LA PORTE DE LA CATHÉDRALE D'AVRANCHES,
APRÈS LE MEURTRE DE THOMAS BECKET, ARCHEVÊQUE DE CANTORBÉRY,
HENRI II, ROI D'ANGLETERRE ET DUC DE NORMANDIE,
REÇUT A GENOUX L'ABSOLUTION DU LÉGAT DU PAPE

Cette pierre fait surgir du passé lointain les maîtres barbares de la mer, les ducs normands conquérants de l'Angleterre, les guerres et les compétitions pour le duché de Normandie, les siècles rudes et batailleurs.

Le nom de Montgommery sur une plaque rappellerait qu'au temps des guerres de religion le célèbre Huguenot s'empara deux fois d'Avranches et mit deux fois plus ou moins à sac la ville, surnommée alors l'*Allumette de la Ligue* pour ses sentiments ultra-catholiques, et qu'il y prépara entre deux attaques, entre deux escarmouches, sa fameuse tentative contre le mont Saint-Michel. Jean-nu-Pieds rappellerait l'occupation de la ville en 1639 par l'*armée de souffrance*, les paysans

RUE DE L'AUDITOIRE

insurgés contre la gabelle, commandés par le mystérieux général Jean-nu-Pieds, les excès des révoltés, le massacre des monopoliers et finalement la reprise et le sac de la ville emportée d'assaut par l'armée royale, qui n'était que l'armée du fisc. La chouannerie rementevrait, comme on dit en vieux français de Normandie, la grande guerre civile, les armées paysannes de l'Ouest et les armées républicaines se cherchant et se poursuivant par les plaines, des bords de la Loire au mont Saint-Michel, les prises et reprises d'Avranches par les blancs et les bleus, accompagnés de massacres de blessés ou de prisonniers.

Il reste encore un coin du vieil Avranches qui a conservé une physionomie intéressante et quelques traits d'autrefois à travers tous les changements et tous les arrangements, c'est le quartier situé entre l'hôtel de ville et le Promenoir, deux ou trois rues à maisons vénérables encadrant des restes de grands bâtiments gothiques, de mine sévère.

Le château d'Avranches se trouvait là, cet hôtel de ville d'architecture cubique en masque les débris; des tours restent encore enclavées dans les jardins de la place du Promenoir, mais grattées malheureusement, arrangées et *embellies*, avec de la glycine montant sur des treillages en palissades, des jardins avec kiosques et belvédères sur les plates-formes; il y a même les panonceaux d'une étude de notaire ou d'avoué, accrochées aux vieilles pierres féodales. C'est sur ce Promenoir qu'après la reprise de la ville sur les nu-pieds, les malheureux pris dans la poursuite qui suivit leur déroute, les Avranchins compromis dans les troubles furent suppliciés pour venger les gens de la gabelle et les monopoliers âpres ramasseurs d'impôts.

Au petit Promenoir, subsiste la silhouette pittoresque d'une grosse tour défendant jadis une porte de la ville et maintenant braquant sur un ennemi imaginaire des tuyaux de poêle par toutes ses meurtrières; elle a aussi son petit jardinet sur sa plate-forme, et au rez-de-chaussée des boutiques de coiffeur et d'épicier. Au pied de cette tour commence le boulevard du Nord, qui longe la base des anciens remparts devenus terrasses de jardins et va rejoindre la plate-forme de l'ancienne cathédrale.

De la vieille église du xiie siècle rebâtie au xve siècle, il reste un petit tas de pierres au milieu du square et dans un angle la dalle sur laquelle Henri II d'Angleterre fit solennellement amende honorable en 1162. Quelle vue du haut de ce tertre historique ! les municipalités n'y peuvent pas toucher pour l'embellir, par bonheur, et ce sera toujours le vaste paysage que Normands, Anglais, Nu-pieds, Bleus ou Vendéens ont pu admirer s'ils en ont eu le loisir, l'immense baie ouverte sur laquelle on plane, les premiers plans jaunes et verts, tout en arbres, avec les sinuosités de la Sélune courant à la mer, les deux rocs cernés par les flots, l'îlot de Tombelaine, et la pyramide de maisons blanches et de tours grises du mont Saint-Michel.

A peu de distance également, sur la crête de la colline, un autre observatoire sur la baie, le Jardin des plantes, encadre la même vue sous les feuillages de ses beaux arbres entre les longues branches étendues d'un grand vieux cèdre. Dans la solitude du jardin paisible, tout à côté de ce cèdre, s'élèvent les hauts pavillons et les grands toits d'une pension d'Ursulines qui fut autrefois un couvent de capucins, fondé au commencement du xviie siècle par l'évêque François Périquart, un très farouche ligueur dont le frère était gouverneur de la vieille cité quand les troupes d'Henri IV vinrent éteindre définitivement l'Allumette de la **Ligue**. L'allumette était vigoureuse et flambait bien, Avranches du haut de sa colline résista longtemps avec toute l'énergie du temps; le gouverneur tombé en repoussant un premier assaut fut remplacé par son frère l'Evêque, qui dirigea la furieuse défense des bourgeois jusqu'au jour où sous les canons royaux, brèche ouverte, il fallut céder.

SUR LE PETIT PROMENOIR

LE ROC DE GRANVILLE

VI

GRANVILLE

L'ABBAYE DE LA LUCERNE. — VILLE DE GRANIT
SUR ROC PELÉ. — REMPARTS SUR REMPARTS
LE CAP LIHOU

A moitié chemin entre les verts coteaux d'Avranches et le roc pelé de Granville au fond d'une belle vallée boisée se trouvent les restes d'une de ces abbayes dont le sol normand était couvert. L'abbaye de la Lucerne n'eut pas une illustration particulière, on ne va pas la voir pour secouer la poussière de grands souvenirs, mais uniquement pour la beauté romantique de son site, pour admirer au flanc d'une colline ses vieilles murailles jaunies, les pignons de son église ruinée, la tour gothique encore complète se détachant sur le fond de verdure sombre d'un grand bois mamelonné; une partie des arcades moussues du cloître existe encore parmi les fleurs d'un beau jardin, ainsi que des bâtiments abbatiaux transformés en château, qu'une petite rivière enserre sous les arbres de très seigneuriale façon.

Des arbres, toujours des arbres sur la route, collines couvertes de bois et petites vallées en vergers très serrés, puis brusquement le rocher gris perce le sol vert, et s'en va couvert d'une herbe maigre entre les cassures, finir en falaises noirâtres sur la mer.

CATHÉDRALE DE COUTANCES

Le roc de Granville pittoresquement découpé est un mince promontoire allongé sur la mer verte, un peu à la façon de Monaco sur les vagues bleues de la Méditerranée, mais c'est un Monaco qui n'a pour tapis vert que celui de l'Océan et qui ne tente d'autres chances que celles des pêches lointaines, un Monaco sévère

GRANVILLE. — PORTE DE LA VILLE HAUTE

qui ne songe pas le moins du monde à faire le gracieux, une accumulation de fortifications chevauchant les unes sur les autres, de casernes massives et de maisons de granit serrées épaule contre épaule sur un rocher pelé à peine revêtu çà et là de plaques de gazon jauni.

Nid d'oiseaux de mer, pays de rudes marins n'aimant que l'eau salée et les bateaux, Granville se soucie peu de coquetterie architecturale et quand elle a mis deux pierres l'une sur l'autre, ce n'a jamais été que pour augmenter sa cuirasse de remparts ou développer les quais nécessaires à ses navires. Par malheur, hélas ! ce ne sont plus les beaux remparts moyen âge qui jadis habillaient si magnifiquement les villes, mais des fortifications en confection d'ingénieur, des figures de géométrie en pierres.

Granville se divise en ville haute et en ville basse. La ville basse, ce sont les rues commerçantes entre la gare et le port, les rues genre « bain de mer » qu'on retrouve tout le long de la côte, avec leurs marchands de coquillages-souvenirs, de photographies et de costumes de bain, les rues maritimes avec les agences de navigation, les courtiers, les enseignes en anglais, la forte, mais saine odeur de poisson et de goudron. La ville haute a plus de caractère, c'est l'ancienne ville perchée sur son roc et montant comme autrefois une garde vigilante au-dessus de son port, l'œil ouvert sur tous les points de la mer et comme prête à cracher le feu de ses canons sur ses vieux ennemis de l'autre rive.

Cette ville haute est une presqu'île qui fut tout à fait une île sous la domination anglaise au XVe siècle, quand le sire de Scales, l'assiégeant battu du mont Saint-Michel, fit pratiquer à la pointe des remparts tournée vers la terre ferme, la coupure isolatrice appelée encore *Tranchée aux Anglais.*

Des quais, pour monter à la ville haute, il faut gravir des rampes, longer des courtines, enjamber des fossés sur des ponts volants et enfin franchir le pont-levis de la vieille porte. Le promontoire n'est pas large, on est en quelques pas sur l'autre face des remparts, celle qui donne sur la pleine mer; la haute ville ne se compose donc guère que de deux longues rues partant de la pointe dominant la tranchée aux Anglais pour aboutir au parvis de l'église Notre-Dame.

Encore plus sévère à l'intérieur que vue d'en bas, cette haute ville; les vieilles et hautes maisons de pierres grises, très à l'étroit, se serrent les unes contre les autres sur leur piédestal de granit comme pour faire tête aux orages et continuer, ainsi qu'elles le font depuis des siècles, à recevoir courageusement tous les embruns des vagues et tous les coups de vent déchaînés sur ce roc incessamment balayé en long et en large.

Au bout de la rue, sur l'esplanade sans abri, l'église s'élève massive et trapue, grise comme le reste, comme le roc et les maisons. Extérieurement elle n'offre que des murs nus, des gargouilles brutales, du granit sans sculpture sur lequel le vent de la mer ne peut mordre et que l'humidité salée ne peut ronger. Elle a une grosse tour carrée avec flèche de pierre en retrait derrière une balustrade gothique; le clocher porte ses cloches suspendues en dehors à une armature de fer, c'est sa seule originalité. Il fait très bien, des quais d'en dessous avec sa masse bien détachée couronnant une poterne des remparts percée de meurtrières. Une façade Louis XIII, à son pignon, complète malheureusement l'impression de tristesse qui tombe de l'église aux murs gris isolée sur son esplanade battue par le vent.

L'intérieur est d'un bel effet. Des piliers massifs, des stalles de bois garnissant toute la nef et ne perdant pas un pouce de terrain, un fond très sombre et presque mystérieux, sur lequel éclate quelque touche d'or ou de cuivre, avec çà et là quelque détail qu'on distingue mieux quand l'œil s'est habitué à l'obscurité, quelque jolie arcature de crédence de pierre, quelque bateau accroché aux voûtes en *ex voto*, c'est bien l'église sévère qui convient à de rudes coureurs de mer pendant leurs courts séjours sur le roc, à des femmes de matelots dont les maris pêchent la morue au banc de Terre-Neuve ou dans les mers féroces d'Islande.

La face du Roc opposée au port a une physionomie particulière, peu aimable mais pittoresque; le rempart court sur un sol montueux, accidenté, monte ou descend sur la crête du roc, coupé de distance en distance de petits corps de garde du XVIIe siècle. Les grandes vieilles et grises maisons garnissent ce rempart comme de l'autre côté, mais elles n'ont par ici que de rares ouvertures dans leurs murs plus gris, elles sont plus fermées et tournent le dos aux vents du large tourbillonnant sur le rempart et décrochant ardoises et cheminées dans ses colères d'hiver, à la mer qui de ce côté bat éternellement le roc et vient dans les gros temps éclabousser d'écume les pierres de la longue fortification. Par les temps sombres, quand les nuages emportés dans leur course semblent raser la crête des flots, quand la mer houleuse bat lourdement les rochers d'en bas, quelle impression de tristesse intense sur ce vieux rempart sévère, aux grandes maisons silencieuses, qui regardent d'un air désolé, de leurs rares fenêtres à doubles vitrages bien fermés, leur vieille ennemie la mer.

Sous le rempart, un hérissement de roches rousses et noires, de blocs chaotiques découverts à la marée basse. Au plus haut du roc après l'église se dressent les énormes cubes de pierre des casernes. Il y en a une du siècle dernier qui fait assez bien par ses reliefs vigoureux, ses grands toits et ses assises puissantes qu'on sent fortement cramponnées au roc, mais les autres, c'est laid et plat, et surtout encombrant dans le paysage. Elles écrasent tout, gâtent l'aspect de la ville avec leurs grosses masses vulgaires.

Un sentier abrupt grimpant les escarpements et descendant le long des criques fouillées par la vague, fait le tour du long promontoire déchiqueté qui projette sur la mer des pointes, des esquilles rocheuses et se termine à l'extrême bosse par un phare et un sémaphore. L'herbe jaune des pentes et des trous est piquée partout en guise de coquelicots des pantalons rouges de la garnison; il est bon d'avoir le pied sûr pour escalader le rocher crevassé et surtout le tympan solide pour résister aux écoles de tambours et de clairons qui font rage sur ce point et dont le tapage répercuté par tous les échos des criques ferait éclater le cap Lihou s'il était de roche moins dure.

De la butte du sémaphore on plane sur la mer par-dessus les mille pointes de récifs dressés au pied du Cap; voici juste en face les îles Chausey, deux ou trois cents îlots granitiques émergeant à 10 kilomètres, abritant une population de Robinsons qui vivent dans des cahutes de pierres brutes. Bien au delà sur la ligne d'horizon, Jersey par le temps clair dessine ses contours vagues, qui disparaissent à la moindre buée.

La plage des bains s'ouvre dans une anfractuosité du roc, entre la ville haute et la falaise de Donville. On y arrive par la tranchée aux Anglais, une véritable porte ouvrant sur la mer, coupure faite par le sire de Scales au plus étroit de l'isthme de la presqu'île granvillaise pour renforcer le système de défense, ce qui n'empêcha pas les occupants d'être forcés bientôt sur leur rocher par Louis d'Estouteville et par leurs anciens assiégés du mont Saint-Michel, devenus assiégeants à leur tour.

Le roc de Granville subit quelques bombardements au cours des siècles depuis les Anglais du temps de Jeanne d'Arc jusqu'à ceux du temps de Napoléon; mais le moment le plus chaud de son histoire fut celui de la grande attaque tentée par l'armée vendéenne conduite par La Rochejaquelein en 93. Ce fut un assaut

L'ÉGLISE SUR LE REMPART

de deux jours; les Vendéens, acharnés à la conquête d'un port pour recevoir les secours d'Angleterre, couvraient les toits de la ville basse de leurs tirailleurs pendant que des bandes enfonçant les baïonnettes dans les trous, se poussant, se bousculant, se hissant, tentaient d'escalader les rochers. La ville haute se couvrit de feux et bombarda la ville basse et les malheureux chouans frémissants, vaincus par le roc autant que par les hommes, durent reprendre désespérément les routes douloureuses déjà semées de tant de cadavres.

Dans la ville basse, rien à voir, sauf peut-être le faubourg maritime de Hérel sur la route de Saint-Pair, une ligne de maisons de pêcheurs en façade sur la mer au-dessus d'une grève où de vieilles carcasses de bateaux hors de service gisent attendant le raccommodage ou la démolition, de vieilles maisons montant ou descendant sur la crête des falaises très découpées qui vont mourir, après la roche Gautier surmontée d'un petit fortin, à la grande échancrure sablonneuse formant la plage de Saint-Pair.

De la corniche de Hérel tout le Roc granvillais se découvre, des rochers de l'extrême pointe aux remparts qui dominent de l'autre côté l'échancrure rocailleuse des Bains, sous la passerelle de la Tranchée aux Anglais.

A toutes les maisons de Hérel pendent de grands filets accrochés, ce sont les outils des femmes.

Les Granvillaises sont en réputation pour leur beauté et leur costume. De costume il n'en reste guère, la longue mante à capuchon a disparu, la coiffe s'est envolée, remplacée par l'affreux bonnet de linge dont les concierges de Paris ne veulent plus. Allez donc avec cela rester séduisantes.

La beauté des Granvillaises est un héritage venu à travers les siècles d'aïeules espagnoles, dit un savant. — Pas du tout, dit un autre, elle provient des femmes siciliennes ramenées par les Normands, compagnons de Robert Guiscard. Ces savants sont étonnants, quand ils aperçoivent quelque part un joli type, il faut toujours qu'ils lui découvrent une origine étrangère plus ou moins lointaine, sans se soucier de froisser les aïeules gauloises.

En tout cas, descendantes de basques ou de siciliennes, quelles gaillardes que les pêcheuses granvillaises et quels jarrets solides !

Les voici, à n'importe quelle heure suivant la marée, en plein jour ou en pleine nuit, qui partent par troupes pêcher la *crevuche* derrière la pointe de Carolles, à plus de trois lieues. Elles laissent quelque part à Carolles leurs *bichettes*, les grands filets à manches en ciseaux dont la manœuvre demande des muscles solides.

Jolies, non, mais fièrement pittoresques celles-là. Le grand panier sur les reins, un court jupon de laine tombant aux genoux, pieds nus, de vieux bas de laine sans pieds en guise de jambières, elles grimpent la côte de Saint-Pair, le buste en arrière, d'un pas accéléré, causant et arpentant rapidement tout en tricotant pour occuper les mains. A Saint-Pair, elles prennent le sable et disparaissent perdues dans l'immense plage. Quelques heures après, on les voit revenir, les jupes mouillées, le panier plus ou moins plein, tricotant tout aussi rapidement des jambes qu'au départ et tricotant encore des mains. Trois bonnes lieues pour aller, trois pour revenir, total : six, plus deux ou trois heures passées dans l'eau de la mer.

Et elles font ce métier, l'hiver aussi bien que l'été, par la gelée ou la neige ; elles pêchent des heures dans la vague froide, sous la bise mordante ; elles en sortent parfois avec des glaçons pendus à leurs jupes raides, soufflent sur leurs doigts, et refont, ainsi trempées, le chemin de Granville — sans y penser et sans attraper le moindre rhume.

Bénéfices nets de ce rude exercice, une trentaine de sous, hélas !

Combien de siècles d'entraînement a-t-il fallu, de génération en génération, pour produire ces rudes pêcheuses à demi amphibies, ces femmes de mer si résistantes ?

CHAUMIÈRES DE LA MANCHE

L'AQUEDUC DE COUTANCES

VII

COUTANCES

LA CATHÉDRALE. — DEUX ÉVÊQUES ET TROIS POÈMES ÉPIQUES
L'AQUEDUC VERT

La gracieuse colline sur laquelle Coutances dresse au-dessus d'une couronne de verdure les flèches de sa cathédrale est bien différente du roc rébarbatif de Granville. Tout le paysage est joli; ce sont des collines et des collines entre lesquelles coulent de petites rivières glissant vers la mer que l'on devine, et que l'on peut voir du haut de la cathédrale à 9 ou 10 kilomètres à peine, bordée à perte de vue au lieu de falaises par de longues lignes de sable jaune.

Le site rappelle un peu Avranches, c'est d'ailleurs le site de Saint-Lô, de Domfront et autres cités campées pour se défendre sur la crête d'un mamelon plus ou moins accidenté, avec des vallées pour fossés à leurs murailles. Ici au-dessus de la petite vallée, large fossé au fond duquel un ruisselet coule, le mamelon qui porte Coutances étend sa croupe allongée très verdoyante en prolongement d'autres collines non moins couvertes de verdure.

Au bas de la côte, sous l'extrême pointe du mamelon, parmi les maisons du petit faubourg de Pont-de-Soulles, on distingue les bâtiments d'un vieil Hôtel-Dieu avec deux tours, une flèche d'église du xve siècle et une tour moderne toute blanche. Au sommet du mamelon une ceinture de feuillage, les grands arbres des boulevards qui ont remplacé les anciens remparts, un vrai bouquet de verdure à travers lequel on entrevoit à peine des toits étagés et des tours d'église. De cette couronne de verdure surgit l'église aux tours élancées, la noble cathédrale vue du côté de son abside avec les arcs légers s'élançant et s'entre-croisant en belles courbes, ses deux hautes tours à flèches écaillées, à très hautes lucarnes et tourelles d'angles surélevées et enfin la tour centrale octogonale flanquée de clochetons qui surmonte la croisée de la nef.

Aujourd'hui l'une des flèches en réparation porte jusqu'à sa pointe extrême huit étages d'échafaudages aériens. Ces échafaudages perdus dans le ciel, suivant la forme de la flèche, ont de belles lignes eux-mêmes. De loin, avant d'arriver à la ville, cela fait l'effet d'une tour Eiffel presque aussi haute que l'autre, mais incomparablement plus artistique.

Naturellement les enlaidisseurs modernes de nos villes trouvant un joli site à gâter, une belle assiette de ville à abîmer, se sont empressés de sévir. Une si belle perspective, une colline bien découpée couronnée de monuments admirables, une œuvre réussie de la nature et de l'art d'autrefois, où l'œil ne trouvait rien de vulgaire ni de rapetissant, c'était un champ bien tentant pour les édilités et les administrations ! Et ce n'a pas été long. On a cherché le plus bel endroit et bien vite on a élevé de monumentales bâtisses carrées, lourdes, énormes et énormément bêtes qui sont un lycée colossal, une sous-préfecture et une prison. Vous pouvez prendre la prison pour la sous-préfecture et le lycée pour la prison ; cela se vaut, c'est la même chose.

Et la vieille colline ainsi chargée de ces monuments de l'art du xixe siècle, tout le monde a été content, les bons bourgeois de Coutances ont trouvé que leur ville était ainsi considérablement embellie.

On grimpe par des rampes aux boulevards ombragés de grands arbres et de là par des ruelles tournantes au sommet du plateau sur lequel est assise la cathédrale. Par malheur, l'évêché avec ses hauts bâtiments et ses jardins empêche de voir l'abside si remarquable du monument, il faut tourner autour des grands murs pour arriver à la place du Parvis qui forme le centre de la ville.

Un peu triste et sévère d'aspect cette place du Parvis. La façade de la cathédrale, un superbe type du gothique normand, tout en grandes lignes perpendiculaires

PLACE NOTRE-DAME A SAINT-LO

s'élançant d'un jet du sol à la base des flèches, semble au premier abord assez froide, mais ce n'est qu'une première impression bien vite effacée. Deux hautes tours accostées de tours plus minces pour les escaliers, partant du pavé de la

COUR DE LA POISSONNERIE

place et montant jusqu'aux flèches, avec une petite flèche particulière; en bas sur la masse solide des constructions une décoration de hautes arcatures montant jusqu'à la plate-forme de la nef. En haut des tours l'élégance et la légèreté, des clochetons élancés, des roses et des rosaces, de grandes ouvertures en lancettes, de hautes et minces lucarnes, puis des tourelles et des clochetons partout, au-dessus du grand portail un peu pauvre, aux angles des tours d'escaliers reliées, par des sortes de ponts à la plate-forme de la nef, aux angles des tours, à la naissance des flèches octogonales, et pour coiffer toutes ces tourelles, des flèches, grandes et petites revêtues d'écailles de pierre.

L'intérieur est superbe et de grande allure, bien éclairé par la lumière qui tombe par les hautes fenêtres de la tour centrale posée au-dessus de la nef sur les grosses piles de la croisée comme une immense lanterne de pierre. Il y a des détails admirables au-dessus du Triforium bouché, de curieuses rosaces en feuillages délicats et surtout, le long de la nef, des chapelles d'une curieuse disposition séparées par d'élégantes arcatures aux fines colonnettes formant des cloisons transversales ajourées du plus bel effet.

Cette église ogivale recouvre, dit-on, en partie noyée dans la masse, les débris de la cathédrale romane élevée par le fameux évêque de Coutances, Geoffroy de Montbray, et achevée avec l'argent envoyé par les fils de Tancrède de Hauteville, les conquérants normands de la Sicile et de la Calabre, Guillaume Bras de Fer, Odon, Roger, Onfroy et Robert l'Avisé, natifs du manoir de Hauteville près de Coutances, des noms quasi fabuleux qui éveillent les idées de poèmes épiques.

Coutances avait eu de tristes aventures. La ville prise et reprise par les Normands, pillée, saccagée et vidée de Français, l'église détruite de fond en comble avait vu les Normands établir dans ses ruines le temple des dieux de la Scandinavie, Odin et son cortège. Puis les pirates normands fixés, vivant dans l'atmosphère chrétienne, le christianisme était revenu.

L'évêque Geoffroy, qui reçut les dons des fils de Tancrède pour rééditier l'église détruite par les Normands païens, était un rude Normand et un bon chevalier lui-même. Il apparaît avec l'évêque de Bayeux, comme le type le plus complet de ces évêques des chansons de geste, seigneurs remplissant toutes les charges de la chevalerie, tenant cour en leurs donjons et enfourchant à l'appel du suzerain le grand cheval d'armes comme les chevaliers laïques. Geoffroy en rude batailleur revêtait le haubert à mailles des chevaliers normands et coiffait le heaume en forme de mitre, insigne de sa dignité dans l'église.

Il fut un des compagnons de Guillaume le Bâtard dans la conquête de l'Angleterre, maniant ici alternativement la crosse et la lance, donnant solennellement la communion aux gens, et promenant les reliques des saints sur le rivage de Saint-Valery-sur-Somme, avant que les flottes levassent l'ancre, bénissant les combattants à Hastings et chargeant les Saxons d'Harold dans la grande tuerie, assistant en évêque le duc Guillaume roi d'Angleterre à son couronnement au Vieux Moutier de l'ouest Westminster, et achevant pour lui, en chevalier à la main dure, la conquête des villes et des terres. Ce Geoffroy de Montbray, à la fois évêque et homme de guerre, farouche lieutenant de Guillaume dans l'Angleterre conquise, se lançait en vrai fils de Wiking à peine christianisé, sur les villes révoltées, passait ce qui résistait au fil du glaive, brûlait ou détruisait tout, tuait les animaux, faisait mutiler tous les hommes coupables d'avoir porté les armes contre l'envahisseur et remettait ensuite à Guillaume ses provinces terrifiées.

Les évêques se suivent sans se ressembler, — heureusement, — plusieurs siècles après, le siège épiscopal de Geoffroy de Montbray est occupé par le héros du poème héroï-comique de Boileau, le chantre important et susceptible de la Sainte-Chapelle. Un joli contraste entre l'évêque casqué aux terribles façons et le bon évêque en perruque Louis XIV, l'ancien chanoine illustré par la querelle comique du *Lutrin*.

La rue principale de Coutances qui passe devant le parvis de la cathédrale porte successivement les noms de Geoffroy de Montbray et de Tancrède.

Ainsi donc trois souvenirs de poèmes épiques au pied de cette cathédrale de Coutances, trois époques littéraires : la chanson de geste, le poème chevaleresque et l'épopée burlesque : le rude évêque normand évoque la chanson de geste, le poème de Robert Wace, clerc de Caen, prêtre de Coutances, le *Roman de Rou* et les hécatombes de Saxons à Hastings, — Tancrède de Jérusalem, petit-fils de Tancrède de Hauteville, gentilhomme de Coutances, la *Jérusalem délivrée* du Tasse et les Sarrasins occis en Terre Sainte, — enfin l'évêque du grand siècle, le *Lutrin* de Boileau et les combats homériques à coups de bouquins entre chantres de la Sainte-Chapelle, pour le pupitre à musique trop élevé.

A quelque distance de la cathédrale, la grande rue longe les tours de l'église Saint-Pierre, une église du XVIe siècle en partie gothique et en partie Renaissance, qui par sa position à l'endroit où le plateau de Coutances commence à descendre vers le pont de Soulles fait un fort bel effet malgré ses défauts et l'amalgame des styles.

Au-dessus de l'entrée une tour ogivale par la base, Renaissance par le sommet, avec petite coupole et lanternons, une tour centrale encore comme à la cathédrale, coiffée d'une flèche basse et flanquée de tourelles élégantes. Au dedans, même mélange de styles, décoration Renaissance à la tour centrale creuse également comme à la cathédrale et posée comme une lanterne au-dessus de la nef.

Il y a encore une troisième église à l'autre bout de la ville, l'église Saint-Nicolas, lourde et triste, un édifice de trente-six époques, ogivale et renaissance, XVIIe siècle et moderne, affligée au XVIIIe siècle d'un dôme peu élégant sur la croisée.

Quelques vieux logis se rencontrent çà et là dans la rue centrale commerçante et dans la tranquillité des vieilles rues tournantes. Par exemple la cour de la Poissonnerie fort curieuse, ouvrant sur la rue par une voûte entre de très vieilles maisons enboutiquées par devant, mais restées très XVe siècle par derrière. La voûte débouche sous une tour renflée au milieu à gauche, et boursouflée en haut à droite par une tourelle d'escalier et percée de petites fenêtres en accolade. Un peu plus bas, presque en face, à l'entrée de la rue Geoffroy-Herbert, quelques maisons à jolies silhouettes, l'une avec une tourelle d'angle, et une autre en face, plus sévère, presque fortifiée, sa porte ouvrant dans un enfoncement comme entre deux échauguettes.

Près de la cathédrale encore une bien jolie petite place irrégulière donnant sur

RUE GEOFFROY-HERBERT

le porche latéral nord. C'est de là qu'il faut voir les tours, non plus comme sur le parvis avec les grandes lignes froides d'une élévation géométrale, mais dans une perspective fuyante tout à fait pittoresque. On ne les découvre pas entièrement, mais ce que l'on en voit s'arrange si bien. A l'arrière-plan la flèche en réparation avec ses planchers volants et ses couronnes d'échafaudages s'amincissant avec elle; en avant l'autre tour, vue par un angle et détachant bien sur le ciel ses tourelles, ses lucarnes et sa tour d'escalier. Un peu du porche surmonté de la belle tour centrale, des maisons du xve siècle, des fumées de cheminées qui montent, floconnent sur les grandes architectures du fond et pour premier plan, comme un portant de décor, une étude de notaire fortifiée qui est sans doute la plus étonnante étude de France, une étude flanquée de deux vieilles tours à mine hautaine, l'une ronde et l'autre à pans coupés entre lesquelles un haut perron monte jusqu'à la porte décorée d'armoiries... notariales.

De l'autre côté du mamelon coutançais, après les verdures bien alignées d'un jardin public situé derrière un hôtel de ville qui est un ancien hôtel de gentils-hommes du pays, une petite rue descend vers la campagne : c'est le faubourg des Piliers s'allongeant sur la route d'Agon, dans une petite vallée charmante, un coin délicieux, à demi ville, à demi campagne, une rue à très vieilles maisons de

CATHÉDRALE DE COUTANCES

granit couvertes en chaume, dégringolant une pente rapide et aboutissant à des ruines étranges, arceaux entièrement habillés de feuillage, debout au bord de la route sur le tapis vert d'une prairie.

Ce sont les restes d'un aqueduc ogival du moyen âge, six ou sept arches complètement revêtues de lierre et de menues verdures, au long d'un joli petit ruisselet qui fait tourner la roue d'un moulin, et, plus loin, encore quelques piles isolées debout comme des menhirs.

Cet aqueduc ruiné du moyen âge, maintenant castel pour les pierrots, succédait à l'aqueduc alimentant la Coutances romaine de Constance Chlore, tombé sans doute lors de la dévastation normande, réparé au XIIe siècle par Foulques Pesnel, puissant baron de la Haye-Pesnel, réparé encore au XIIIe et reconstruit en arcs ogivaux au XIVe siècle. Abandonné et ruiné seulement depuis deux cents ans, cet aqueduc pendant tout le temps du moyen âge fut soigneusement entretenu et fournit la ville de bonne et saine eau de source, ce qui prouve que les travaux publics, les œuvres utiles à la masse n'étaient aucunement négligés pendant les siècles taxés de noire barbarie par les édilités modernes et intelligentes qui sont la gloire de notre siècle, lesquelles édilités, soit dit sans toucher à Coutances, ne se mettent pas en dépense pour des aqueducs décoratifs et préfèrent s'en aller chercher en aval des villes, au-dessous des égouts collecteurs, les eaux de rivière lamentablement polluées et souillées, pour les distribuer à leurs administrés par d'affreux tuyaux qui ne sont que des égouts à l'envers et des conducteurs municipaux de fièvres typhoïdes non moins municipales. Il est doux de vivre dans un siècle éclairé ; c'est beau la civilisation et les systèmes modernes et les municipalités issues de l'intelligence des masses, concentrée et condensée en jolies boulettes par le suffrage universel !

ÉGLISE SAINT-PIERRE

CHAIRE EXTÉRIEURE DE SAINT-LÔ

VIII

SAINT-LO

LE ROCHER DE SAINT-LO. — PLACE DES BEAUX-REGARDS. — LA CHAIRE EXTÉRIEURE

Assise sur un mamelon encore, avec une jolie rivière à ses pieds, la ville de Saint-Lô reproduit la situation de Coutances; c'est Coutances et quelque chose de plus, une rivière plus large et un terrain plus accidenté, un aspect plus mouvementé et plus gai.

La Vire est une de ces rivières aimables et modestes qui n'envient pas le sort des fleuves pressés et affairés et qui s'en vont, contentes de leur sort, jasant, flânant, musant, arroser les prés et les saulaies, servant de miroir aux vaches et aux poulains gambadeurs des herbages et s'égayant encore à faire tourner en passant les roues des moulins. Avant d'être bue par la mer, la Vire a coulé une petite existence paisible et douce dans une campagne superbe, elle vient du gracieux Val-de-Vire sans se presser, et s'en va en passant par Saint-Lô se jeter dans la Manche à Isigny, avec des regrets sans doute pour les grasses et plantureuses prairies qu'elle quitte.

Elle est charmante au bas du mamelon de Saint-Lô qu'elle vient longer du côté le plus abrupt; en bas, c'est tout un faubourg éparpillé sur la rive, un faubourg propre et gai, des moulins et des lavoirs, des roues qui tournent et des battoirs qui battent, des îles et des îlettes, des arbres et de la verdure, une eau superbe où se dessine en reflets brisés le promontoire fortifié de la ville haute. Tout à fait sur la rivière, un fouillis de jardins, de vieux murs complètement couverts de feuillage, percés par l'ogive verte d'une porte, et les murailles d'un vieil hôpital du moyen âge, un hôpital gai, ainsi planté à la tête du pont sur la Vire.

Par-dessus les toits de l'hôpital se dresse, montrant ses créneaux verts et les mâchicoulis d'une échauguette, un énorme morceau de remparts, un vieux bastion absolument enveloppé de lierre et chargé de grands arbres en bouquet que le vent secoue. Sur la gauche de ce rempart au-dessus de l'escarpe de lierre, pointent les deux jolies flèches ajourées de l'église Notre-Dame, ancienne collégiale.

Elle est bien pittoresque, ainsi baignée par la Vire la pointe rocheuse de Saint-Lô, ce bloc qui valut à la ville, en 93 lorsque son nom de saint sonna mal, d'être baptisée du nom mélodramatique de *Rocher de la Liberté*. Les deux côtés du mamelon ont aussi leurs petits ruisseaux, le Torteron et la Dollée coulant au bas de l'escarpement.

On entre en ville par la large et pittoresque rue Torteron qui monte lentement à la ville haute; à l'entrée de la rue, presque au pied du gros bastion perché sur le rocher, se voit le pignon de la chapelle de l'hôpital, un vieux morceau du xiiie siècle. Pauvres gargouilles du moyen âge! Les plombiers sévissent dans ce pays; dompteurs de monstres gothiques, des bêtes fantastiques se tordant férocement sous les toits, ces plombiers ont accroché sous la gueule des guivres et des dragons sculptés par les artistes de jadis, d'ignobles plombs, des cuvettes déshonorantes pour recevoir les eaux du ciel et les conduire au ruisseau. Et ce n'est pas à Saint-Lô seulement que le moderne zingueur plombier se livre à ces exploits grotesques, à Vire, à Falaise, en bien des villes, toutes les vieilles gargouilles accrochées aux balustrades des plus nobles églises, ont l'air, ainsi complétées, de se tordre piteusement dans les étreintes d'un mal de mer grotesque, penchées sur des plombs énormes, bien apparents, avec des tuyaux de descente zigzaguant sur les murs.

Il y a beaucoup de vieilles maisons encore dans cette rue Torteron, toujours plus ou moins modernisées sur la rue, mais souvent intactes dans les arrière-façades sur les cours. Si l'on pouvait visiter toutes les cours de ces vieilles cités normandes, que de belles choses ne trouverait-on pas? Il y a des villes banalisées à la surface, qui sont tout en vieilles cours où le passé est resté intact; leurs habitants d'autrefois qui ne reconnaîtraient rien des places, des rues et souvent des

LA TOUR DE L'HORLOGE A VIRE

monuments, retrouveraient, s'ils pouvaient revenir, les cours intérieures comme ils les ont laissées, avec les vieux pans de bois ou les pierres jaunies de jadis,

LE BASTION DE SAINT-LÔ

avec les fenêtres à bandeaux sculptés et à petits carreaux, les encorbellements, les pignons, les tourelles d'escalier, tout ce qui a été raclé par devant par une manie stupide de régularité, par l'infâme épidémie de mauvais goût moderne. Saint-Lô par bonheur ne s'est pas banalisé à ce point, outre les cours, il y a encore bien des choses, et ce qui reste est charmant.

V. F. — T. I.

Une rampe partant de la porte Torteron monte à la place de la Cathédrale ; de la porte Torteron le nom seul subsiste, la pauvre vieille porte est tombée, — probablement sans la moindre raison valable, car elle ne devait pas gêner beaucoup au bas de cette raide montée. La rampe Torteron escaladée, on se trouve sur une grande place devant la très belle église Notre-Dame, en plein décor d'Opéra.

Superbe tout à fait, cette esplanade de la ville haute, une vraie belle place à la mode ancienne et non pas un de ces carrés réguliers et vides d'à présent, délices des conseillers municipaux ; le mot décor d'Opéra vient tout de suite à la pensée, tant la place, les maisons, l'église, tout s'arrange bien. Sur un vaste espace irrégulier des rues à vieilles maisons débouchent à des plans différents, étagent les grands toits et les hautes cheminées sur la crête du mamelon, et se développent sur les côtés comme des portants de théâtre pour faire valoir l'église, admirable toile de fond, un édifice du gothique normand, moins sévère que la façade de la cathédrale voisine de Coutances.

On sent que la vieille église a beaucoup souffert et qu'on a dû plusieurs fois réparer les blessures du temps, ou les coups portés par les hommes. Le vaste portail, surélevé de quelques marches, plusieurs fois remanié, présente trois ouvertures très irrégulières et d'époques différentes, à voussures très ornementées, surmontées de trois grandes arcades profondément ébrasées formant une sorte de loggia derrière une grande balustrade. Au-dessus deux belles tours robustes mais élégantes, décorées d'arcatures en lancettes plus ou moins ornementées, octogonales au dernier tiers de leur hauteur et cantonnées de hautes tourelles comme à Coutances.

Après un dernier étage en retrait, les deux tours se terminent par des flèches d'un joli dessin, percées de plusieurs rangées de rosaces et de trèfles à travers lesquels s'aperçoit le bleu du ciel.

Ces flèches de Saint-Lô, élégantes et ajourées, peuvent compter, non parmi les plus belles, mais parmi les jolies de cette Normandie, pays des belles flèches d'église ; les tours d'église sont difficiles à terminer, mieux vaut souvent rien du tout, une plate-forme ou un toit modeste qu'une flèche trop fine qui a l'air d'un étui de buis sculpté, ou trop lourde et trop semblable alors à un éteignoir posé sur la prière. Cette idée baroque ne peut venir devant les flèches de Saint-Lô d'un dessin gracieux et montant d'un bel élan dans le ciel ; on ne se douterait pas, n'étaient les arcatures cintrées du dernier étage, qu'elles sont l'œuvre du XVIIe siècle, ce siècle terrible qui a, sous prétexte de bon goût, coiffé tant d'églises ogivales de lourdes coupoles, de marmites renversées et de couvercles à la romaine. Il est vrai qu'elles datent de ses premières années et que les plans se ressentent encore de la Renaissance.

Au pied de la tour de gauche, de belles arcatures ogivales sous des gâbles délicats ornent le gros contrefort d'angle, appuyé d'une petite maison qui doit bien faire gémir les amateurs de régularité, mais qui donne si bien l'échelle du monument.

Plus de statues dans les niches, ou si peu et si détériorées. Il ne faut pas oublier que dans l'histoire des guerres religieuses en Normandie, Saint-Lô fut une petite Rochelle, le rempart du calvinisme dans le Cotentin, ce qu'était Avranches, l'allumette de la Ligue, pour les catholiques.

Dans la rue qui longe Notre-Dame, à gauche du portail, se trouve la célèbre chaire extérieure entre deux contreforts. C'est une belle tribune de pierre accrochée à la muraille à deux mètres de hauteur, à demi portée sur un fût de pilier; le balcon très délicatement sculpté et mouluré est surmonté d'un abat-voix décoré d'accolades fleuronnées, qui se termine en pinacle pyramidal à crochets recourbés. Ce prêchoir en plein air de la fin du XVe siècle est un spécimen bien rare de petits monuments autrefois assez communs et que la vieille Bretagne a mieux conservés, soit ainsi que celui-ci accrochés en dehors à ses églises, comme à Vitré et Guérande, soit en édicules séparés, complétés d'un calvaire devant les églises ou dans les cimetières.

La destination de ces chaires n'est pas très déterminée; ont-elles été construites pour permettre aux prédicateurs de se faire entendre des foules lors des grandes cérémonies religieuses et des processions, ou pour servir de tribune aux communications temporelles des évêques ou du clergé, aux publications importantes, la question est controversée.

Comme les prédications en plein air devaient avoir une solennité particulière la parole sacrée tombant au-dessus des foules mouvementées et émues, des populations à l'âme religieuse, dans le beau décor des villes d'autrefois ! C'est au XVIe siècle seulement que ces prédications cessèrent, sans doute après les désordres produits par l'antagonisme des prêches protestants; des chaires furent alors élevées dans les nefs, pour la prédication régulière, les plus anciennes chaires intérieures, établies comme nous les connaissons, ne datent que de cette époque.

Tout autour de la place Notre-Dame, dans les rues avoisinantes, aux carrefours se dessinant pittoresquement, les maisons montrent des façades du XVe siècle, des étages encorbellés, de hauts pignons, des lucarnes tréflées et çà et là des traces de crêtes sur les toits. Les carcasses solides des maisons restent intactes, les fenêtres et les devantures seules ont été modifiées.

Dans une des petites rues aboutissant à la grande place, *rue du poids royal* ou *national*, voici deux maisons à pignons accolés, appelés encore *la maison Dieu*, restes ou dépendances d'un hôpital du moyen âge qui tenait tout le pâté de maisons avec retour sur la rue d'à côté, — encore une rue Thiers, sans doute dépossédée d'un joli nom d'autrefois.

Ce sont deux grands pignons à trois étages construits sur un soubassement de

LA MAISON DIEU

pierre et séparés par de robustes murs latéraux au-dessus desquels se dressent de formidables cheminées. Les étages supérieurs sont en pans de bois, en encorbellement sur des poutres sculptées. Les deux étages supérieurs très élevés ne sont qu'un grand châssis de fenestrage aux meneaux de bois délicatement taillés et moulurés. Au-dessus, dans chaque pignon, une poutre sculptée dessine une grande ogive garnie de crochets. Il n'y a de changé dans tout l'ensemble que le rez-de-chaussée mis en boutiques.

PRÈS LA PORTE DOLLÉE A SAINT-LÔ

Les maisons d'à côté étaient encore aussi intéressantes, paraît-il, il y a peu de temps. D'après M. de Caumont, ces maisons auraient été construites en 1494. Les encorbellements ont été rasés, les façades grattées et ravalées, elles sont donc parfaitement banales, hélas !

Et c'est ainsi, les belles choses disparaissent une à une, le pittoresque, l'imprévu, le beau d'autrefois sont remplacés par la platitude, l'intéressant par le quelconque ; ainsi s'en va, se dilapide plutôt, ce que *l'Ami des monuments*, revue dirigée par M. Charles Normand, qui sert de tribune aux défenseurs des vieux monuments de notre sol, a appelé *le Capital artistique des villes*, c'est-à-dire la beauté pittoresque et personnelle, les monuments et les maisons de style particulier, remplacés par des architectures de confection et par la maison passe-partout volontairement laide, couvercle banal, boîte absurde qui ne tient compte ni du climat, ni de la contrée et pousse aussi bien — ou aussi mal — dans les environs de Paris qu'en Bretagne ou en Franche-Comté.

Le capital artistique des villes rapportait un intérêt comme tout capital, en passages de voyageurs, d'excursionnistes, en mouvement, en belle renommée, etc., au lieu de le dilapider, conseillers municipaux et bourgeois devraient le garder soigneusement, l'entretenir et le faire fructifier. Quand il sera complètement évaporé, lorsque toutes les villes, sous prétexte d'embellissements, seront aplaties, rectifiées, rabotées, divisées en compartiments réguliers tracés comme les carrés d'une galette, sans une maison plus haute que l'autre autour de monuments tout neufs, qui songera seulement à les venir voir sans raisons d'affaires, et à perdre deux heures dans leurs rues monotones? Et les pauvres habitants? la monotonie du contenant engendre la mélancolie du contenu, la tristesse, ce *huitième* péché capital, comme l'a dit un vieux philosophe chrétien qui s'y connaissait. Il ne serait même pas exorbitant de prétendre que les populations des lamentables petites cités monotones et monochromes, souffrant inconsciemment du manque d'art, doivent arriver sans s'en apercevoir à l'inappétence de tout, au dégoût, au pessimisme, cela peut se plaider. Et voilà les terribles conséquences de la manie démolissante des édiles modernes, martyrisant les pauvres vieilles villes avec un zèle d'inquisiteurs convaincus et féroces, au nom trois fois sacré de la très sainte Ligne droite.

Culte de la ligne droite et prétention. Habiter dans de bonnes vieilles rues à la mode d'autrefois, de bonnes et honnêtes maisons qui disent franchement ce qu'elles sont au premier coup d'œil, c'était bon pour la vieille génération. Nous autres gens supérieurs, nous ne pouvons nous contenter de cette antique bonhomie d'allures et d'habitudes, nous préférons la fameuse maison bourgeoise, aux fenêtres régulières, aux petits rideaux bien empesés comme nous-mêmes, une façade qui ne dit rien, qui ne révèle rien sur nous, sur nos idées, sur nos habitudes ou nos ressources, l'idéale boîte guindée, le cartonnage en pierres et briques des gens comme il faut.

Heureuses les toutes petites villes pas bien riches, pas trop près des grands courants de gens et d'idées créés par les chemins de fer, les bonnes petites villes dénuées de toutes prétentions, où la population vit à la bonne franquette, à la mode des aïeux, dans les demeures bâties par les aïeux. Et voyez quel effet de contraste, on arrive d'une ville quelconque, banale et prétentieuse, à l'aspect vide et triste, une ville endormie dont les habitants meurent d'ennui au fond de leurs maisons à la mode de la banlieue parisienne, on tombe dans un petit bourg de deux ou trois mille habitants, gai, animé, remuant; les bonnes gens vivent sur le pas des portes, se livrent à de petits commerces quelconques, sans embarras, sans luxe, sans vitrines, — travaillent, cousent ou rabotent dans la rue, causent, rient, s'interpellent d'une maison à l'autre, avec le sans-façon des bonnes vieilles mœurs d'autrefois. Sans grandes ambitions, portant allègrement leurs soucis, s'égayant tant qu'ils peuvent, flânant sur l'herbe aux bonnes soirées d'été, jasant à la chandelle l'hiver, ils passent en jouissant de la vie, modestes et heureux.

Ne fais pas fortune, petit bourg de petites gens, ne t'agrandis pas, ne demande pas de ligne ferrée, et n'envie pas ton chef-lieu ostentatif et gourmé, où tout le monde périt d'ennui, l'habitant dans les maisons et l'infortuné voyageur bâillant dans les rues toutes neuves.

Bien vite je déclare que rien de tout cela ne s'adresse à Saint-Lô qui demeure, malgré quelques péchés de lèse pittoresque, commis sur de pauvres maisons, une ville charmante et gaie à l'œil, une ville aimable, en situation admirable et pourvue encore de souvenirs du passé en bon nombre.

Il reste encore, dans les rues coupant le plateau, quantité de grandes et vieilles bâtisses, jadis hôtels plus ou moins opulents, aujourd'hui dame, plus ou moins déchus. On retrouve là, avec un sentiment un peu mélancolique, des traces d'un état supérieur à l'état actuel démontrant la richesse et la prospérité d'autrefois. Sans doute il ne manque pas de gens riches qui se construisent de riches demeures, ou plutôt des demeures cossues, ce qui n'est pas la même chose, mais toujours avec ce goût délicieux que le xixe siècle met dans tout, dans ses paletots et dans ses habitations, avec cette banalité suprême qui fait que si elles deviennent antiquités à leur tour pour nos malheureux petits neveux, elles ne seront jamais que des cubes de pierre sans intérêt. Oui, beaux quartiers neufs de Sainte-Croix, si fiers de vos larges rues tirées au cordeau et de vos élégances modernes, il s'agit de savoir quelle mine vous ferez dans deux ou trois siècles et si vous vaudrez les petites rues irrégulières et tortueuses des vieux quartiers que vous accablez aujourd'hui de vos grands airs dédaigneux.

Il y a de bien jolis coins partout dans ces rues tortueuses et grimpantes, des aspects soudains, d'antiques façades encadrant des échappées sur les collines verdoyantes, sur la Vire ou sur les deux ruisseaux coulant au pied des coteaux; çà et là, on rencontre de vieux débris de remparts, devenus maisons de petites gens ou terrasses de jardins de riches, des morceaux de tours démantelées et décrénelées, laissant tomber sur le passant un échevellement de lierre ou portant haut de grands arbres poussés sur les plates-formes. En suivant de débris en débris, on devine encore la configuration de l'enceinte sur le mamelon escarpé, on retrouve des emplacements ou des traces de portes, comme la porte Dollée, conduisant par une montée sinueuse à la collégiale Notre-Dame, ou la porte Torteron, sur l'autre ravin.

Mais le point le plus séduisant de la vieille ville, c'est, en avant de la place Notre-Dame, la grande esplanade appelée place des Beaux-Regards située au sommet du gros rempart, du promontoire rocheux et bastionné tout garni de verdure qu'on voit en arrivant au-dessus du pont sur la Vire. Une fontaine, au milieu, porte une jolie statue de bronze par Leduc, non pas le grand homme local, général ou savant, ni même le grand homme d'Etat en plaqué, l'Illustre gonflé et vide, qu'on voit dans beaucoup de villes, mais une simple paysanne, la *Laitière du Cotentin*, grande et robuste gaillarde, la cruche de cuivre penchée sur l'épaule et retenue par une courroie, jolie personnification de ce plantureux pays d'élevage et de pâturage.

Mais une laitière sur une fontaine, quelle mauvaise idée, si les laitières de chair et d'os allaient prendre cela pour une autorisation de couper et d'allonger leur liquide.

Les vieux remparts ceignant le rocher des Beaux-Regards sont assurés par leur situation de rester longtemps encore, après que tous les autres débris auront un à un disparu; ils perpétueront le souvenir des luttes du Saint-Lô d'autrefois, de la ville ardemment calviniste, soutenant avec acharnement contre l'armée catholique le siège terrible de 1574, au cours duquel beaucoup de vaillantes femmes de Saint-Lô travaillèrent aux remparts sous le feu des canons catholiques, ou se battirent comme les hommes sur les brèches envahies, vers les derniers jours de ce siège soutenu par le sieur de Briqueville-Colombières contre le comte de Matignon. Le fameux chef calviniste Montgommery, pris à Domfront, fut conduit sous les murs émiettés et tenta d'amener Colombières à capituler, mais celui-ci accueillit ses exhortations par des injures et persista jusqu'à l'assaut final, jusqu'à la mort, dans sa résistance exaltée.

Et ce fut par la brèche ouverte ici même sous cette tranquille et riante place des Beaux-Regards que l'armée catholique, après six semaines de combat, entra furieusement dans la ville.

DOMFRONT

CHERBOURG, LE FORT DU ROULE

IX

VALOGNES — CHERBOURG

LA TERRE DU BEURRE. — GRANDS HOTELS ET PETITES MAISONS
ENNUI ET SOLENNITÉ. — CHERBOURG-PANORAMA
FORTS DE GRANIT ET DONJONS FLOTTANTS

De gras herbages à perte de vue, des prairies vertes ou jaunes se déroulant en molles ondulations, des vaches laitières, des bœufs aux bons gros yeux, mangeant béatement ou ruminant d'un air de rêve, la tête tournée vers l'infini de la mer ou vers l'horizon bleu. Des juments très calmes qui regardent passer les trains et des poulains aux longues jambes maigres qui galopent follement sur les pentes herbeuses. Dans le train de grands, gros, larges et rouges bonshommes aux grosses et blondes moustaches normandes, coiffés de hautes casquettes ou de petits chapeaux melons, vêtus de longues blouses d'un bleu grinçant, avec des pardessus à côté d'eux, jouent bruyamment aux cartes, à deux francs, cinq francs ou même une pistole le coup.

Pays d'élevage, de pâturage et de laitage. — Ces messieurs sont des marchands de bœufs en route pour la foire de Carentan. — Voici le pays du beurre, les herbages d'Isigny où s'attarde la Vire avant sa fin dans la Manche, puis des mâts de navires par-dessus des arbres et des toits. C'est Carentan, petit port et jolie petite ville sous une belle église à flèche.

Voici Valognes maintenant, pays de silence et de sommeil. Comment, c'est cela la ville de Barbey d'Aurévilly, l'écrivain éclatant et farouche, superbe et intense ? Il n'y a ici d'autre intensité que celle du calme, d'autre outrance que celle du provincialisme endormi.

Valognes est un nom à plumet sur l'oreille, un nom rébarbatif même, qui rime richement à Quiquengrogne, et c'est une petite ville bonasse et banale, non point morose et songeant au passé, mais vivant tout doucettement dans une atmosphère d'ennui parfait. Ce fut pourtant, aux deux derniers siècles, une ville de noblesse et de magistrature, pleine de marquis et de marquises, — de province sans doute, — de présidents à mortier ou sans mortier, de présidentes à falbalas et chaise à porteurs, de conseillers emperruqués, de sénéchaux, de procureurs, de baillis et de maîtres ès eaux et forêts. De cette époque brillante, Valognes a conservé dans certaines rues qui ne sont pas des moins silencieuses, aujourd'hui, de grands hôtels à mine imposante et digne, ayant gardé quelque chose des perruques du grand siècle. De hautes murailles, des portes cochères magistrales qui sont des espèces de portes Saint-Martin particulières, de nobles frontons, des balustrades, d'immenses fenêtres, des balcons ventrus en fer forgé, tout est ample et solennel d'aspect dans ces demeures de noblesse d'épée ou de robe.

Tout est fermé, le soleil joue dans la vieille rue de noblesse, l'ombre tourne lentement, l'herbe pousse, le seul bruit est le bourdonnement des mouches soulignant le silence. Marchons doucement. La rue principale, la rue des boutiques et du commerce, n'est pas beaucoup plus bruyante. Une toute petite rivière circule en ville, à travers ruelles et jardins. On la trouve difficilement. De temps en temps, au fond de quelque impasse brille le petit filet d'eau ; un chemin de cinquante centimètres permet de le suivre quelque temps le long de vieux murs de jardins piqués entre les pierres de fleurs jaunes, ou projetant des paquets de plantes échevelées ; on passe par derrière de vieilles maisons grises et vermoulues, les aïeules de celles de la rue et c'est alors, le long de ce ruisseau, le comble du silence, scandé parfois par le battoir d'une laveuse agenouillée sur la rivière, au bas d'une porte de jardin.

Puis la rivière se perd entre des murs, sans la moindre marge pour qu'un piéton puisse la suivre encore, elle passe dans les vieilles maisons, il faut l'abandonner pour l'apercevoir un peu plus loin filant sous de grands arbres et on la retrouve subitement au pied de lamentables logis antiques et branlants, sous une vieille tour qui fut je ne sais quoi au temps jadis.

Il y a une église à Valognes, de plusieurs époques et assez jolie. La tour Renaissance coiffée d'une flèche fait assez bien à l'entrée de la rue principale. Elle a surtout un très joli porche, malheureusement sur une ruelle bien étroite, et tout autour de la nef une rangée de gargouilles, de monstres et de guivres féroces très remarquables. Et c'est tout, quelques traces gothiques çà et là, quelque apparence de vieillerie pittoresque dans quelques façades de maisons et tout Valognes est vu.

Il y a encore, passé le faubourg d'Alleaume, ce qu'on appelle les ruines du vieux château. Ce n'est pas loin, un kilomètre à faire dans des ruelles-corridors d'abord, puis entre des haies, puis dans un chemin creux en pleine campagne et l'on arrive à ces ruines que l'on pourrait fort bien ne pas voir et prendre pour un buisson. Ce sont de simples pans de murs informes et presque inabordables tant

VALOGNES. — VIEUX DÉBRIS SUR LA RIVIÈRE

ils sont envahis et habillés par la végétation; des tas de pierres dans les broussailles, des bosses, des trous, un ou deux blocs en cailloux et verdure encore debout et attendant la chute finale et c'est tout le vieux château.

Une nature plus sauvage, le roc perçant la terre des pâtures et se soulevant en croupes rugueuses et en masses stratifiées où s'accrochent les racines des chênes, des bouquets de pins sur des pointes de granit rougeâtre, de hautes falaises sauvages derrière lesquelles gronde la mer, c'est la pointe du Cotentin, découpée en anses et en promontoires et voici Cherbourg, le grand port militaire de Normandie.

L'arrivée est jolie, par un étroit vallon le long d'un ruisseau coulant sous les

LA RIVIÈRE DE VALOGNES

arbres au pied de grosses roches, qui portent à pas mal de mètres en l'air les murailles du fort du Roule.

Cherbourg, c'est un panorama et pas autre chose : la ville, étendue en croissant sur un immense espace au pied de la montagne du Roule entre la redoute de Tourlaville et les bastions de l'Arsenal, avec ses deux bassins juste au milieu, n'offre pas grand intérêt artistique. Ce sont des rues bien modernes et bien alignées, des maisons de courtiers de commerce et d'armateurs, des quartiers de négoce, puis des maisons de fonctionnaires de la marine et d'officiers, des quartiers administratifs, rien qui rappelle la ville ancienne, le vieux Cherbourg. La transformation de Cherbourg en port militaire de premier ordre a tout fait disparaître, à moins que les Anglais, dans les divers sacs et incendies, dans les occupations ou les bombardements, ne se soient chargés de faire la place nette.

S'il est certain qu'en dehors des choses purement maritimes, de ses cuirassés et de ses matelots, Cherbourg n'ait rien à faire admirer en détail, en revanche, l'ensemble du paysage, Cherbourg-panorama, est vraiment beau quand on plane sur la ville, le port et la rade du haut du fort du Roule.

Ce petit Cherbourg emmuraillé du moyen âge, souvent attaqué, eut jadis quelque part son donjon, sa maîtresse tour dominant toute la ceinture crénelée ; aujourd'hui le donjon, le maître fort, c'est le Roule, qui, de son majestueux piédestal de rochers désordonnés dressés en l'air, surveille la ribambelle de bastions égrenés le long de la côte sur la terre ou dans la mer. La forteresse brutalement découpée dans le ciel bleu n'a pas l'air aimable, ni très abordable ; sur le flanc coupé en falaise à pic du côté de la ville, un sentier en lacets serpente dans les cassures du roc et grimpe

CHERBOURG. — LE SÉMAPHORE ET LA DIGUE

jusqu'à une étroite plate-forme devant le pont-levis. En arrière, des pentes émaillées de pantalons rouges, du roc et toujours du roc plus ou moins dénudé. En avant, l'immensité ouverte.

Immédiatement au-dessous, comme un plan-relief, les petits triangles et les carrés minuscules des rues de la ville, le port de commerce et tous ses navires, l'église Notre-Dame sur la rive même, regardant la mer, le sémaphore et les jetées; sur la gauche comme une seconde ville entourée d'une enceinte bastionnée, l'immense arsenal avec l'immense agglomération de casernes, de casemates, bâtiments, magasins et ateliers, les pontons, les cales de construction et de radoub, les quais encombrés de canons et de grosse ferraille, les bassins du port militaire et tous les monstres marins au repos, batteries flottantes, canonnières, gardes-côtes, torpilleurs, grands et petits cuirassés, etc...

En dehors de l'arsenal, sur tous les points élevés, d'autres bastions accrochés, simples redoutes ou forts imposants, d'autres le long de la mer, le fort des Flamands, le fort Descouplets, le fort de Querqueville. Enfin la mer et la digue, d'autres fortifications sortant des flots bleus, de grosses tours percées d'embrasures plantées dans l'eau en travers des passes, des cubes bastionnés et la prodigieuse digue fermant la rade, une lieue de pierres jetées à l'eau, de blocs de rochers coulés les uns sur les autres, les îles Chausey apportées morceau par morceau, une longue courtine armée de canons, avec encore trois forts, un au milieu et un à chaque bout, perdus comme des points au milieu des flots.

Admirable tableau par le beau temps, quand le ciel est pur et la mer bleue, superbe surtout aux levers du soleil de septembre quand peu à peu, dans les transparences de l'atmosphère rayée de teintes roses, les lignes de falaises se dessinent et que, sous les rayons de l'astre, les tours lointaines et les bastions éparpillés surgissent de la mer. Quel spectacle quand la flotte est dans la rade, quand les gros cuirassés évoluent dans le grand lac formé par la digue et que les minces torpilleurs lancés à toute vapeur coupent la lame en projetant, comme des souffleurs, des jets d'écume devant eux.

Il semble que le pittoresque aboli de la vieille architecture militaire terrienne soit en train de revenir au monde par l'architecture militaire maritime; les mastodontes cuirassés prennent des tournures de forteresses flottantes et remuantes, donjons agiles malgré leur énormité, malgré leurs cuirasses en plaques de fer fantastiquement épaisses, donjons tournants, castels mobiles, aujourd'hui ici, demain là, pour l'attaque ou la défense, grosses tours de fer pour des bombardes savantes, féroces et compliquées, avec tourelles ou échauguettes sur les flancs, crénelages pour les tirailleurs, et plate-formes pour l'artillerie dans les hunes.

Le mouvement continuant, bientôt les cuirassés se balançant sur la mer rappelleront les gothiques châteaux de pierres de taille, les donjons de Coucy plutôt que les vieilles frégates ou que les antiques nefs à château d'avant et château d'arrière.

Donc, rien à glaner dans les rues de Cherbourg, rien autre chose à voir ici que la mer et le mouvement maritime, pacifique ou guerrier, défilés de matelots à cols bleus, lestes et dégagés, lâchés en ville par l'Arsenal, ou de soldats de l'infanterie de marine; débarquements de canots d'officiers en grande tenue ou de mathurins en corvée, petits vapeurs de service tournant autour des cuirassés à l'ancre, etc., avec la musique obligée de coups de canon partant pour des motifs quelconques d'ici ou de là, empanachant de fumées les embrasures du Roule ou les batteries de la côte, les bastions de l'Arsenal ou les navires en rade.

En suivant les quais où se déchargent les navires, où les grandes barques de pêche débarquent d'immenses raies, des raies de 2 mètres d'envergure, car tout est grand ici, on gagne l'immense place Napoléon, ouverte devant la digue, avec la statue équestre de l'Empereur au milieu, montrant du doigt, par delà les nuées bleuâtres, Albion sa vieille ennemie.

Au fond de cette place se trouve l'église Notre-Dame, toute petite dans cet immense cadre, une église à silhouette anglaise avec un clocher à toit en bâtière sur le transsept et sur le portail une tour carrée trapue, souche de flèche sans flèche. Cette église du XVe siècle vient d'être complètement restaurée, elle est toute blanche et toute neuve et le porche du côté de la ville est fort joli.

Dans les environs de Cherbourg, sur cette pointe si mouvementée du Cotentin, se dressent quelques châteaux remarquables du moyen âge et de la Renaissance, plus ou moins bien conservés, comme Tourlaville, château du XVIe siècle, Martinvast, donjon ruiné, accompagné d'un superbe castel de gothique anglais moderne, Nacqueville, tour gothique et château Renaissance et enfin et surtout Bricquebec, énorme donjon du XIIe siècle, debout au milieu d'une enceinte de tours dans laquelle se sont installées les maisons d'une place.

FLÈCHE DE VALOGNES

VIEILLES MAISONS A VIRE

X

VIRE

LA TOUR DE L'HORLOGE. — SOUVENIR AUX COIFFES NORMANDES
LE DERNIER HENNIN... DE COTON
SOUS LA FEUILLÉE DU VAL DE VIRE

Au centre d'une région très accidentée, découpée en vallons pleins d'arbres, en ravines rocheuses au fond desquelles bruissent de petites rivières, dans un charmant paysage apparaît, assez grise au premier aspect, Vire, la ville du

PORCHE DE L'ÉGLISE NOTRE-DAME D'ALENÇON

MAISON RUE DU NEUFBOURG A VIRE

joyeux Olivier Basselin, le poëte des Vaux-de-Vire, le franc compagnon qui chanta :

> Beau nez dont les rubis ont coûté mainte pipe,
> De vin blanc et clairet...

Vire, d'une topographie assez compliquée, éparpille ses maisons bâties en granit bleuâtre, sur une intersection de collines dont la Tour de l'Horloge, qu'on aperçoit de loin, marque le nœud central et le point culminant. De cette tour de l'Horloge partent des petites rues embrouillées et de longs faubourgs descendant dans des creux, remontant des côtes ou filant le long d'étroits vallons tournants vers les fraîches verdures et les prairies ensoleillées.

Le côté un peu maussade de la ville est tourné vers le chemin de fer, l'entrée est médiocre par une longue rue grise qui ne laisse pas deviner les jolies surprises cachées dans le tas de maisons désordonnées, étagé sur la croupe des collines. Mais la pente remontée, au bout du faubourg moderne créé par le chemin de fer, on se trouve tout de suite au cœur de la vieille ville, un peu déchue, pauvre même, mais pour cette raison restée pittoresque, avec sa figure d'autrefois non plâtrée et dénaturée par de faux embellissements.

La belle aquarelle chaude et colorée que ce carrefour de vieilles maisons au fond duquel se dresse la Tour de l'Horloge. Des premiers plans à souhait, de petites maisons, des échoppes ou boutiquettes avec un mouvement de ménagères et de paysans dans la rue resserrée, puis au-dessus une grosse tour ronde un peu éventrée, un peu écorchée, mais gardant intacte une garniture de très beaux mâchicoulis. La rue passe par une voûte sombre sous la haute tour carrée de l'Horloge qui porte à son sommet un campanile octogonal à coupole de la Renaissance fortement patiné par le temps. Une autre tour ronde flanquant la porte s'aperçoit à peine au-dessus des maisons adossées aux vieux murs, des toits irréguliers couvrent le tout.

Il y a au-dessus de l'ogive de la porte, entre les deux rainures d'un pont-levis de jadis, dans une niche abritée par un auvent ardoisé, une statue de la Vierge encadrée de peinturlurages violents avec des anges portant une couronne, avec des pots de fleurs, une grosse vieille lanterne accrochées devant, de jolis taches de couleur enfin, et, en gros caractères sous la Vierge, une inscription naïve qui complète bien le tableau :

Marie protège la ville.

Sous la voûte, dans la tour même, s'ouvre la boutique d'une marchande de poisson; dans cette boutique, autre antiquité parmi ces antiquités, un haut bonnet normand sur la tête d'une bonne femme. Hélas! c'est le dernier des édifices de toile fine, de dentelles et de linon qui surmontaient naguère avec tant de grâce ou de robuste élégance les figures normandes aux belles carnations.

Hautes coiffes semblables à des hennins de noble dame du xve siècle, grands bonnets à ailettes des campagnardes, élégants cornets de couleur aux longues barbes de dentelles des grosses fermières du pays de Caux, coiffes plissées, découpées et empesées, casques de mousseline blanche de Minerve Normande, pleins de dignité et aussi de coquetterie, entrés maintenant dans le domaine de l'archéologie, bonnets des villes, bonnets des champs, bonnets de petites bourgeoises et bonnets de filles de ferme, tout a disparu.

Elles se sont toutes envolées, ces gracieuses et monumentales coiffures, au souffle du réalisme moderne qui emporte tout et impose la laideur uniforme et générale; elles sont toutes parties, sauf une qui résiste encore et cette dernière coiffure nationale, c'est l'affreux bonnet de coton blanc, le honteux et ridicule bonnet à houppette qu'on trouve en bien des endroits sur la tête des hommes et sur celle des femmes, sur la boule rissolée des vieux paysans à brûle-gueule, sur la figure haute en couleur des filles de ferme ou des marchandes de marée. Ceci est bien la condamnation suprême d'un siècle méchant et naturaliste qui a tué ou mis à mal tant de belles choses, d'un siècle qui ne sent s'épanouir son cœur que devant les vulgarités ou les laideurs et qui tout naturellement adopte le bonnet de coton pour coiffure campagnarde, la casquette pour coiffure ouvrière et le tube de haute forme pour les élégances citadines. Horreur lamentable!

Pauvres bonnets normands! ils allaient si bien au paysage et cadraient si parfaitement avec les architectures des villes. Voyez les vieilles peintures ou les lithographies de 1830, comme les hauts bonnets nationaux meublent bien les cours de ferme, les places d'église ou les intérieurs de villes; les mêmes paysages ou les mêmes carrefours de villes, vus à présent sans les blancs hennins normands, semblent vides ou habités par une autre race! Partis aussi les corsages de cérémonie, les jupes de couleur, les grandes mantes aux jolis plis...

La Tour de l'Horloge est le monument le plus original de Vire; la ville possède encore trois églises dont une toute neuve. La seule intéressante est l'église Notre-Dame, des xiiie et xvie siècles, d'un aspect gris et sévère à l'extérieur sur une grande place également sévère. Encore des gargouilles ridiculement pourvues de cuvettes de zinc et à l'intérieur quelques jolis morceaux de sculptures, arcatures ou encadrements de portes, fenêtres ou balustrades de chapelles.

Tout à côté, place Nationale, s'élevait jadis le château en forte et magnifique position sur la crête du promontoire escarpé dominant le ravin de la Vire. Construit au xiie siècle, sur l'emplacement d'un fort plus ancien, par les rois d'Angleterre, ducs de Normandie, enlevé avec la ville par les Grandes Compagnies, pris au xve siècle par les Anglais qui perfectionnèrent ses défenses, plus tard tombant alternativement des mains des catholiques aux mains des protestants, de Matignon ou de Montgommery, qui tour à tour saccagent la ville, la brûlent ou la pillent; assiégé par Henri IV retenu quelque temps par ses murailles après avoir emporté la ville d'assaut, le château fort de Vire, après une histoire mouvementée, fut démoli par Richelieu qui laissa debout, comme souvenir pour la ville désarmée, un angle des murailles du donjon.

L'emplacement du château rasé forme une belle esplanade, une plate-forme en promontoire au-dessus de l'entrée des Vaux-de-Vire d'un côté et de la ville de l'autre. A la pointe, sur un soubassement de rochers, se dresse le grand pan de mur, seul reste du puissant donjon, entre deux allées de hauts et magnifiques tilleuls. C'est tout à fait l'*église verte* du poète, un jaillissement de hautes branches droites comme des colonnettes, se rejoignant superbement pour former une belle voûte verte qu'à peine de loin en loin un mince rayon de soleil réussit à percer. La nef s'allonge, le vert tendre s'assombrit presque mystérieusement au loin, le vent souffle doucement apportant d'en bas des parfums de fleurs ou de foin coupé.

Aucun bruit, solitude complète. Seuls des moineaux par bandes folâtres voltigent dans les branches, sur ce point si tranquille, où jadis, en de chaudes journées, ont passé des volées d'âmes s'échappant de leur enveloppe charnelle par des ouvertures pratiquées à grands coups de haches d'armes, d'épées, de vouges, de guisarmes, d'arquebuses, sous les projectiles de pierre des catapultes, sous les biscayens des mangonneaux où les boulets des canons, — des âmes de Normands et de Neustriens, de Français et d'Anglais, de Bretons, de calvinistes et de ligueurs... Et maintenant de toutes les pierres violemment attaquées ou défendues dans le passé tumultueux, il ne reste que le morceau de tour oublié par Richelieu et sur la brèche aplanie cette charmante et rêveuse nef de tilleuls où chantent les joies de l'été et les douceurs de la vie.

La splendide plate-forme ! A gauche, on plane au-dessus de la ville étagée en désordre sur des pentes diverses ; de vieilles rues grimpantes à côté de l'hôtel de ville, de vieux toits dominés par la Tour de l'Horloge et par le clocher neuf de Sainte-Anne, la Vire et ses lavoirs, le quartier des teinturiers sur la rivière...

A droite, aucun toit, aucune maison, un précipice de verdure. Au-dessous de l'esplanade, des sommets d'arbres, un fouillis de végétation sur des pentes dégringolées par des allées en zigzags et par-dessus les masses vertes, les hautes collines boisées du Bocage normand, les Vaux-de-Vire bleuâtres.

> Vire est un lieu délicieux,
> Vire est une ville normande !
> Ce n'est pas le séjour des Dieux,
> Vire est un lieu délicieux.

> Mais ce que j'aime beaucoup mieux,
> La paix que l'on y trouve est grande...

ainsi que l'a dit du pays d'Olivier Basselin, un autre poëte normand, M. Gustave Levavasseur.

PETIT PORCHE SUR PERRON, A VIRE

En ville, en cherchant à se retrouver dans l'écheveau embrouillé des rues qui tournent et virent autour du beffroi, le regard tombe encore sur quelques vieilles tours plus ou moins éventrées, englobées dans les maisons, devenues maisons elles-mêmes, les brèches arrangées en portes, les trous promus au grade de fenêtres, avec échoppes au rez-de-chaussée pour d'humbles petits métiers ; d'autres encore sont visibles, çà et là, dans les jardins ou passant la tête au-dessus des murs, avec des débris de remparts dans les cours, dans un chevauchement de vieux toits déjetés, gondolés, à lucarnes lamentables.

Nombreuses sont les vieilles maisons intéressantes, petites bicoques ou grands logis, vieux hôtels entrevus par-dessus de hauts murs, à travers le feuillage de vieux arbres imposants, grands pignons avec échauguette sur l'angle, maisons à porches...

Quel joli groupe de maisons en pierre, dans un carrefour non loin de la Vire, à côté de restes de remparts surmontés de jardins et piqués d'herbes! Ce sont deux pignons ventrus, renversés en arrière, réunis par un renflement ou une demi-tourelle contenant l'escalier, irrégulièrement percés de portes et de larges fenêtres avec d'immenses linteaux monolithes, de grosses pierres à l'angle en retour, un des pignons surplombant au deuxième étage tout bardé d'ardoises. Couleur, lignes pittoresques, dédain de la régularité et de l'alignement, ce coin est tout à fait charmant.

Et toujours des traces du passé plus ou moins effacées dans des façades refaites, des fenêtres en accolade, des sculptures Renaissance, des cours d'un pittoresque échevelé dans les maisons ouvrières, d'autres cours plus bourgeoises et plus fleuries avec de jolis détails.

Il est, rue de Neufbourg, une toute petite maison du XVIe siècle bien remarquable, un simple carré de murs, une petite boutique d'épicerie en bas, deux fenêtres en accolade au premier et par-dessus une grande lucarne avec les ornements du commencement de la Renaissance, le fronton écussonné encore gothique, avec des crochets et des fleurons en forme de candélabres.

Au bas de la ville, un vieux faubourg tourne le long de la Vire que traversent des ponts de bois réunissant les deux côtés de la rue; toutes les maisons sont anciennes avec des façades déjetées ou surplombantes souvent bardées d'ardoises; quelques façades — les plus anciennes, — reposent sur des piliers laissant ainsi à la vieille mode un large porche en avant.

De l'esplanade du château, pour gagner les Vaux-de-Vire, il n'y a qu'à plonger dans la verdure et à se laisser descendre sur les pentes par les sentiers filant sous les arbres. Bientôt voici l'entrée des célèbres vallons resserrés entre des coteaux campagnards d'un côté et citadins de l'autre, avec la petite rivière au milieu. La croupe de la colline porte des jardins en gradins se prolongeant tout le long de la côte et çà et là d'antiques maisons bourgeoises endormies dans la verdure. Au-dessous, toujours dans la verdure, des petites usines et des filatures sont établies sur la Vire très pittoresquement. Oui, ici, dans ce paysage si frais aux heures chaudes, solitude égayée par la musique des eaux, industrie et pittoresque font bon ménage. En se promenant le long des filatures de la Vire, il vous vient involontairement des exclamations extraordinaires : la charmante usine! la délicieuse fabrique!... des mots qui n'ont pas l'habitude de se rencontrer souvent. J'irai voir à Saint-Denis si je puis en dire autant.

On rencontre de loin en loin des retenues de belle eau verte reflétant de grands arbres, des barrages envahis par les herbes, des cascades bruyantes, des ponts de bois jetés en travers, c'est tout un quartier d'un industrialisme pittoresque, jadis vivant et bruyant, maintenant silencieux, le petit industrialisme bon enfant d'autrefois, tué par le grand industrialisme moderne, par l'usine formidable et monstrueuse à hautes cheminées sombres vomissant de la vapeur, empoisonnant les eaux, saturant de produits chimiques les pauvres rivières, salissant le ciel et noircissant la vie autour d'elle.

Tout cela est fini; les pauvres petites usines sont fermées ou végètent péniblement, le silence envahit les Vaux-de-Vire et la petite rivière n'ayant plus rien à faire s'en va philosophiquement flâner plus loin sous les herbes.

VIRE. — LES GARGOUILLES DE NOTRE-DAME

RUINES DU CHATEAU DE DOMFRONT

XI

DOMFRONT

FORTERESSE AUX DENTS CASSÉES. — LA RUE DES BARBACANES
LE CHAT ET LA SOURIS. — LA FIN DE MONTGOMMERY

Pour gagner la petite ville de Domfront, située en dehors des grandes routes de Paris à la mer, il faut quitter la grande ligne de Granville à Flers, une ville industrielle moderne franchement laide, qui n'a rien à montrer, ni maisons ni monuments, sauf, à côté des usines, un vieux château de la Renaissance perdu dans les grands arbres au bord d'un étang mélancolique.

Domfront est d'aspect plus séduisant, c'est encore une vieille ville juchée sur la crête fort étroite d'un long mamelon, comme Saint-Lô, comme Coutances, avec un vieux château à la pointe du promontoire comme à Vire, mais le mamelon est plus haut, plus abrupt, plus rocailleux, la ruine est plus importante, l'ensemble est plus hérissé.

Ce n'est pas une ville en réalité, c'est un immense balcon à 100 mètres au-

MAISON DE LA JUKELLE A VERNEUIL

dessus de la vallée, ouvert des deux côtés, planant ici sur le vallon où court une petite rivière, la Varenne, capricieuse et peu pressée, qui décrit des entrelacs, méandre après méandre, sous les arbres à travers de grasses prairies, et de l'autre côté sur une immense étendue de plaines semée de villages et de bouquets de bois, de coteaux chevauchant des coteaux, de forêts s'allongeant sur des croupes de collines, un vaste paysage en damier aux lignes jaunes ou

DOMFRONT. — ÉGLISE NOTRE-DAME DE L'EAU

vertes s'entre-croisant jusqu'aux très lointaines montagnes bleues.

La vallée de la Varenne est très étroite sous Domfront, le rocher semble avoir été tranché d'un formidable coup de hache pour laisser passer la rivière et le chemin de fer qui tiennent à eux deux toute l'ouverture. L'escarpement est à pic des deux côtés, une exploitation de carrière accroche à sa paroi de roc des échafaudages que l'on peut prendre pour des machines de guerre dressées contre le vieux donjon de Montgommery couronnant la paroi en face, au-dessus d'un rempart aux lierres échevelés.

Tout l'horizon est rempli par le magnifique développement du mamelon; sur une grande longueur à partir de la pointe du donjon, tout en haut par-dessus la vallée, par-dessus les raides escarpements couverts d'arbres, véritable fouillis de verdure, les toits de la ville irréguliers et cahotés, les combles des vieilles tours encore debout çà et là, les pointes des tourelles se découpent vigoureusement sur le ciel. En bas, sous la ville, dans un petit faubourg clairsemé s'élève une vieille église romane, Notre-Dame de l'Eau, pauvre, lourde et trapue, mais en vraiment belle situation.

Elle est là, dans un pré, au bord même de la petite rivière, près du pont, à côté d'un vieux cimetière moussu. Sous l'abside qui trempe dans la Varenne, un lavoir campagnard montre un bel appareil de grosses poutres portant un toit de tuiles verdâtres, que domine la grosse tour carrée de l'église, décorée d'arcatures et de fenêtres géminées. De hauts panaches de peupliers agités par la brise, des meules de foin, des toits de fermes, de vieux murs presque éboulés projetant dans l'eau des paquets de verdures et des perruques de broussailles, le tableau agreste est complet.

L'église est vide à l'intérieur et ne contient que le tombeau, érigé au XIVe siècle, de Guillaume de Bellesme qui dressa au XIIe siècle le donjon de Domfront sur le rocher en face.

Une route et des ruelles escaladent sous les arbres le rocher de Domfront et aboutissent à ce qui reste des anciens remparts, devenus terrasses de jardins, murs de clôture ou maisons d'habitation.

La ligne fortifiée se peut suivre sur la crête du coteau, de terrasse en terrasse, coupée de distance en distance par le débouché d'une petite rue transversale; de vieilles tours se retrouvent, quelques-unes complètes encore et pourvues de leurs mâchicoulis qu'une fenêtre de chambrette interrompt çà et là, coiffées de leur comble, mais transformées en maisons d'habitation, parmi les fleurs, les verdures, les bouquets de grands arbres.

Voici pour entrer en ville, la rue des *Barbacanes*, un nom d'une jolie couleur et un bout de rue rébarbatif, des pierres amoncelées sur du rocher, une rampe fortifiée, deux grosses tours flanquant une ancienne porte bouchée. Cette ancienne entrée de la ville devait être d'un aspect tout à fait formidable et d'un accès difficile avec ses circuits et ses rampes qui forçaient le survenant à longer la base des tours. Aujourd'hui un pont a été jeté sur la rue des Barbacanes et la grande rue de Domfront se prolonge par-dessus l'ancienne coupure; de ce pont la rue en-dessous dégringolant la colline fait un fort bel effet avec les morceaux de remparts des deux côtés, l'ancienne rampe et les grosses tours piquées d'herbes et drapées de grands pans de lierre.

La ville elle-même sur le plateau est fort peu de chose, une longue rue se dirigeant vers les ruines du château, et rien de plus. Le mamelon étant fort étroit, les rues transversales trouvent tout de suite à chaque bout le ravin. Cette grande rue est assez maussade, les maisons basses sont vieilles, mais peu intéressantes, quelques-unes ont des encorbellements et des porches. Ce sont des réductions des maisons de Vire, Domfront n'ayant jamais été qu'une toute petite ville, qui ne compte actuellement, malgré sa sous-préfecture et ses tribunaux, que quatre ou cinq mille habitants.

Mais cette petite ville d'aspect si vieillot, perchée sur sa haute colline dans une région agricole, ignorant le grand commerce et l'industrialisme moderne, a cependant pris une avance considérable sur de plus grandes villes, sur des capitales, sur Paris même, au point de vue de l'application des grandes découvertes récentes. Rejetant ses vieux quinquets à l'huile, méprisant le pétrole, dédaignant le gaz, la ville de Domfront a pour ses réverbères adopté la lumière électrique! Ce qui la fait marcher de pair avec les villes américaines les plus Édisonnées, avec New-York ou Chicago.

Pas de monuments sur le plateau, la lourde église de la haute ville n'a aucune architecture. Mais quelle admirable vue partout et quel calme dans les vieilles maisons qui se sont accommodées de débris de remparts, avec des tours à mâchicoulis pour annexes. Tranquillité absolue, pas un passant dans les petites ruelles sous les vieux bâtiments à larges fenêtres; de grands murs renfermant des jardins tout en terrasses et en belvédères, des perchoirs enverdurés où la vie doit s'écouler lentement, doucement, dans le silence recueilli, à l'abri de tout mouvement, à regarder passer les oiseaux du ciel et les ombres des nuages courir sur les vastes plaines d'en bas.

Au bout de la ville, à la pointe de la falaise, se dressent les ruines du château sur un plateau particulier séparé de la ville par une coupure. Il reste quelques traces de l'enceinte, avec des fragments de tours rasées presque jusqu'au sol et par-dessus les tas de décombres envahis par la végétation, un morceau des robustes murailles élevées au commencement du XIe siècle par Guillaume de Bellesme, comte d'Alençon, deux des côtés d'un haut donjon carré flanqué de contreforts aux angles.

Domfront, sur son rocher avec ce qui reste de sa ceinture de tours avec les débris de son château et de son gros donjon, est bien le type de la vieille ville forte qui eut jadis des dents et des crocs pour mordre et se défendre, devenue forteresse piteusement inoffensive, aujourd'hui que ses dents et ses crocs sont cassés ou arrachés.

Forteresse vaillante, extra-forte autrefois, déclarée imprenable, reconnue pour telle par Guillaume le Bâtard, le futur conquérant de l'Angleterre lui-même, qui vint en 1048 l'assaillir avec une armée pour la reprendre à Geoffroy Martel, comte d'Anjou, et qui, renonçant à l'enlever de vive force, se contenta de la bloquer en l'entourant de circonvallations défendues par trois bastilles. Solide assiette au-

DOMFRONT. — UN MORCEAU DES VIEUX REMPARTS

dessus d'un précipice, bonnes murailles et formidable donjon, faciles à défendre contre les armes loyales et de vraie bravoure du passé, les armes de poing, et contre les engins et machines d'alors, pierrières, mangonneaux, catapultes, trébuchets, tout cela devenu inutile et bon à rien à cause des hauteurs voisines trop rapprochées, lorsque s'en vint troubler et bouleverser le monde, la satanique invention du moine Schwartz.

Ce premier chimiste nuisible, — ce n'est pas le dernier, — eût bien mieux fait de rester tranquille. Que Belzébuth ait son âme et qu'il la soigne particulièrement avec celles des inventeurs de poudre sans fumée, d'explosifs superfins en ite ou en ate, la douce mélinite, l'excellente roburite et la suave écrasite, la joie des enfants devenus grands, la tranquillité des parents européens — avec les âmes de

LA RUE DES BARBACANES A DOMFRONT

tous les inventeurs malfaisants ou dangereux, tourmenteurs de la pauvre race humaine, modificateurs de siècles et dérangeurs de civilisations.

Les noms de Gabriel de Montgommery et de Jacques de Matignon sont encore attachés à ses ruines comme à Avranches, comme à Vire, à Saint-Lô. On les retrouve là comme dans presque toutes les villes du Cotentin. Le chef catholique et le chef huguenot, poursuivant et poursuivi, c'est le chat et la souris, toujours l'un courant derrière l'autre pendant une douzaine d'années. De 1562 à 1574, Montgommery tient la campagne avec ses bandes, tombe sur les villes, les met à sac, pille les maisons des catholiques marquants, brûle les couvents et les églises, massacre les prêtres et les moines, arquebuse même et disperse les ossements des évêques. Matignon tombe sur lui, reprend les villes et poursuit par les champs l'insaisissable partisan ; les catholiques à leur tour se livrent aux mêmes excès et dévastations que les calvinistes, brûlent et pillent d'autres maisons, massacrent des bourgeois réformés et des pasteurs... Montgommery poursuivi se jette à gauche, fait un crochet à droite, enlève brusquement une ville ou un bourg, brûle un château ou une abbaye en passant, fait tête aux bons endroits et donne de furieux coups de boutoir ; mais enfin traqué de trop près, sur le point d'être pris, il gagne le rivage et se réfugie en Angleterre.

Pendant que les pauvres villes réparent leurs désastres, pendant que Matignon est occupé ailleurs contre Fontenelle ou Colombières, deux autres chefs calvinistes, Montgommery recrute des soudards et des aventuriers et soudain repasse la Manche.

Et le drame recommence de la même façon, aux mêmes endroits. Montgommery reprend les mêmes villes, saccage, pille et brûle ; Matignon reparait, reprend contact, assiège ou surprend les calvinistes, saccage et brûle à son tour, disperse les corps armés, écrase les détachements. Les cavaliers calvinistes se dérobent et, poursuivis par les cavaliers catholiques, tournent éperduement, cherchant une ville ou une place de refuge.

Ainsi Montgommery, sur le point d'être pris à Saint-Lô, galope jusqu'à Domfront pour reprendre haleine dans la ville tombée quelque temps auparavant par surprise entre les mains des huguenots ; mais Matignon était sur ses talons et parut quelques heures après lui devant la place.

C'était l'hallali. Montgommery, acculé au rocher, essaya de franchir le cercle des chasseurs qui s'épaississait autour de lui, mais inutilement et il lui fallut, sans le moindre espoir, se résoudre à se défendre dans le château avec quarante-cinq gentilshommes, quatre-vingts arquebusiers, quelques reîtres, en tout deux cents hommes, les vieux compagnons de toutes ses courses, débris de ses bandes, harassés et mal pourvus, contre huit mille soldats accompagnés d'une belle artillerie.

Les canons de Matignon dressés en batterie sur le rocher à très peu de distance devant le donjon, eurent bientôt ouvert aux murs de la ville une brèche par laquelle les assaillants se précipitèrent. La défense désespérée domina l'attaque ; après cinq heures d'efforts, les catholiques abandonnèrent la brèche et la canonnade recommença.

Les calvinistes écharpés, accablés, se replièrent dans le donjon et s'y barricadèrent ; manquant de pain et de poudre, ils étaient cependant décidés à se défendre jusqu'à la mort, mais, sur les avances de Matignon sur la promesse que tous auraient la vie sauve, ils consentirent à négocier.

Le terrible partisan si longtemps poursuivi, l'insaisissable Montgommery était enfin pris, sa destinée était accomplie. Expédié à Paris, malgré les garanties de la capitulation, le meurtrier involontaire de Henri II dans le dernier grand tournoi chevaleresque, tombait entre les mains de Catherine, qui le faisait immédiatement décapiter en Grève.

Resté après le siège, le ventre ouvert, à demi démantelé, le château de Domfront eut encore quelques secousses, reçut ou tira quelques coups de canon sur les royaux ou les ligueurs jusqu'au jour où, pour en finir, Henri IV le fit mettre en l'état où il se trouve aujourd'hui. Et l'ancienne ville forte dort depuis ce temps dans sa tranquillité, dans la paix de sa campagne, laissant les arbres seuls monter encore en rangs pressés à l'assaut de ses pentes, les broussailles et les ronces escalader ses vieilles tours.

LE DONJON DE DOMFRONT

SUR LA SARTHE A ALENÇON

XII

ALENÇON

LA FIN D'UN DONJON DE MÉLODRAME. — LE PORCHE DE L'ÉGLISE NOTRE-DAME
FENÊTRES ET VERRIÈRES

Quand on sort de Domfront, restée toute petite cité du xve siècle malgré son éclairage électrique, Alençon semble une capitale, une grande ville à la moderne, vivante, remuante, une ville industrielle et commerçante. L'entrée donne une bonne impression. Les entrées de ville aujourd'hui, n'est-ce pas toujours la même gare grande ou petite, avec l'hôtel de la gare et le restaurant de Paris en face, avec la même rangée de marronniers ou de platanes, c'est-à-dire l'uniformité dans la banalité.

Ici l'entrée est meilleure : on trouve tout de suite, à côté de la gare, l'ancienne

LE DONJON DE FALAISE

entrée de ville au carrefour où se rejoignent, sous de grands beaux arbres, les routes de Paris et de Rouen et l'artère principale de la ville la *Grande-Rue*, commerçante et animée, qui passe devant l'église Notre-Dame et traverse la cité d'un bout à l'autre.

Grande ville avec de grandes maisons bien au large, de vieux hôtels, avec de

LE CHATEAU D'ALENÇON

nobles monuments, même parmi les monuments relativement modernes comme l'hôtel de la Préfecture et l'hôtel de ville, avec une très belle église, ou plutôt un beau fragment d'église du xv⁵ siècle, l'église Notre-Dame et les restes du vieux château des Talvas et des ducs d'Alençon.

Deux rivières passent à travers la ville, la Briante et la Sarthe. La Briante est une toute petite rivièrette qui se divise en plusieurs bras, circule dans les beaux quartiers, baigne le pied des tours du château, passe sous des voûtes, pénètre dans des jardins, dans des cours de vieilles maisons, disparaît et reparaît avant de se perdre dans la grande rivière, la Sarthe.

Celle-ci est loin d'être un fleuve, c'est une eau modeste et tranquille, qui ne se doute pas encore qu'elle rencontrera bientôt la puissante Loire. Pas de bateaux, ni de mouvement, de grands arbres penchés sur ses rives, des murs, des jardins trempant dans un calme miroir, avec une barque amarrée au pied d'un petit escalier, des petits lavoirs installés sous des auvents.

Des toits industriels se montrent aussi par-dessus les verdures; ce sont des teintureries, des fabriques de toiles; des barrages retiennent les eaux dans des élargissements de la rivière, puis les arbres reprennent et les touffes de plantes aquatiques sous les jardins. Ces coins de rivières, qui seraient si jolis, ne se peuvent apercevoir que des ponts, puisqu'il n'y a pas de berges et que jardins et maisons trempent directement dans l'eau; par malheur, l'industrie les encadre de plus en plus de ses grands bâtiments peu séduisants, et des usines ou des magasins de nouveautés, à l'instar des grands bazars parisiens, obstruent les beaux endroits en tête des ponts.

Les plus grands abimeurs de villes dans nos pays sont les marchands de nouveautés, les horlogers et les charcutiers; les horlogers aux belles vitrines luisantes, tirant l'œil, étalant les ors et les zincs dorés, les charcutiers aux étalages blancs et roses ont commencé la transformation. Avec quel bon goût ! Livrez-leur une belle maison à poutres sculptées et attendez les embellissements. J'ai vu quelque part, à Argentan, sur la façade d'une ancienne maison, un charcutier qui avait ajouté l'embellissement d'un affreux lambrequin en zinc à un vieux balcon de fer forgé ombrageant sa devanture. Les magasins de nouveautés, somptueux et ambitieux, s'en mêlent maintenant et l'on sait qu'ils vont vite en besogne.

Mais il y a encore pour l'artiste bien des satisfactions dans la partie centrale de la ville, dans le vieil Alençon, groupé entre l'église Notre-Dame, l'église Saint-Léonard et le vieux château. La rue aux Sieurs, la rue du Bercail, la rue du Jeudi, rues très vivantes, ont assez bien conservé le caractère des rues d'autrefois. On y retrouve en grand nombre des façades imposantes, les petites portes en accolade ouvrant entre deux boutiques, les pignons en encorbellement et les grands hôtels de pierres. Les rues transversales et les ruelles sont encore plus intactes.

A l'entrée de la rue du Bercail, une grille laisse voir une jolie cour avec arcades et entrée pittoresque, c'est le tribunal de commerce, bien installé dans un hôtel du XVIe siècle. Il y a comme cela par la ville quelques vieux hôtels d'autrefois dressant sur des cours leurs sévères bâtiments, leurs tourelles d'escaliers, leurs hautes lucarnes et leurs grands toits terminés par des crêtes et des épis de faîtière en plomb. On ne les voit pas tous, on en devine quelques-uns dans l'intérieur des quartiers fermés et enchevêtrés, autour dequels circulent des ruelles endormies.

Le coin le plus pittoresque d'Alençon, c'est, rue aux Sieurs, un ensemble désordonné de vieilles habitations déjà touché par les démolisseurs, mais bien curieux encore. Sur la rue, des petites maisons basses, rez-de-chaussée probablement décapités, occupés par des brocanteurs ou du petit commerce, un tas de vieilleries, vieux meubles et vieux bouquins, pour premier plan à d'autres vieilleries; pardessus les toits de tuiles très bas, se chevauchant cahin-caha, apparaissent au fond des cours, une petite tour ronde et une haute tour carrée ardoisée à ses étages supérieurs, surgissant au milieu de grands bâtiments en vieilles pierres noires ou grises, irréguliers, déjetés, abîmés, couronnés de grands toits rouges avec des cheminées grises portant des plumets d'herbes.

En suivant dans ce quartier de vieilles maisons la rue du Château, on arrive tout à coup à ce qui reste du nid féodal des seigneurs d'Alençon, les terribles Talvas de Bellesme. Ce qui reste fait encore bonne figure: c'est, derrière un fossé, une porte entre deux grosses tours crénelées, une autre tour et un gros corps de logis carré de la Renaissance, coiffé d'un toit immense sur lequel se dressent deux hautes lucarnes. Et ce n'est qu'un simple débris de l'ancien château, forteresse importante restée intacte jusqu'à la fin du siècle dernier avec toutes ses tours, avec un donjon formidable qui fut abîmé d'abord pour être aménagé en prison et rasé ensuite sous prétexte d'embellissement, sous le règne de Louis XVI.

Sur le côté des tours s'étend la place d'Armes; le château se prolongeait de ce côté. Aujourd'hui se dressent là de grands bâtiments modernes, le palais de justice et l'hôtel de ville, somptueux édifices de la fin du XVIIIe siècle, d'une certaine ampleur certainement, mais du Louis XVI, c'est-à-dire une façade pompeuse, un attique, des colonnes, des vases, du gréco-romain arrangé, rien d'original.

Un quartier élégant, tout moderne, commence là, égayé par les grands arbres des promenades qui s'étendent de l'autre côté de la Briante, derrière le château.

Tribunal et prison, voilà ce qu'est devenu le château des ducs d'Alençon bâti par les Talvas au Xe siècle, renforcé successivement aux siècles suivants. Des prisonniers dans les tours restantes, un prétoire et des juges sur l'emplacement du donjon. Cette fin est juste pour ce vieux donjon qui fut une maison de crimes, un repaire d'affreux brigands. La famille des Talvas de Bellesme est monstrueuse et criminelle avec des allures tout à fait mélodramatiques, Shakespeare et Anne Radcliffe, Victor Hugo et le vicomte d'Arlincourt réunis. Le donjon des Talvas est un vrai donjon de mélodrame, il y eut là des souterrains et des cachots, des vieillards chargés de chaînes et des bourreaux, de belles captives et des prisonniers mutilés, des chevalets de torture et des armoires aux poisons, de vieux burgraves féroces, des épouses malheureuses, des châtelaines superbes mais couvertes de crimes, des soudards et des traîtres... Tout le répertoire !

Ces Talvas de Bellesme ont des démêlés avec la famille également puissante des Giroye de Saint-Cenery. Un Talvas, ayant fait étrangler sa femme, se remarie, invite le chef des Giroye à la cérémonie et lui fait pendant les fêtes couper le nez, arracher les oreilles et crever les yeux. Après ce Talvas, qui a bien d'autres cruautés à son compte, il y a une Talvas qui est une sorte de Lady Macbeth, plus compliquée et plus noire, la belle et terrible Mabile ou Aimable Talvas, séductrice, meurtrière, empoisonneuse et quelque peu sorcière, une Lucrèce Borgia qui aimait à régler les comptes des ennemis de sa famille, restés en souffrance après la mort de son père. Le poison est son arme favorite ; elle le sert à d'imprudents Giroye, revenus à portée de sa main, elle le sert à bien d'autres, jusqu'au jour vengeur où dans le donjon d'un de ses fils, pendant qu'elle faisait la sieste, le capitaine d'un de ses trente-quatre châteaux s'introduit dans sa chambre et lui coupe proprement la tête.

Ce n'est pas fini. Le fils de cette séduisante Mabile continue les traditions de la famille et se distingue par ses crimes ; il se complaît aux mutilations, aux éventrements, aux membres coupés, aux yeux arrachés ; il a dans les basses fosses de ses châteaux des cages de fer et des systèmes de cangues et de chaînes perfectionnés par lui avec volupté. Dépossédés de leurs domaines par les ducs de Normandie, ces Bellesme reviennent toujours et reprennent leurs habitudes. Les Alençonnais n'ont pas de chance d'ailleurs, les comtes de Mortain, à qui pour un temps ils appartiennent, commettent de telles atrocités que les Alençonnais en arrivent à redemander les Bellesme.

Ici encore on retrouve Montgommery et Matignon. Montgommery descend des farouches Talvas d'ailleurs, par l'empoisonneuse Mabile. Les calvinistes tinrent longtemps Alençon, dont les églises eurent beaucoup à souffrir. Les catholiques allaient prendre leur revanche à la Saint-Barthélemy, lorsque le maréchal de Matignon accourut et, par sa fermeté, empêcha le massacre des religionnaires. Il convoqua sur cette place du Château tous les réformés de la ville, émus et tremblants aux terribles nouvelles qui venaient de partout, leur fit jurer d'observer les édits de pacification et en retour promit d'empêcher que leurs existences fussent menacées.

Alençon n'a guère qu'une église intéressante, l'église Notre-Dame, sise au centre de la ville dans la Grande-Rue. — Extérieurement cette église n'est, à vrai dire, qu'un porche. — Elle a perdu dans un incendie, en 1744, son ancien chœur, sa tour et ses transepts ; la nef seule fut sauvée et sur les débris de l'église, à la place du clocher incendié, de lamentables architectes du xviiie siècle campèrent une affreuse tour, une horrible marmite ardoisée.

Le pignon de la nef, par une curieuse disposition, est absolument masqué par un splendide et très bizarre porche avançant comme un écran sur trois côtés, un portail superbe qui est comme une grille de pierre plantée devant l'église, une

VIEILLES MAISONS RUE AUX SIEURS

découpure fantastiquement légère, délicatement entaillée et sculptée, sans autres pleins que les pieds-droits des arcades. Cette dentelure de pierre à trois pans dessine au-dessus de trois hautes portes ogivales trois gâbles aigus et ajourés, à nervures flamboyantes, reliés par de fines arcatures ou balustrades et rattachés au pignon par des arcs-boutants également dentelés avec tout un hérissement de tourelles, de crochets et de fleurons, de pinacles et de gargouilles, accompagnant quelques statues, Dieu le père, au sommet du triangle principal, Jésus-Christ au-dessous, saint Jean plus bas et, sur les côtés, des prophètes et des saints.

Ce qu'on regarde surtout à l'intérieur, ce qui ferait presque pardonner la triste tour, ce sont de superbes verrières du XVe siècle.

Alençon possède un des mieux conservés et des plus magnifiques parmi les plus magnifiques fenestrages de nos vieilles églises. Dix grandes fenêtres d'une belle coloration, pages merveilleuses de l'art du peintre verrier, tapisseries transparentes et lumineuses où les saints et les saintes, par-dessus les humains age-

RUE AUX JUIFS

nouillés dans la nef sombre, étincellent, planant comme des visions surnaturelles sur des rayons de soleil.

Embellir le soleil et la lumière, le moyen âge avait résolu le problème avec ses grandes verrières, décoration splendide des cathédrales pour lesquelles toutes les classes rivalisaient de dons et de subsides, les corporations comme les fabriques les nobles comme les bourgeois.

Quel art splendide et quelle noble suite de chefs-d'œuvre ! Après les vitraux illustrant les Evangiles, les légendes de saints et de martyrs, pièces purement religieuses des verriers primitifs, au dessin raide, barbare même, aux figures hiératiques, rudement serties par le plomb, viennent les vitraux à personnages historiques, à figures plus grandes, scènes religieuses pleines d'anachronismes amusants, de foules à costumes du temps se détachant sur des paysages ou des fonds de ville. Les vitrages offerts par de bons seigneurs, par de riches bourgeois ou des corporations, tout fiers d'avoir au bas de la composition leurs attributs de métiers ou leurs armoiries de famille, les vitrages à portraits de donataires nous ont valu dans ces verrières si intéressantes déjà en tant qu'œuvres d'art, tant de précieuses représentations de types anciens fidèlement pourtraicts et de costumes authentiques bien détaillés : chevaliers agenouillés dans leurs armures de fer, avec leur « dame », les mains jointes en pendant, abbés, magistrats, bons bourgeois...

Pauvres vitraux, à combien de périls ont échappé ceux qui sont parvenus jusqu'à nous à travers les guerres, les sacs, les pillages, les ouragans et les incendies et les ravages des iconoclastes de toute sorte, les fureurs des populaces huguenotes, le marteau des Jacobins de petite ville, le bon goût des chanoines du grand siècle ou des abbés rococo du xviiie siècle et en tout temps les coups de pierres des gamins...

En 93, des marchands anglais firent une tournée en France et opérèrent pour très peu d'argent une rafle de ces belles verrières enlevées aux églises dévastées par un coup de folie et qui ne reverront plus, hélas! leur étincelante décoration d'autrefois.

Saint-Léonard, la seconde église datant de la fin du xve siècle, d'une architecture triste sur une vieille place également triste d'aspect, n'a pas grand intérêt. Sur la place, les maisons sont vieilles et sévères; derrière l'église, à l'angle de la place, se dressent les murailles grises et les grands toits d'un vieil hôtel du xvie siècle qui présente sur une cour une haute tour d'escalier au milieu d'une façade assez ornementée.

A l'autre bout de la ville le préfet est superbement logé dans une belle préfecture rouge. L'hôtel de la préfecture, ancien hôtel de l'Intendance, est un très grand bâtiment de style Louis XIII, un vrai château seigneurial, d'une ordonnance noble et monumentale, présentant au fond d'une large cour un grand pavillon central avec des ailes et des bâtiments en retour, le tout en briques et pierres, avec les combles majestueux d'alors.

UN VIEIL HÔTEL DE MORTAGNE

XIII

SÉEZ. — MORTAGNE. — LAIGLE

GRANDE CATHÉDRALE ET PETITE VILLE. — MANOIRS DE VILLE
VINGT-DEUX MISES A SAC EN TROIS ANS. — LE SOMMET DE LA TOUR

Séez, à quelques lieues d'Alençon, est une vieille ville épiscopale, bien tombée comme importance, une bien tranquille petite cité de cléricature qui serre ses

ÉGLISE SAINT-GERVAIS A FALAISE

maisons aux pieds de son imposante église, à l'ombre antique de la cathédrale mère de la ville.

Au-dessus des petites maisons de la petite ville s'élève la masse colossale et aérienne, finement découpée, de cette cathédrale, magnifique édifice du xiiie siècle qui dresse sur les tours de son portail deux hautes flèches ajourées. Pour remédier à un défaut de solidité, il a fallu butter la façade et les tours avec des contreforts,

PLACE DU MARCHÉ A MORTAGNE

fantastiques d'énormité, de véritables tranches de pyramide montant avec des retraits successifs jusqu'à la naissance des flèches.

Autre petite ville à peu de distance encore d'Alençon, Mortagne moins ville que Séez, présente plutôt un aspect de grand village. Vieille ville de guerre cependant, qui a perdu toute trace des tours qui l'encerclaient autrefois au sommet de sa colline.

Une rue de gros bourg rural monte à la vieille ville, serrée en quelques rues autour de l'église; maisons tranquilles de petits bourgeois campagnards, auberges à la porte desquelles stationnent des charrettes de cultivateurs ou des cabriolets d'éleveurs, des poules traversant les rues. En se rapprochant du centre de la ville, les vieilles maisons paraissent, quelques belles grandes portes Henri IV s'ouvrent dans de longues vieilles murailles moussues, par-dessus lesquelles se montrent de grands toits à lucarnes. Une de ces grandes portes, plus monumentale, est flanquée d'échauguettes. Ce sont de grands hôtels ou plutôt des manoirs des XVᵉ et XVIᵉ siècles, bien fermés derrière leurs grands murs de jardin et dissimulant parfois dans les bouquets d'arbres des poivrières de tours.

L'un de ces hôtels est plus visible à l'angle d'une ruelle; c'est un grand massif de pierres grises très rébarbatif et très enfermé, composé d'un haut corps de logis à pignon et d'une haute tour carrée, avec un cordon d'ornements courant sous le toit et encadrant le linteau des fenêtres. Un solide pâté de bâtiments, manoir de ville très capable de se défendre contre un coup de main ; c'est bien ainsi que l'on se figure une gentilhommière urbaine en ce XVIᵉ siècle si troublé, particulièrement en Normandie et particulièrement en la pauvre ville de Mortagne, qui fut pendant le cours des guerres de la Ligue, prise et reprise par les uns et par les autres, par siège ou coup de main, et mise plus ou moins complètement à sac vingt-deux fois seulement dans le cours de trois ou quatre années. Les gens de Mortagne n'avaient pas le temps de s'ennuyer, à cette aimable époque, la vie de province, on le voit, ne manquait pas de distractions violemment imprévues et d'émotions fortes.

C'est bien là un bon type de maison forte telles qu'on se les peut représenter, abritant derrière leurs murailles une famille nombreuse entourée de serviteurs fidèles, pourvus d'une provision suffisante de morions, d'arquebuses et de rapières, les petites choses nécessaires à la vie en ce temps-là, avec la manière de s'en servir pour se défendre et au besoin pour attaquer.

A deux pas, au détour d'un autre bout de rue, tout proche de l'église, autre morceau de vieux Mortagne ; cela s'appelle l'arcade Saint-Denis, c'est un passage voûté ogival, resté probablement de quelque donjon antérieur sur lequel au XVIᵉ siècle, on a élevé ou arrangé un robuste bâtiment carré, percé de deux étages de fenêtres entre lesquels se voient encore, bien qu'un peu frustres, les volutes et les figurines d'une jolie frise de la Renaissance.

L'église du commencement du XVIᵉ siècle, actuellement en réparation présente à l'intérieur quelques détails particuliers. Il faut regarder en l'air. Ce sont les voûtes surtout qui sont intéressantes, de belles voûtes à nervures très ornementées sur des suites d'accolades, avec des enguirlandements sculptés, des figures d'anges et de joueurs d'instruments suspendues en culs-de-lampe et de belles clefs pendantes.

Nous sommes en plein pays d'élevage. Voici la place du marché sur laquelle s'élèvent de vastes halles modernes sur arcades sans prétention surmontées d'un petit campanile ardoisé.

Cela fait un joli fond de tableau par un jour de marché, avec toutes les voitures et charrettes, avec des arrivages de chevaux, bonnes juments tranquilles et poulains fringants. Et les vieilles maisons à grands toits gondolés de tuiles jaunies et passées et les auberges, les *loge à pied et à cheval*, rendez-vous de la culture et de l'élevage, et, au coin de la place, la Tête Noire, je crois, une maison

L'ARCADE SAINT-DENIS A MORTAGNE

ancienne flanquée d'une vieille tourelle à coiffure de tuiles et vieil épi de plomb.
 Troisième petite ville. Laigle se recommande par sa jolie silhouette d'église que les voyageurs de la ligne de Granville saluent au passage. L'aspect de la ville

est assez tentant, mais les promesses pittoresques ne sont pas tenues, il n'y a ici à voir que l'église et encore simplement le sommet de la tour, le reste devenant presque invisible dans les maisons trop serrées.

La ville est fort peu intéressante, des maisons propres et banales, un château du xviie siècle, pavillons de pierres et briques aperçus à travers les arbres d'un jardin dans l'angle d'une place et c'est tout.

— « Ah ! monsieur, dit une brave dame au voyageur en quête de curiosités, Laigle s'est bien embelli depuis trente ans ! Il fallait voir, il y a trente ans ! Tenez, sur la place, au lieu de toutes ces belles maisons neuves bien propres et bien lisses, il n'y avait rien que des façades à pignons, des pans de bois, et ça avançait, ça reculait, va comme je te pousse, tout de guingois, le premier avançant sur le rez-de-chaussée, le second sur le premier et les fenêtres du grenier allant embrasser celles du grenier d'en face ! Nous nous sommes bien embellis comme vous voyez !... »

Oui, il fallait aller à Laigle il y a trente ans, aujourd'hui ce n'est plus la peine !

Mais le haut de l'église Saint-Martin est fort curieux ; cette église appartient à plusieurs époques, la Tour de l'Horloge à l'angle de la nef est de structure romane. On aperçoit quelques têtes en modillons sous la flèche ardoisée dont on l'a coiffée, flèche très aiguë, ouverte sous la pointe par un campanile. A gauche de cette tour romane se dresse une autre tour beaucoup plus haute et plus forte, monument du xvie siècle datant du commencement de la Renaissance française, du moment qui précède l'invasion des formes romaines, des pilastres élégants mais ennuyeux, des sempiternels balustres, lorsque l'ogive flamboie encore, déroule ses caprices les plus prestigieux et pousse ses plus étonnantes efflorescences du haut en bas des façades, comme une vigne de pierre plaquant aux murailles l'exubérance de ses festons contournés, les enroulements de ses feuilles et les volutes de ses vrilles.

Dans le bas de la tour, aucune sculpture, l'ornementation commence au-dessus du comble de l'église, au corps de la tour elle-même et à la tourelle d'escalier de forme octogonale qui flanque un de ses angles. Les quatre faces de l'étage supérieur de la tour présentent chacune trois belles fenêtres richement décorées d'une garniture d'arcatures trilobées et de fines découpures, encadrées de meneaux surchargés et couronnées d'une balustrade sculptée ; les contreforts d'angle et la tourelle d'escalier sont aussi décorés et portent à la hauteur des fenêtres de grandes statues surmontées de dais extrêmement fouillés. La tour ne possède pas de flèche, mais un grand toit d'ardoises en haut duquel planent deux bonshommes en plomb, figures d'anges quelconques qui se détachent d'une façon amusante dans le ciel.

Oh ! la jolie décoration aérienne, dédaignée aujourd'hui, mais très aimée autrefois que ces puissants seigneurs du pays nuageux des girouettes, que cette intéressante et bruyante famille des Jacquemarts de Dijon, des Picantins de l'hôtel de ville de Compiègne, des Martin et Martine de Cambrai, des Auzou Bénart de je ne sais plus quel village de Normandie.

Ces bonshommes-ci ne frappent pas les heures, leur fonction est simplement de compléter l'ornementation déjà si touffue de ce sommet de la tour et de faire bien dans le paysage ; et ils s'en acquittent convenablement.

ÉGLISE SAINT-MARTIN A L'AIGLE

LA TOUR GRISE A VERNEUIL

XIV

VERNEUIL

UN CASTEL RÉBARBATIF. — CLOCHERS POINTUS ET TOURELLES

Il est excellent et sain de plonger de temps en temps son esprit dans un bon bain de mélancolie et, pour ce, rien de tel qu'une promenade solitaire au crépuscule sur les remparts de quelque bonne vieille ville, bien calme et bien silencieuse, et bien inconnue aussi, où l'on débarque pour la première fois sans y connaître rien ni personne.

Pour cela, Verneuil fait bien l'affaire. Les derniers reflets du soleil sur les nuages élevés achevant de s'éteindre, l'obscurité s'infiltre peu à peu sous le couvert des grands arbres qui forment une ceinture de boulevards verdoyants autour de la ville de Verneuil. Le silence des soirs d'été plane sur la campagne, sur la ville encore plus sommeillante déjà ; au large dans les champs, quelque rentrée de foin tardive fait encore crier quelque invisible charrette sur les routes. Du côté de la ville, on n'entend, à de longs intervalles, que le pas de quelque passant qui s'enfonce dans l'ombre d'une ruelle.

Quelques lumières dessinent des figures de constellations sur la ville noire, de loin en loin un réverbère mélancolique s'allume. De grandes places vides avec quelques boutiques clignotantes dans les fonds, de sombres masses d'églises, des silhouettes de tours bizarres et de clochers beaucoup trop massifs ou bien effilés à l'excès, avec des clochetons, des pointes et de vagues girouettes très haut dans le ciel, du noir, du noir de plus en plus; des coassements de grenouilles se font entendre timidement, un piano encore plus timide résonne un instant, jouant doucement quelque rêverie inconnue, puis se tait comme étouffé tout à coup.

Petite ville, petite histoire, écrite çà et là dans les coins de pages de la grande. Le même nombre de sièges, de surprises et d'assaut que les autres villes de la région, les mêmes guerres entre seigneurs normands, contre les mêmes Anglais, les mêmes calvinistes et les mêmes ligueurs, et ensuite de rares événements de siècle en siècle venant secouer le sommeil que ramène la paix de chaque soir.

Eh mais, voici une bien formidable tour, un donjon d'aspect étrange et terrible qui conviendrait à quelque ville au renom formidable, à quelque farouche citadelle de proie assise sur un pays conquis. Dans le vague de la nuit, ce burg est effrayant. C'est, au-dessus de quelques vieilles masures, une grosse tour énorme, massive, qui porte des tourelles crénelées et tout un amalgame de bâtiments se découpant bizarrement sur le ciel. Il y a même, sur le côté, une corde pendant à une perche qui prend des airs de potence... étrange!... étrange!... Ce vieux débris féodal, c'est la *Tour Grise*, le donjon de Verneuil. Nous la verrons demain au soleil.

Demain est venu, avec le soleil, avec une bonne et franche lumière d'été; les tours et les flèches se dessinent nettement sur l'azur, avec leurs vraies formes. Et le burg? Et le donjon d'hier soir? Le voici, voici la *Tour Grise*, dernier reste du château du XIIIe siècle que posséda Verneuil.

Hélas! rébarbative la nuit, elle est seulement grotesque dans le jour. La pauvre tour ébréchée, qui probablement a bien gagné ses invalides, n'a pu continuer à vivoter tranquillement drapée dans sa housse de lierre, elle a un propriétaire qui s'amuse à lui mettre des emplâtres de moellons et à camper sur son dos de petites tourelles cocasses à petits créneaux dans le style maison de campagne d'Asnières, avec une sorte de chapelle, une espèce de petit clocher, une statue représentant une Vierge ou une dame, au choix. Et ce n'est pas fini : la pseudo-potence d'hier soir, la poulie et la corde servant à monter les pierres sont encore là, probablement la pauvre tour va encore recevoir quelques embellissements et monter, monter encore...

Enfin, la pauvre Tour Grise et ses superfétations à part, Verneuil a un bon aspect maintenant, avec sa ceinture de grands arbres sur ses boulevards et les pointes de ses clochers. Il y a deux églises importantes et intéressantes, la Madeleine et Notre-Dame, un autre clocher à lourde coupole au-dessus d'une église devenue une halle, et les débris de l'église Saint-Laurent, divisés en magasins et ateliers. Ces ruines de l'église Saint-Laurent sont presque au pied de la Tour Grise, on peut apercevoir quelques vieilles fenêtres aux vitrages démolis et un portail bien abîmé encadrant un atelier de charronnerie.

En montant de Saint-Laurent vers l'église de la Madeleine, on tombe sur le plus joli coin de Verneuil, le carrefour de la rue du Canon, en haut d'une pente. A l'angle de la rue à côté de vieux bâtiments à pans de bois, s'élève une maison superbe et bien conservée de la fin du xve siècle, développant sur la place une façade en damier, de pierres, briques et silex, c'est-à-dire en carrés alternativement blancs, noirs et rougeâtres, sur lesquels s'ouvrent de belles fenêtres surmontées d'accolades sculptées de feuillages et petites figurines grotesques. Sur la rue descendante la maison présente son large pignon également en damier auquel s'accroche une très élégante tourelle polygonale à deux étages, décorée de sculptures et d'accolades aiguës et coiffée d'un joli toit brandissant un épi en plomb.

Il n'y a malheureusement sur l'immense place ouverte devant l'église de la Madeleine aucune autre maison de ce genre; tout est moderne et parfaitement banal. L'église, de plusieurs époques, a une belle tour du gothique le plus fleuri et le plus flamboyant au-dessus

TOURELLE RUE DU PONT AUX CHÈVRES

PETIT PORCHE DE L'ANCIENNE ÉGLISE SAINT-GILLES A CAEN

d'un petit porche de la Renaissance à colonnes corinthiennes noircies et abimées encadrant des statues du xvi° siècle ayant un peu souffert aussi.

L'intérieur de la Madeleine est très riche en sculptures, bas-reliefs ou statuettes : il y a notamment dans une chapelle une très remarquable *Mise au sépulcre* du xv° siècle, aux nombreux personnages dramatiquement groupés, d'un de ces admirables sculpteurs français tout à fait inconnus ou dédaignés, qui ont ciselé nos cathédrales et les ont peuplées ensuite intérieurement et extérieurement, du fond des chapelles au faite des tours, de groupes religieux et de figures symboliques, de théories de statues — de ces grands et modestes artistes français de l'époque ogivale et même de la Renaissance, dont on exhume aujourd'hui, à grand'peine, dans le fouillis des vieux comptes, les noms oubliés, expropriés de leur gloire par les artistes italiens, — et qui seraient célébrés sur tous les tons, qui auraient vu depuis des siècles devant leurs œuvres robustes et franches se pâmer toutes les admirations, s'ils étaient seulement nés de l'autre côté des Alpes.

L'autre église à la flèche effilée, Notre-Dame, se trouve dans un quartier plus vieux, un quartier de ruelles solitaires bordées de grands murs de jardins. C'est un mélange de roman et de gothique et pour couronnement un enchevêtrement de toits qui dessinent des collines et des vallons ardoisés, au milieu desquels se dresse, comme une aiguille étrange, une très mince et très haute flèche de charpente plaquée d'ardoises, compliquée de tourelles à abat-sons pour les cloches, ceinte plus haut d'un balcon en couronne, et de deux rangées de lucarnes et lucarnons, silhouette pittoresque et gaie, qui fait si bien de près

SAINT-CHRISTOPHE A NOTRE-DAME DE VERNEUIL.

au-dessus des toits d'une ville, ou lorsqu'on l'aperçoit de loin pointant à travers les arbres d'un paysage.

A l'intérieur, comme à la Madeleine, beaucoup de sculptures et de statues de pierre ou de bois. Il y a devant le chœur un bel échantillon de ces saints Christophe géants qu'on voyait autrefois dans nombre d'églises, plus ou moins naïfs et gothiques. Le bon géant porte-christ de Notre-Dame de Verneuil, très archaïque d'ensemble et de détails, a l'air de sortir d'un manuscrit. Le sculpteur a figuré sur un pilier à nervures en spirale, des rochers, des arbres, un ermitage et un petit vieil ermite à longue barbe, l'eau d'un torrent et ses poissons; là-dessus Christophe, une bonne figure de bourgeois du xve siècle, s'appuie sur un énorme bâton pour traverser le torrent avec un petit Jésus bénissant, à cheval sur ses épaules.

Comme tout va par deux à Verneuil, les églises et les maisons intéressantes, sauf la pauvre Tour Grise, qui est unique, il y a deux tourelles remarquables : la première, près de la Madeleine, a une réplique non loin de Notre-Dame, à l'angle d'une petite rue dénommée agréablement rue du Pont-aux-Chèvres.

Cette seconde tourelle serait plus jolie que la première si elle n'était, par malheur, bien abîmée, bien dégradée, et la maison elle-même aménagée pour une boutique,

LE CLOCHER DE NOTRE-DAME

a perdu presque tout caractère. On retrouve encore de-ci de-là quelques traces de sculptures, les restes d'une corniche ornementée sous le toit, avec une grosse gargouille en forme d'oiseau fantastique, mais cette façade a été barbarement traitée par le temps et les propriétaires. La tourelle a la même forme que l'autre, elle est à pans coupés, et à deux étages. Les fenêtres du premier étage sont décorées de sculptures et d'accolades trilobées très ouvragées, festonnées de feuillages frisés délicatement traités. Il n'y a pas un pouce carré de cette charmante tourelle qui ne soit décoré de fines sculptures aujourd'hui rongées plus ou moins. Sous les bandeaux d'appui des fenêtres aux ornements gothiques s'encadrent des bas-reliefs un peu frustres où commencent les rinceaux de la Renaissance; le panneau plein entre les fenêtres est divisé en damier dont chaque carré de pierre est orné d'un petit motif sculpté.

L'étage supérieur de cette jolie chose a été remanié : au sommet se lit une inscription gravée, presque effacée : « *Donne ton cœur à Dieu.* »

STATUETTE A NOTRE-DAME DE VERNEUIL

LA PLACE HENRI IV A ARGENTAN

XV

ARGENTAN

DOUAIRIÈRES DE PIERRE. — LA PLACE HENRI IV
SAINT-GERMAIN ET SAINT-MARTIN
COMMENCEMENTS DE L'ORNE

Argentan a beau être une ville vénérable, elle n'est pas en retard, elle est peut-être même en avance, car les femmes s'y mêlent activement de politique, puisqu'en voici une qui va par les rues collant des affiches électorales, besogne encore accaparée par les hommes partout ailleurs. O temps nouveaux! Une femme colleuse de manifestes et de professions de foi, à quand la femme électrice et éligible?

Quel scandale pour les vieux hôtels à tournure aristocratique qui donnent à certaines rues d'Argentan cet aspect digne et renfrogné de vieilles douairières confites dans leurs souvenirs de jeunesse, ou de respectables chanoinesses non moins nobles et non moins ridées.

Il y en a beaucoup de ces antiques demeures et beaucoup de portes Henri IV à bossages de pierres encastrés de briques, de frontons jadis écussonnés, mais hélas! aujourd'hui fort abîmés, écornés par le temps et rongés par la mousse. Et ce qu'elles doivent souffrir, ces respectables façades, à se voir barioler de prospectus de candidats et de manifestes de comités électoraux diversement frelatés et colorés! Heureusement que cela ne dure pas longtemps et qu'au bon lessivage des

ÉGLISE SAINT-MARTIN

premières pluies, lessivage qui ne touche par malheur que les affiches, les vieilles maisons retrouveront leur austérité et leurs rides.

On rencontre ainsi par les rues solitaires quelques coins attristés, de grands logis presque abandonnés, des façades qu'on a cessé de défendre contre les injures des siècles.

Le point central d'Argentan, c'est l'église Saint-Germain, là s'est concentrée la vie moderne et le commerce, partout ailleurs c'est le passé qui règne sous la forme du rentier qui sommeille au soleil et de la vieille maison qui se lézarde à l'ombre.

La grande place Henri IV devant l'église Saint-Germain, place large et montueuse, est d'un bon aspect ; tout un côté de bâtisses neuves remplace probablement des maisons plus intéressantes, mais en face, il est resté une haute maison à pignon du xve siècle robuste et massive, portant la moitié de sa profondeur sur de larges arcades.

Dans le fond de la place des maisons de la Renaissance et la grosse tour de l'église Saint-Germain abritant un délicieux porche triangulaire du gothique le plus fleuri, ouvert par deux arcatures appuyées sur un beau pilier central s'avançant en pointe et portant de jolies statues.

La grosse tour est du xviie siècle, c'est une succession d'étages en retrait, largement ouverts et terminés par une coupole que surmonte une lanterne. Avec des prétentions à l'élégance, ce n'est pas très heureux comme lignes, c'est en somme la tour gothique arrangée, avec des ouvertures cintrées au lieu d'être aiguës, des lignes géométriques fort raides, un manque d'imagination, des balustrades pauvres et lourdes, des espèces de bilboquets remplaçant les pinacles au-dessus des contreforts...

L'église est assez belle intérieurement, c'est encore un mélange de l'ancien et du nouveau styles. Les galeries du triforium ont des balustrades en feuillages très ornementés d'une Renaissance un peu lourde, mais la Renaissance s'est rattrapée avec le buffet d'orgue en bois sculpté d'une ampleur et d'une superbe tout à fait remarquables.

Tout près de l'église se trouvent les restes du Château c'est-à-dire des logis du vieux château plusieurs fois démoli par les guerres et reconstruit, et enfin rasé dans le cours des deux derniers siècles. Le reste est un grand bâtiment à haut comble ardoisé, sur la façade duquel viennent s'accoler deux tours carrées et une tourelle centrale également carrée pour l'escalier. Aujourd'hui ce château comme celui d'Alençon, est à la fois palais de justice et prison.

Sur la place, devant les sévères corps de logis, autre débris plus mal traité, s'élève un grand bâtiment à pignon flanqué de contreforts, l'ancienne chapelle du château, très maltraitée, très abîmée, devenue maison à petits logements. La grande ogive de la fenêtre qui tenait presque tout le pignon a été raclée et bouchée avec des moellons, puis percée de quatre étages de petites croisées; le bas de la chapelle est occupé par un petit café avec débit de cidre et par des remises ou des magasins.

Des anciennes fortifications de la ville, il ne reste que la tour Marguerite, solide et bien conservée, encore munie de tous ses mâchicoulis et coiffée d'un petit toit de tuiles gondolées. On la trouve au fond d'une ruelle large d'un mètre cinquante. C'est maintenant le violon de la ville, une prison qui ne doit pas être bien féroce malgré son apparence, car la petite porte est ouverte et l'escalier conduisant aux *appartements* libre; nul geôlier farouche ne se montre et sans doute aucun prisonnier embastillé, « pour cause de tapage nocturne, » ne gémit derrière les barreaux et les verroux.

C'est surtout du côté de Saint-Martin, la seconde église d'Argentan, que la mélancolie des temps qui ne sont plus plane sur les anciens logis d'autrefois, sur les vieux hôtels silencieux aux murs bien hauts et bien fermés, aux persiennes bien closes, comme pour empêcher les années d'entrer, vieilles demeures abritant quelque tranquille famille de noblesse ou de non moins antique bourgeoisie, ou bien devenus aujourd'hui des nids populaires peu entretenus et même délabrés, étalant au soleil leur manteau troué, de grandes baraques aux pierres effritées où le présent saupoudre de poussière le passé vermoulu, crevassé et plus ou moins replâtré, où l'avenir est représenté par des bandes d'enfants se roulant dans les couloirs et sur le pas des portes.

Sur une petite place ombragée d'arbres devant l'église, dans un angle, un de ces vieux hôtels se renfrogne; celui-ci a donné l'hospitalité en 1830 à Charles X, dans le lent voyage de la vieille cour chassée de Paris et gagnant Cherbourg, — au passé vieux et morose, jeté hors de France par un jour de juillet où luisaient le soleil et l'espérance. Sans doute c'est en souvenir de l'exilé royal que les deux tourelles qui flanquent la grande entrée de l'hôtel de Raveton brandissent de grands épis de plomb en forme de fleurs de lis...

Saint-Martin est entouré de masures ou de vieux hôtels du XVIIe siècle, de briques et pierres aux bossages ébréchés, aux corniches presque en ruines. A l'intérieur, il n'y a guère à remarquer que des restes de beaux vitraux du XVIe siècle et une jolie galerie à balustrades de la Renaissance. L'église a reçu en 1568 la visite des bandes de Montgommery repoussées dans une première attaque de la ville par l'artillerie du château et dans la bagarre elle a été beaucoup pillée et un peu incendiée.

La tour sexagonale du XVe siècle s'élève pittoresquement bien qu'un peu trapue, dans son entourage de maisons anciennes en désordre et de jardins; elle a de belles et grandes fenêtres géminées, de solides contreforts mariant bien leurs plans robustes à la masse, et se termine par une fine petite flèche de pierre à lucarnes et crochets.

Pendant que je dessine ce chevet d'église d'une chaude couleur et la tour, ce qui excite au plus haut point l'intérêt de la population enfantine du quartier, la seule visible d'ailleurs, les grands et les grandes traînant par la main les moyens

L'ORNE A ARGENTAN

qui remorquent à leur tour les petits ou petites, des cris s'élèvent tout à coup dans le groupe. C'est, à quelques pas, une blonde échevelée d'une demi-douzaine d'années qui pousse des gémissements aigus et formidables. Toute la bande s'envole et entoure la désespérée qui continue à clamer. On l'interroge et on la bouscule pour la faire parler.

— J'ai avalé mon œil! crie-t-elle enfin, j'ai avalé mon œil!

Et les lamentations éperdues de reprendre de plus belle.

Ma foi, à cet accident si extraordinaire, j'abandonne l'église Saint-Martin et j'avance plein d'intérêt et de compassion. Une grande sœur très vertement secoue, avec quelques gifles, l'infortunée qui a avalé son œil, ce qui n'est pourtant pas le moyen de la faire taire ni de remédier à l'affreuse aventure. Des blanchisseuses accourent également aux cris et enfin l'affaire est tirée au clair. Ouf! l'œil que la

CARREFOUR RUE DU HAM A CAEN

petite malheureuse a avalé n'est pas un de ses deux yeux, jolis d'ailleurs malgré les larmes, c'est l'œil de sa poupée! merci, mon Dieu! L'accident est moins intéressant, mais enfin cela vaut beaucoup mieux pour elle et, mon émoi calmé, je retourne à ma tour.

Il y a une rivière à Argentan, c'est l'Orne qui vient de Séez et s'en va vers Caen. L'Orne passe doucement, tranquillement, dans un grand silence à travers la ville en se bornant à refléter les grands

ARGENTAN. LE VIEUX CHATEAU

arbres des jardins et les maisons ensoleillées qui se mirent dans son onde.

Tout près du pont qui enjambe l'un des bras, une grande vieille bâtisse baigne ses pierres dans l'eau paresseuse et profile deux étages de galeries ouvertes coupées par une tourelle d'escalier ardoisée du haut en bas, en encorbellement sur la rivière. Et dans ce cadre ancien rajeuni par la verdure, égayé par les toits de tuiles rouges, l'Orne qui tourne tout de suite derrière des murs plaqués de vert et se perd dans l'ombre mystérieuse d'une voûte de feuillage, sous de sveltes peupliers, forme un très charmant tableau, un paysage d'une grâce fraîche et reposante.

ARGENTAN. TOUR MARGUERITE

COUR DE L'ASSURANCE A FALAISE

XVI

FALAISE

REMPARTS ET RAVINS. — LE DONJON DE GUILLAUME LE BATARD ET LA TOUR TALBOT. — LA PORTE D'OGIER LE DANOIS DANS LE VAL D'ANTE

Bien qu'en réalité Falaise ne compte guère plus de 8 à 9000 habitants, cette petite ville est une grande ville, grande et belle, importante dans le passé, imposante encore dans le présent et, pour tout dire, absolument séduisante dans son corset de murailles raccommodé de feuillage.

Située dans une magnifique région, qu'on arrive de Caen, d'Argentan, ou de Flers et Condé-sur-Noireau, les paysages traversés sont délicieusement pittoresques; ce sont des forêts étendues comme un grand manteau vert sur des étendues de plaines et des ondulations de collines, des gorges rocheuses succédant à des prairies, de petites rivières filant dans les herbes, avec des moulins et de vieux ponts de pierres grises, des vallées resserrées et sombres, où se montrent des châteaux parfois au bout de vastes parcs, des pignons de vieux manoirs moussus, avec les crochets de pierre et les girouettes, et des clochers de formes diverses de toutes époques, tours romanes, comme tant de villages normands en possèdent encore, tours ogivales à toit en batière ou flèches de charpente recouvertes d'ardoises.

Des paysans, ces figurants du grand théâtre de la nature, coupent le foin des prairies, fauchent le blé, chargent les grandes voitures qui font si bien sur le haut des rayons avec les faneurs et les faneuses en silhouettes découpant sur le ciel les lancées de bottes d'herbe au bout de la fourche, les moissonneurs qui passent avec la faux entortillée de paille sur l'épaule. Et toujours, aux méandres des petites rivières, des laveuses sous des appentis rustiques, ou agenouillées simplement dans les roseaux, des laveuses battant, cognant, jacassant, des laveuses et des canards.

Et la pluie en route, les passées de gros nuages, les petites ou grandes ondées normandes, les laitières cheminant sous les grands parapluies passés, les ânes chargés trottant philosophiquement sous l'averse qu'un rayon de soleil séchera tout à l'heure.

Si toute la contrée est belle, les environs directs de Falaise peuvent passer pour tout à fait remarquables, puisqu'on y rencontre des sites romantiques comme la Brèche au diable de Potigny, des roches formidables et des cascades dégringolant de pierre en pierre au fond des ravins sous des écroulements de rocs et de feuillages.

Imposante par son aspect particulier sur un promontoire de rochers, par son vieux donjon normand campé au bout du promontoire sur la crête d'un précipice, par ses monuments, par ses souvenirs, par les grands noms de sa vieille histoire, la ville de Falaise ajoute encore à toutes ces attractions le pittoresque de ses vieilles rues cahotantes et la beauté de ses faubourgs antiques s'allongeant au fond des ravins sur les bords de la petite rivière d'Ante, et le charme des coulées de verdure le long des pentes, des allées de vieux arbres massés en verte couronne murale sur les anciens remparts.

La ville est donc bâtie sur le plan de tant d'autres vieilles cités, sur une falaise de rochers chargée d'arbres, apparaissant comme une longue montagne de verdure ou comme une haute presqu'île rattachée par un isthme également verdoyant au plateau sec en comparaison du faubourg de Guibray.

En gagnant le centre de la ville, on coupe dans la grande rue du chemin de fer, des espèces de ravins, anciens fossés des fortifications où se voient, parmi les restes des remparts, des maisons accrochées en désordre sur des bouts de terrasses, descendant par des escaliers à des jardinets perdus dans le fouillis des feuillages à l'ombre des grands arbres. De vieux pignons anciens se montrent en haut ou en bas par des éclaircies, à côté de constructions plus modernes, forcément pittoresques toutefois par leur situation.

Dans toute la ville, c'est le même mélange de grands arbres, de grandes ou petites maisons d'autrefois intactes et de maisons anciennes arrangées, mais conservant encore dans leurs lignes, dans les grands toits de tuiles mouvementés quelque chose de la physionomie de jadis.

Falaise, c'est le triomphe des vieux toits de tuiles gondolés et cahotés, des toits brunis ou verdis, plaqués de rouge aux endroits réparés, piqués de mousses jaunes, de fleurettes et de taches de plâtre, des vieilles tuiles, joie des yeux, surmontées de grandes cheminées empanachées d'herbes.

Quelques grands et larges pignons encore donnent aux rues une allure presque monumentale, notamment celui qui fait perspective au bout de la rue de la Trinité conduisant au vieux château. Dans cette rue comme dans les rues et les ruelles voisines se voient encore quelques façades à pans de bois sur soubassement de pierre et nombre de vieilles portes vénérables et bien

RUE DE LA TRINITÉ

vermoulues et de fenêtres à meneaux de bois moulure encadrant parfois parmi les pots de fleurs quelque bonne vieille tête d'aïeule normande, bavardant à travers la rue avec quelque voisine ou couvant du regard avec sollicitude ses petits enfants ou son chat vaguant au soleil sur le pavé.

En dialecte de peintre, la place Saint-Gervais s'arrange bien; avec son église et les anciennes maisons, c'est un bel échantillon de ces places pittoresques à la mode d'autrefois, devenues si rares en ces temps de ligne droite et de monuments ratissés disposés proprement sur un plateau, avec le nombre réglementaire de becs de gaz et de colonnes non rostrales.

Une grande place en pente, sur laquelle débouchent des rues irrégulières et tournantes, et pour point central une superbe église romane dressant sur son transept une haute tour également romane couronnée d'un immense toit ardoisé qui se découpe bien et porte, outre la grande horloge accrochée à sa base, quatre belles lucarnes en surplomb tout en haut, ornées de hautes girouettes; voilà le fond du tableau, mais ce qui contribue à faire valoir l'église, et ce qui fait assurément le désespoir des municipalités modernes, ce sont les maisons adossées à l'église, incrustées dans les contreforts, les petites bicoques à pans de bois obstruant le grand portail.

Ce grand portail dépourvu de sculptures n'en souffre pas du tout; les deux tourelles, flanquant le grand gâble, se dressent avec plus de fierté par-dessus les toits et les cheminées, et les fidèles ont à leur service un autre beau porche latéral de style gothique flamboyant au grand fronton triangulaire à jour, hérissé de pinacles et de crochets.

L'église à l'intérieur est romane d'un côté, gothique de l'autre et presque Renaissance dans le chœur qui est soutenu au dehors par des arcs-boutants du xvie siècle, assez semblables aux arcs-boutants d'Hector Sohier, à Saint-Pierre de Caen.

La Trinité, l'église voisine du château, n'est pas romane du tout, mais elle présente des morceaux de toutes les époques depuis le style ogival primitif jusqu'au style municipal moderne, lequel a infligé à la pauvre église un clocher très réussi et très élégant comme éteignoir; des fragments du xiiie siècle à ce clocher moderne en passant par la lourde balustrade du chœur qui date du commencement de la Renaissance, on peut suivre la décadence.

Il y a pourtant une très jolie entrée sur le côté au-dessous des beaux arcs-boutants gothiques. La Renaissance a élevé là un charmant, un délicieux petit porche très ornementé, très fignolé jadis, mais hélas! aujourd'hui très abîmé, un charmant édicule tout en pilastres, en frises sculptées, en médaillons, en chimères et en rinceaux, en fleurons, en colonnettes tournées comme des candélabres. Au-dessus de la balustrade une horloge s'encadre sous un fronton accosté de lions et d'animaux se terminant en arabesques sculptées.

L'intérieur est médiocre, le xvie siècle ne s'est pas distingué; ce sont encore les grandes lignes ogivales, mais partout des ornements Renaissance trop minces, les fleurons gothiques plus tortillés, les festons et les crochets ressemblant à de la salade de chicorée frisée.

Une rue passe sous le chœur de cette église bizarre, par une voûte s'ouvrant sous un contrefort de la Renaissance qui est un petit monument à lui tout seul, comme un fragment de façade de palais, avec ses sculptures, ses arcades ouvertes

PETIT PORCHE DE LA TRINITÉ

et sa crête en balustrade flanquée de pinacles, — mais comme une façade de palais ébréché et presque ruiné.

Le grand héros de Falaise, Guillaume le Bâtard, le conquérant de l'Angleterre, l'illustrissime duc, forban par atavisme, qui donna pour devise à ses bandes de toute origine : *Gaigner ! gaigner !* celui de tous les conquérants chez qui le pirate transparaît plus nettement sous le héros, le duc Guillaume, à cheval et brandissant sa bannière, a sa statue devant ce porche, sur la grande place tranquille qu'enferment de vieilles maisons de bourgeoise allure et les grands bâtiments de l'hôtel de ville.

Tout près de là, des ruelles descendent dans le val d'Ante, du côté de la fontaine où lavait Arlette, la mère du Conquérant, lorsque Robert le Diable s'en férut d'amour en l'admirant des fenêtres d'en haut du donjon.

Il faut passer sous de vieux débris de portes ou poternes, restes de l'enceinte

PASSAGE SOUS L'ÉGLISE DE LA TRINITÉ

çà et là encore debout à l'état de vieux murs soutenant des jardins, ou encastrés dans les maisons.

LE MANOIR DES GENDARMES A CAEN

Ici c'est la porte Philippe-Jean, presque rien, une arcade passant par-dessus la rue ; une autre porte un peu plus loin, la porte des Cordeliers, anciennement

LA PORTE OGIER-LE-DANOIS. INTÉRIEUR

porte d'Ogier-le-Danois, un nom d'une jolie couleur, est plus importante et plus pittoresque, à l'intérieur comme à l'extérieur.

Au dehors, c'est une voûte ogivale, s'ouvrant sur le côté d'une vieille tour ronde toute rugueuse, toute crevassée et raccommodée. Par malheur les modernes édiles se sont avisés de donner comme pendant à la tour un de ces édicules pour lesquels on va chercher des noms dans les langues étrangères à moins qu'on ne leur donne des noms d'empereurs romains ou de préfets, embellissements peu gracieux de nos villes qui se carrent sans pudeur aux meilleures places et qui font sur nos boulevards parisiens le motif principal de la décoration, sans que l'œil, par suite d'une longue habitude, songe à s'offusquer de cette monstrueuse ornementation.

Du côté de la ville la porte d'Ogier-le-Danois forme un tableau tout à fait charmant ; sous les toits de tuiles brunies et verdies, un logement a été pratiqué, auquel on accède par un vieil escalier de pierres branlantes, grimpant cahin-caha au-dessus de la voûte, avec des ressauts et des trous d'ombre, sous une couverture aussi en tuiles gondolées.

Sous ces vieux bâtiments aux tons chauds, l'ogive de la porte encadre un éblouissant morceau du val d'Ante tout en lumière, des petites maisons jetées en désordre sur les pentes et brillant dans la verdure, une étroite et délicieuse vallée sur laquelle on plane en avançant un peu et qui se prolonge jusque sous le donjon colossal des ducs normands.

Le donjon ou plutôt le château a son entrée non loin de la statue de Guillaume, entre deux tours assez bien conservées encadrant la maison du gardien. A la place des vieux bâtiments s'élève le collège de la ville, qui conserve cependant bien des débris, notamment l'ancienne chapelle. Un rempart ombragé de grands arbres dominant de très haut une promenade boisée plantée au-dessus des anciens fossés, conduit à la pointe du promontoire, aux grosses tours d'angle échevelées de verdures, au-dessus desquelles se dressent les deux donjons, le donjon carré du XIIe siècle, lourdement assis sur un piédestal de rochers abrupts et le donjon cylindrique du XVe siècle, la haute tour Talbot qui lève dans le ciel les chicots de ses mâchicoulis écornés.

Par des degrés peu solides au-dessus de tourelles et de poternes en ruines, un chemin broussailleux monte chercher la poterne bien abritée du robuste donjon roman, un massif et rébarbatif quadrilatère de pierres jaunes renforcé de contreforts de distance en distance. Hautes murailles lisses, épaisses de quatre mètres, sans autre ouvertures que de rares meurtrières et tout en haut quelques arcatures de fenêtres jumelles, un superbe spécimen de ces farouches entassements de pierres capables de braver un nombre indéfini de siècles, moyennant cependant quelque protection contre leurs ennemis pacifiques d'aujourd'hui, beaucoup plus nuisibles et destructifs que les masses armées qui dressaient jadis les grands bras de leurs machines de guerre, leurs chats, leurs pierrières et leurs mangonneaux au revers des fossés, et se ruaient en assauts furibonds sur les murailles impassibles.

Le donjon de Falaise est heureusement restauré en partie dans ses œuvres vives et ses plus dangereuses avaries sont réparées ; il ne lui manque, pour être complet, que son couronnement disparu et ses planchers écroulés. Voici dans l'épaisseur d'un contrefort d'angle la chambre de Robert le Diable, un réduit assez peu confortable où naquit Guillaume le Conquérant, ainsi que le rappelle une inscription en style solennel.

Tout près de là s'ouvre la double arcature de la fenêtre d'où le duc Robert en admirant un délicieux paysage, suivait les mouvements d'Arlette, la fille du pelletier du val d'Ante, battant son linge à la petite fontaine qui coule là-bas à soixante mètres au-dessous de la fenêtre. Pour devenir amoureux à cette distance le duc avait bonne vue.

Arlette duement munie du consentement de son père monta au donjon et y resta et quelque temps après Guillaume, le futur conquérant de la Grande-Bretagne poussa ses premiers vagissements dans la petite chambre, nid d'aigle accroché au sommet du donjon.

LA PORTE OGIE-LE-DANOIS. EXTÉRIEUR

La fille du pelletier, après la mort de Robert le Diable devint l'épouse du chevalier Herluin de Couteville et donna au conquérant deux demi-frères ou plutôt deux lieutenants : Robert, que Guillaume fit comte de Mortain, et Odon, évêque de Bayeux, qui batailla pour lui en Angleterre avec la lance et la croix.

Le donjon roman, muni d'un avant-corps de la même forme carrée, communique avec la tour Talbot, haut donjon cylindrique du XVe siècle, construit par les Anglais pour renforcer les défenses du château sous le gouvernement du fameux

Talbot, capitaine de la place, entre le long et terrible siège de 1417, — où la ville et ensuite le château, quand la ville tomba par la famine, furent défendus par Olivier de Mauny — et la reprise de la ville par les Français commandés par Pothon de Xaintrailles, en 1450.

C'est du fond du ravin qu'il faut admirer cette pointe abrupte et surplombante du rocher de Falaise couronnée de ses donjons; le site est superbe, le petit chemin qui passe sous les rochers au bout du val d'Ante débouche dans une petite prairie sous le saillant des remparts, au pied même de la tour Talbot. Entre le donjon anglais et la tour d'angle, la végétation dégringole en cascades du haut du rempart ébréché, au fond du ravin; c'est la brèche d'Henri IV, blessure restée du siège de 1590. Broussailles, arbustes et grands arbres envahissent aujourd'hui l'ouverture pratiquée rapidement à coups de canon par l'armée royale pour entrer dans la place, que les Ligueurs se flattaient si bien de défendre longtemps que leur gouverneur Brissac avait dit aux premiers parlementaires de repasser au bout de six mois.

Cette ravine charmante qui aboutit là sous la brèche d'Henri IV, en une gorge resserrée entre le cap rocheux des donjons et le mont Mirat, haut escarpement sur lequel l'armée royale établit ses batteries — après bien d'autres sans doute, aux nombreux sièges soutenus par Falaise — le val d'Ante se prolonge durant un kilomètre, en un éparpillement de maisons jetées dans le verdoiement des jardins au gazouillement de l'eau, tout le long de la petite rivière d'Ante, dans le plus gracieux pêle-mêle.

Ce sont toutes vieilles maisons de jadis et, comme jadis, leurs habitants sont encore des pelletiers ainsi qu'était le père d'Arlette, — pelletiers ou mégissiers ou tanneurs. Partout des peaux d'animaux sèches ou fraîches pendent le long des façades et partout des laveuses en bonnets de coton accompagnent de leur battoir la chanson des oiseaux; la petite rivière file sous des ponts rustiques, à chaque pas, à chaque méandre des ruelles qui passent d'une rive à l'autre, des coins plus pittoresques apparaissent, des petites maisons de tournure plus amusante se rencontrent, avec des renflements en demi-tours au milieu des façades pour loger l'escalier, avec de vieilles lucarnes sur des toits déjetés, des garnitures de lierre ou de fleurs aux fenêtres.

Sur les pentes du mont Mirat grimpent de petits chemins bordés de vieux murs aux crêtes chevelues, tandis que sur le revers opposé parmi les grands arbres apparaissent les tours et les toits de la ville et tout au bout de l'escarpement la silhouette colossale du donjon de pierres jaunes.

Ce gracieux faubourg d'Ante se poursuit ainsi plus ou moins étroit, mais toujours aussi pittoresque et aussi frais jusqu'à sa rencontre avec le faubourg Saint-

Laurent qui n'en est que la continuation, dans un vallon plus large presque aussi charmant.

Et la cour de l'Assurance, dans le val d'Ante qu'il ne faut pas oublier; c'est tout

LA BRÈCHE D'HENRI IV ET LA TOUR TALBOT

près de la porte Philippe-Jean, une tannerie établie dans un petit manoir du XVIe siècle, au fond d'une cour remplie de tas de tan qui prennent au soleil des tons de vieil or. Grandes fenêtres à moulures, grands toits mouvementés, lucarnes sculptées, belle tourelle d'escalier en saillie partant sur plan octogonal pour aboutir au carré par un petit pignon sur pendentifs, séchoirs pour les mottes rangées sur des rayons de planches, tout ce coin encombré est amusant de détails et de couleur, quand le soleil tombant sur les toits fait vibrer les tons rouges et jaunes des tuiles, réchauffe les tas de tan répandus et met de jolies touches aux écaillures de la façade, aux grands auvents, aux moulures rongées et aux monumentales cheminées.

Le faubourg Saint-Laurent possède une église du XIe siècle assise sur un terrain accidenté parmi les arbres et près de l'eau, au milieu de tous ses anciens paroissiens couchés à son ombre, entourée de son cimetière comme une jolie petite église de village.

Encore une vieille porte au bout du faubourg qui touche à la ville ou plutôt

MAISON DU VAL D'ANTE

une ex-vieille porte en train de s'en aller comme sont déjà parties tant de choses du vieux Falaise, la porte *Comte*, aujourd'hui éventrée, dont il ne reste que deux morceaux de tours écorchées et branlantes.

Un autre faubourg de Falaise plus important forme une sorte de petit bourg annexé à la ville, c'est Guibray, très ancien aussi, célèbre dès le moyen âge par ses grands marchés qui doivent leur origine au duc Guillaume.

Guibray n'est pas aussi riant que le val d'Ante, le site est plus sec, ce n'est plus le ravin frais et fleuri, c'est le plateau dénudé, la plaine où s'étalent à l'aise de grandes maisons à l'aspect rural, aux grands toits sur lesquels roucoulent les pigeons. Au rez-de-chaussée de vieilles boutiques ouvrant à la mode de jadis, puis des cours entrevues par les portes cavalières avec de vastes remises, des tourelles d'escalier, tout le décor servant depuis des siècles de cadre aux grandes réunions foraines, décor pour le quart d'heure assez vide.

On pourrait retrouver toutes les vieilles enseignes traditionnelles aux nombreuses auberges de toute importance, éparpillées autour de l'immense place centrale au fond de laquelle s'élève l'intéressante église de Guibray; cette église romane présentant de curieux morceaux du côté du chevet, a son portail aux belles sculptures romanes précédé d'un vaste porche gothique et sur la croisée une haute tour ogivale.

LE VAL D'ANTE

HOTEL DE THAN

XVII

CAEN

**RIVIÈRES HEUREUSES. — L'ABSIDE D'HECTOR SOHIER
ENCYCLOPÉDIE D'ARCHITECTURE. — SQUARES ET BOULEVARDS**

Oh! le sort des eaux malchanceuses, des rivières lamentables qui, nées pures et saines en quelque doux coin sous les roseaux, suivant leur pente sans défiance, heureuses de vivre et de gazouiller au soleil à travers les prairies, tombent soudain dans quelque âpre, triste et charbonneux site à grandes cheminées, dans une ville manufacturière où les hommes les souilleront comme à plaisir de toutes les écumes et scories de leurs usines et les feront travailler, laver, tourner des roues, porter de lourds fardeaux, peiner dur et ferme le jour et la nuit, sous le soleil et sous la lune et les enverront, honteuses et empoisonnées, à d'autres villes, à

LA MAISON DU GOUVERNEUR A BAYEUX

d'autres usines et à d'autres labeurs qui les souilleront et les fatigueront de plus en plus, jusqu'au jour où le pauvre océan, forcé de boire leurs ondes frelatées, fera une forte grimace en les avalant.

Ceci ne s'applique point du tout à la bonne rivière d'Orne qui a sur cette terre des destinées moins amères, heureuse rivière que le chemin de fer côtoie en gagnant Caen, dont il coupe et recoupe les joyeux méandres, car, n'ayant nul besoin de se hâter, elle s'amuse tout à son aise à décrire des sinuosités infinies

LUCARNES, RUE FROIDE

dans une campagne superbe. Heureuse petite rivière, chemin qui flâne et non chemin qui court comme les grands fleuves pressés.

> Heureux gardons, heureux barbeaux,
> Aucun souci ne vous effleure
> Dans la rivière des crapauds,

a chanté le poète Rollinat.

L'Orne par ici est une rivière douce et tranquille qui s'égaye à musarder sous les grands arbres, sous les rangées de peupliers, au pied de belles collines rocheuses qui composent avec elle de jolis paysages bien intimes; en son heureuse naïveté paysanne, elle ne connaît de l'homme que le pêcheur à la ligne, elle ignore les bateaux, et ne fait connaissance qu'en la ville capitale du Calvados, avec le commerce et l'industrie, avec les navires et les fardeaux à emporter vers la mer. Jusque-là elle flânera libre de tout travail et de tout souci et s'étalera au grand soleil, en nappes minces piquées des cœurs vert tendre des nénuphars, en longues coulées rousses sous les roseaux, où parmi les grandes herbes ondulées suivant le sens du courant se tortillent de fines anguilles.

Après les petites vallées resserrées entre des chaînes de collines boisées, voici que s'ouvrent les vastes espaces autour de Caen et que l'Orne, devenue grande fille, va, pour un court espace de temps, cesser sa vie d'agréable flânerie.

Ce très majestueux étalement de toits et d'édifices dans une grasse plaine, annonce bien la capitale de la basse Normandie, un magnifique musée de monuments de tous les âges où depuis les origines on peut suivre l'art normand à travers toutes ses transformations, depuis les voûtes austères et imposantes des abbayes de Guillaume le Conquérant jusqu'aux capricieuses fantaisies païennes des églises ou des palais de la Renaissance.

Rouen, la grande ville normande, est entièrement gothique avec sa couronne ducale de flèches et de tours, fleurs de pierres poussées au bord de la Seine et levées au plus haut possible dans le ciel. Caen, plus éclectique, réunit tous les styles : entassements de pierres presque farouches du xie siècle ou ciselures du xvie, robustes tours romanes et flèches aériennes de l'art ogival, façades en colonnades à la romaine, palais à l'italienne, fronton jésuite, défaillance suprême de l'art au xviiie; on peut même voir à la même église Saint-Sauveur, dans la rue Froide, deux absides fraternellement accolées, l'une où s'effilent les nervures de l'ogival flamboyant et l'autre où le plein cintre s'encadre des élégants motifs de la Renaissance. On comprend devant ce musée que Caen soit une ville d'archéologues et qu'elle ait produit le grand initiateur du mouvement archéologique de la Restauration, le sauveteur de tant de monuments de tous les âges menacés de périr, M. Arcisse de Caumont.

Ville moderne aussi, ville animée et mouvementée, cette ville de contrastes où derrière le rideau de grands magasins, de riches devantures à la dernière mode, de façades refaites et requinquées, se dissimulent de sombres courettes moyen âge, d'antiques bâtisses, et se tortille un réseau de ruelles étroites aux vieilles, hautes et grises maisons ne recevant guère les caresses du soleil que sur leurs toits à lucarnes et dans les étages supérieurs, — de passages à physionomie bizarre, circulant à travers les maisons, embrouillés par des voûtes et des successions de cours s'entre-croisant et donnant les unes dans les autres.

Le boulevard moderne a sévi aussi et s'il a fait pénétrer l'air et la lumière dans de vieux quartiers malades, conglomérats de maisons serrées et tassées, s'il n'y a pas à faire de mauvaise humeur devant les améliorations nécessaires, il est permis de se demander si les lignes monotones de maisons de rapport n'ont pas fait disparaître bien des choses intéressantes et n'ont pas, sous prétexte d'alignement, caché des hôtels de la Renaissance un peu plus remarquables qu'elles, il faut bien l'avouer.

Ce qu'on voit de la ville pour commencer, donne une bonne impression : c'est après le pont de l'Orne qui laisse apercevoir à droite des mâts et des cheminées de navires, et les arbres des promenades du cours à gauche par-dessus les casernes monumentales de Vaucelles, la large place Dauphine où s'élève le monument des mobiles du Calvados, tout récemment inauguré, et l'entrée de la grande et vivante rue Saint-Jean qui monte vers Saint-Pierre.

Dans cette belle rue Saint-Jean, il faut marcher les yeux en l'air ; si les rez-de-chaussée en boutiques et magasins entre lesquels s'ouvrent parfois de vieilles portes, intéressent peu le curieux, en revanche, il y a beaucoup à voir aux étages supérieurs. Les maisons remarquables abondent, bien qu'il en manque et d'historiques, entre autres celle qu'habita Charlotte Corday, la maison où l'héroïque meurtrière de Marat mûrit son projet, maintenant démolie et remplacée par un cube de pierres quelconque.

Voici encore des sculptures çà et là, aux façades de pierres ou de bois, des médaillons, des frises, des arabesques, des encadrements de fenêtres du xvie siècle ; la plus remarquable de ces maisons est celle du n° 94, simple épicerie en bas, offrant deux étages à pans de bois en encorbellement sur des poutres moulurées, avec des têtes sculptées en cul-de-lampes, et sur le toit une importante lucarne également encorbellée avec l'auvent de son pignon soutenu par une belle charpente tréflée.

Des voûtes donnent entrée dans de vastes cours, comme à la cour du Grand Manoir fermée par un pignon monumental contre lequel s'appuie un avant-corps robuste, ardoisé en haut ; de petites entrées basses et noires conduisent à des cours étroites beaucoup plus caractéristiques, sur lesquelles se dresse la haute tour d'escalier particulière à la région, le plus souvent octogonale en bas et carrée en haut avec un fronton dont le rampant est orné de crochets et de fleurons.

Presque à l'entrée de la rue s'élève la tour gothique de l'église Saint-Jean, au-dessus d'un portail à voussure profonde resserré entre les maisons. Ce bas de la tour est joli et pittoresque avec la balustrade lézardée et déjetée qui surmonte le portail et l'horloge encadrée d'herbes ; la tour balafrée de crevasses penche visiblement et dans de fortes proportions, — depuis des siècles heureusement.

La grande église Saint-Pierre, la plus grande de Caen, dresse son haut clocher et les pointes fantaisistes de son abside, au bout de la rue sur une vaste place arrangée en square. Ce clocher est une admirable tour du commencement du xive siècle, de style perpendiculaire, d'un bel élan, svelte, délicate, d'une noblesse et d'une pureté incomparables, où l'œil et l'âme suivent l'ascension vers le ciel nettement indiquée de toutes les lignes depuis le sol, des grandes fenêtres en lancettes de l'étage surmontant le porche avancé, des fausses arcatures d'angle, des clochetons et lucarnons, de la belle flèche octogonale décorée de rangées de dents de scie et percée de rosaces.

Ce qui attire aussi le regard au bout de la nef après la ligne de grandes fenêtres ogivales, c'est la fameuse abside de la Renaissance élevée en 1521 par le maître architecte Hector Sohier, l'inventeur d'un style tout ce qu'il y a de plus élégant, de plus coquet, de plus pimpant et tout ce qu'il y a de moins religieux, l'architecte qui a revêtu d'une efflorescence de détails gracieux, de motifs délicats et charmants, le chevet de l'église, les chapelles absidales, le dedans et le dehors, les pilastres et les contreforts de l'extérieur, de même qu'à l'intérieur après les bas côtés gothiques du xve siècle, plus ou moins fleuris et ciselés, à côté de ses belles voûtes ogivales d'une harmonie si profondément religieuse, il a créé au lieu d'un sanctuaire chrétien, une sorte de petit Ellora Renaissance, il a bâti au lieu de chapelles catholiques des grottes de féerie couvertes de rinceaux, de figures bibliques ou mythologiques depuis le pied des pilastres jusqu'aux chapiteaux, se reliant par des arabesques de pierre de la plus étonnante fantaisie qui remplacent l'ossature des voûtes par les compartiments d'une dentelle sculptée, avec des clefs de voûte invraisemblables, véritable profusion de stalactites compliqués, suspendus d'une façon inquiétante pour l'œil en véritables pendentifs de Damoclès, à toutes les rencontres des nervures.

C'est une véritable débauche de formes nouvelles et bizarres. Hector Sohier avait encore ce don des architectes gothiques, l'imagination. Après lui l'imagination fut remplacée par des applications de colonnades gréco-romanes, ordre sur ordre ; mais cette accumulation dans cette abside étonnante et superbe de sculptures transparentes, ajourées, de ciselures, cette végétation un peu folle qui font jouer à la pierre le rôle du carton-pâte ont un étrange résultat : tout est en pierre et l'on dirait du plâtre !

Autrefois, lorsqu'un des bras de l'Orne coulait à l'air libre à travers la ville, l'abside de Saint-Pierre trempait le bas de ses murailles dans la rivière ; la belle création d'Hector Sohier, ses fenêtres en plein cintre encadrées de gracieuses sculptures, ses contreforts et ses arcs-boutants ciselés avec leurs dais et leurs pinacles ressemblant à des candélabres très fignolés ou à des vases bizarrement tournés, ses magnifiques balustrades en légères et minces arabesques de pierres évidées, balustrades variées de la plus étonnante fantaisie, tout cela se réflétait dans les eaux de la rivière et formait avec les antiques maisons qui l'entouraient depuis la tour Guillaume, le plus pittoresque paysage urbain qu'il fut possible d'imaginer.

Il faut pour en juger, voir dans les anciennes lithographies l'ensemble formé par le chevet de l'église Saint-Pierre baignant dans l'eau par un large empâtement, les rives irrégulières, les hauts pignons et les bicoques pressées contre l'église, les escaliers descendant à la rivière pour les laveuses, le pont de bois au pied d'un débris quelque peu ruiné de l'ancienne enceinte, la tour Guillaume-le-Roy, sentinelle qui défendait l'entrée de la rivière avec une autre tour en face disparue depuis longtemps.

Ce tableau a été détruit, cet ensemble merveilleux combiné par le hasard et par l'art d'autrefois a disparu dans une opération d'haussmannisation, ce fut un de ces crimes commis sous prétexte d'assainissement et d'embellissement, dans nos vieilles villes ravagées par les édilités prises de la manie de la pioche et du cordeau. La rivière pittoresque offusquait le bon goût du XIX⁰ siècle, ses eaux étaient sales et boueuses, au lieu de nettoyer et d'assainir, de rechercher et de supprimer les causes d'insalubrité sans rien détruire, sans rien assassiner, on la couvrit comme un simple canal Saint-Martin, on démolit bien des maisons intéressantes, on rasa les arbres poussés par le hasard, ce maître artiste, sur les rives, dans tous les coins où un peu de verdure naturelle parmi tant de pierres faisait plaisir à l'œil et on fit passer sur le tout un boulevard avec des maisons neuves, ce qui transforma la merveille de Caen en un coin parfaitement banal. La tour restaurée n'a plus de caractère, elle domine un marché couvert quelconque, comme on en voit partout; on a dessiné devant l'église un square — également comme

MAISON DE BOIS, RUE SAINT-JEAN

partout — avec pelouses, pièce d'eau et canards, et enfin le chef-d'œuvre de la Renaissance, l'abside de Saint-Pierre enterrée de plus d'un mètre, apparaît en contre-bas du boulevard.

Les gens passent, les villes restent. O contemporains, usez sans abuser, vous n'êtes pas les propriétaires de vos villes, vous n'en êtes que les locataires, songez-y un peu; vous n'avez pas le droit d'abimer les belles choses que les précédents locataires vous ont transmises et que vous devez transmettre à votre tour à vos successeurs! Ne dilapidez pas l'héritage de vos petits neveux!

ABSIDE DE SAINT-PIERRE

HOTEL LE VALOIS D'ÉCOVILLE

XVIII

CAEN (suite)

PETITES ET GRANDES COURS. — L'HOTEL LE VALOIS ET L'HOTEL DE THAN
LES VIEUX NOMS DE RUES. — MÉDAILLONS ET INSCRIPTIONS

Sur la place Saint-Pierre même, devant l'abside, deux autres fins joyaux de la Renaissance sont dissimulés, l'un derrière une façade dénaturée pour les besoins du commerce, et l'autre derrière des maisons modernes. A Caen, d'ailleurs, ce sont les cours qu'il faut chercher.

Première cour : Hôtel Le Valois d'Ecoville aujourd'hui Bourse et tribunal de commerce. Une noble cour bordée des grands bâtiments d'un palais somptueux, tout ce qu'il y a de plus majestueux. De vraiment belles lignes, très harmonieuses, chantant des strophes sonores et pompeuses. Des corps de logis plaqués de colonnades, d'arcades très gracieusement décorées partant du rez-de-chaussée et conduisant le regard aux riches lucarnes qui surmontent les entablements, lucarnes de formes variées qui sont de véritables édicules dressés jusqu'au sommet des immenses toits d'ardoises. Dans l'angle, un élégant perron monte à un péristyle sous deux hautes arcades ouvertes, c'est la cage de l'escalier couronnée par une superbe lanterne superposant deux étages à jour et accostée d'un mince lanternon.

Le côté de la cour en retour près du perron est le plus décoré, les colonnades entre les fenêtres de proportions énormes encadrent au rez-de-chaussée deux statues de coupe-têtes de l'Histoire sainte, d'une jolie tournure, un David portant la tête de Goliath et une Judith bien drapée, armée du Glaive, rapportant la tête du pauvre Holopherne.

A l'étage au-dessus, se dessinent d'autres sculptures en bas-relief et dans les entre-colonnes de grands écussons portés par des statues de génies et surmontés de casques à cimier.

Deuxième cour : Hôtel de Than, au fond d'une impasse, derrière les premières maisons de la rue Saint-Pierre. Celui-ci n'est pas un décor un peu à l'italienne, comme on peut le reprocher à son voisin le très somptueux hôtel Le Valois — c'est un solide hôtel à la française, un manoir de ville bâti à la même époque que l'autre, sous François Ier, et d'une décoration plus sobre.

Il présente un ample corps de logis à deux étages de fenêtres à meneaux moulurés, surmontés de grandes lucarnes aussi importantes que celles du voisin, mais sans trop de réminiscences classiques, dont une surtout est très remarquable, moitié gothique, moitié Renaissance, portant un fronton à plein cintre s'épanouissant en contre-courbes terminé par le fameux candélabre de l'époque en guise de fleuron. Des ornements compliqués se contorsionnent à la place des crochets et crossettes gothiques, des rinceaux et des médaillons décorent le linteau de la fenêtre, une gigantesque salamandre flambe dans le tympan cintré et un grand écusson aux armes de France s'encadre dans le champ des contre-courbes. Ce sont les formes de la dernière période du gothique altérées par la fantaisie du XVIe naissant, mais c'est encore joli et original.

Dans l'angle de la cour s'élève comme un gros donjon carré précédé d'un porche moderne, un grand pavillon à fenêtres irrégulières décoré sous le grand comble à pans coupés d'une frise en guirlande sculptée. Sur un des bandeaux saillants qui séparent les étages de ce pavillon, on signale toujours une curieuse toute petite figurine sculptée, à plat ventre et tournée dans une position inconvenante du côté de l'hôtel Le Valois qui se bâtissait à deux pas juste en même temps. Rivalité d'architectes, français ici, italien là-bas, donne-t-on traditionnellement pour raison.

Cette plaisanterie — disons gauloise, puisque l'habitude est d'attribuer toutes les choses inconvenantes à nos pauvres grands-pères — cette inconvenance attribuée à l'architecte avait-elle réellement cette intention ? Le seigneur de Than, sans

CHATEAU DE CREULLY

HOTEL DES MONNAIES A CAEN

doute, n'y a vu qu'une gauloiserie un peu forte, mais innocente et non très rare au siècle de Rabelais.

Dans le petit village de Vienne aux environs de Bayeux, j'ai cru apercevoir quelque chose de pareil dans les sculptures garnissant l'accolade de la porte piétonne d'un manoir transformé en ferme : là, l'inconvenance est double, car il y a de chaque côté de la porte un petit bonhomme choquant tourné vers le visiteur et lui souhaitant étrangement la bienvenue, mais par bonheur la mousse a jeté depuis longtemps un pudique manteau sur les grotesques et injurieux personnages.

Dans cette ville de Caen, très prospère alors, le XVIe siècle a vu construire de nombreux hôtels de financiers et d'armateurs opulents ; il en est encore un troisième qui fut aussi important que ceux de Le Valois et de Than, celui-ci situé non dans une cour, mais au centre d'un dédale de cours et de passages tout près des deux autres. C'est l'hôtel du riche négociant Duval de Mondrainville, moins bien conservé et moins intact.

Entre la rue Saint-Pierre qui débouche devant la tour de l'église et la rue Froide, un labyrinthe de passages étroits circule à travers un entassement de vieilles maisons enchevêtrées. Au milieu des hauts pignons à crochets des tours d'escalier, des bâtiments assombris percés de voûtes noires, façades postérieures des maisons de la vivante rue Saint-Pierre, s'élève un grand pavillon à colonnade, ouvert au rez-de-chaussée par trois grandes arcades, au-dessus desquelles un étage de fenêtres irrégulières à frontons, le tout coiffé d'un immense toit.

Colonnes du rez-de-chaussée, bas-reliefs rongés, effacés ornant les soubassements, fenêtres, lucarne, tout est tanné, dégradé par le temps, mais cette façade, qui dût être trop solennelle et trop froide en sa jeunesse, est plus pittoresque et n'en fait que mieux, ainsi arrangée. En face, sur une autre cour, se trouve un autre corps de logis mieux conservé — l'ancien Hôtel des Monnaies dont le morceau le plus intéressant est une gracieuse tourelle en encorbellement ornée de sculptures, d'inscriptions, de figures en médaillons, — ce qui était la mode à Caen, puisqu'on en rencontre partout, ainsi que les inscriptions, latines ou françaises, en prose ou en vers — tourelle couronnée d'un petit dôme que surmonte une statuette mutilée.

L'hôtel Duval de Mondrainville est occupé par une imprimerie ; les imprimeries sont bien logées à Caen. Tout à côté, rue Froide, l'imprimerie très archéologique Leblanc-Hardel occupe une ancienne maison de pierre, dans la cour très pittoresque mais malheureusement très étroite de laquelle on peut voir à tous les étages de belles fenêtres XVe siècle, encadrées de fortes moulures saillantes et festonnées, avec bandeaux sculptés et blasons sous les appuis.

Ainsi que la rue Saint-Jean, la rue Saint-Pierre est une rue de négoce, fort animée, et une rue à vieilles maisons, dénaturées au rez-de-chaussée par les boutiques et souvent plus haut par une débauche d'enseignes commerciales. Bien des détails intéressants s'aperçoivent, mais il faudrait pouvoir entrer dans toutes les cours pour trouver les véritables curiosités, les fenêtres et les portes sculptées, les poutres entaillées, les tourelles d'escalier; cependant presque à l'entrée de la rue, voici deux grandes façades à pans de bois complètes, dont une restaurée et même peut-être trop restaurée; ce sont deux belles maisons du xv° siècle aux poutres et poutrelles moulurées ou ornées de sculptures délicates d'une bonne conservation, de petites figurines bien traitées. A la plus importante de ces maisons, tout le champ entre les poutrelles est peint et garni de fleurs de lis et d'hermines.

A deux pas de là s'élève la singulière église Saint-Sauveur anciennement Notre-Dame de Froide-Rue, ce qui était un joli nom; une église qui est double, car il semble que ce soit deux églises réunies par la suppression d'un mur mitoyen. A l'intérieur ce sont deux nefs accolées, deux vastes vaisseaux très clairs, voûtés en bois, réunis sur le côté par une immense arcade ogivale d'un effet très curieux; on a détruit naguère, paraît-il, un joli pont en menuiserie très ornementée jeté dans les hauteurs de l'une des nefs, une des curiosités de l'église qui en a perdu beaucoup.

Les deux jolies absides accolées, dominées par une tour du xv° siècle, forment l'angle de la si remarquable rue Froide. L'abside Renaissance est un diminutif de l'abside de Saint-Pierre; c'est de l'Hector Sohier aussi gracieux, mais plus sobre. L'abside gothique, plus fière et plus belle, montre un grand fenestrage en lancettes dont les contreforts de séparation supportent de jolies niches finement sculptées sous une balustrade flamboyante.

L'étroite rue Froide, d'un beau caractère, commence bien avec la façade latérale de Saint-Sauveur, la tourelle d'angle de l'abside ogivale, la tour et le portail aux vieux vantaux de bois qui furent richement sculptés, bien rongés aujourd'hui — avec les vieilles maisons de l'autre côté, aux murailles grises, çà et là présentant quelque motif sculpté, bandeau, médaillon ou blason, et les lucarnes, jolies et variées — comme ici, se faisant pendant à la même maison, une lucarne de la Renaissance à côté d'une belle lucarne gothique hérissée d'animaux fantastiques — et les amusants coins de bric-à-brac, encombrés de bibelots dedans et dehors, dans les boutiques ouvertes et sur le trottoir, et les ruelles conduisant à d'autres rues d'un ragoût pittoresque non moins accentué! Décidément, ce n'est pas une rue, c'est une eau-forte ou plutôt une succession d'eaux-fortes.

Tout le quartier est de même, ce sont des coins à ravir le crayon, à faire marcher la pointe toute seule. Des maisons anciennes, de rue en rue, de ruelle en ruelle, on en aperçoit de toutes les époques, et bien conservées, robustes encore et qui dresseront longtemps encore leurs masses solides quand les prétentieuses bicoques de rapport modernes seront en plâtras.

Ils ont des jardins aussi, les habitants de ces rues étroites et sombres, des jardins de fenêtres égayant les façades grises d'une ligne de verdure continue, accrochant parfois des fleurs vivantes aux festons sculptés sous les bandeaux des fenêtres.

HOTEL DE COLOMBEY A CAEN

Rue des Cordeliers, rue des Teinturiers, rue de Geôle, combien de maisons à voir! Rien que ces vieux noms en disent déjà quelque chose ; ils sont encore nombreux à Caen, les vieux noms caractéristiques : rue Ecuyère, rue de l'Abbatiale, rue des Chanoines, rue au Canu, rue de l'Engannerie, rue du Puits-ès-Bottes, rue Caponnière, rue de la Porte-au-Berger, Montoire-du-Château, Venelle-Criquet, etc. Quelles vieilles histoires, quelles légendes étranges ou comiques rappellent certaines de ces appellations colorées? Je l'ignore. S'il n'y en a pas, tant pis, il faut quand même conserver ces vieux noms pour laisser au passant le plaisir de les imaginer au gré de sa fantaisie.

Où sont nos pauvres rues de l'Homme-Armé, Brise-Miche et Tranche-Pain que l'on vient si stupidement de rayer de la carte de Paris. J'ai souvenir dans mon pays d'une vieille rue montueuse, la principale artère de la ville qui s'appelait, je ne sais pourquoi, rue du Perroquet, dans laquelle donnait la rue du Chat qui tourne, et qu'après redressement et banalisation, on appela rue Solférino. Hélas! où est-elle ma vieille rue du Perroquet? Amis des vieux souvenirs, une bonne campagne en faveur des noms locaux historiques et pittoresques, contre les appellations banales qui sont toujours bêtes, quand elles ne sont pas obséquieuses pour un pouvoir quelconque.., et momentané.

Rue des Cordeliers apparaissent de grands pavillons Louis XIII, dominant les toits environnants de leurs combles puissants qui brandissent, comme des lances, d'énormes épis de plomb à girouettes, c'est l'hôtel de Colombey, d'aspect très noble et très sévère, un hôtel à mine de mousquetaire en retraite. L'angle du bâtiment principal porte sur des encorbellements formidables une haute tourelle carrée coiffée d'une espèce de couvercle bas.

Nombreux arrêts dans la rue de Geôle qui prend à la place Saint-Pierre et se continue sous le nom de rue des Lisses, le long des fossés du vieux château. Tout d'abord la jolie façade Renaissance d'une maison qui fut peut-être, suivant une tradition controversée, la maison de Jean Marot et le berceau de Clément Marot, en tout cas une maison de poète de la Renaissance, gracieuse et fleurie...

Des rinceaux élégants dessinent une frise au-dessus de la porte des Marot et quatre médaillons d'hommes et de femmes, avec des inscriptions latines en exergue décorent la façade :

PVDICICIA VINCIT AMOREM
AMOR VINCIT MVNDVM
AMOR VINCIT PVDICICIAM
FAMA VINCIT MORTEM

Ces inscriptions, d'un goût bien Renaissance, se retrouvent autour des médaillons encore plus curieux du Manoir des gendarmes.

COUR DE LA MAISON DES QUATRANS

Plus loin de hauts bâtiments du xv° siècle, restes de l'hôtel de Loraille, aujourd'hui école des frères, dressent sur la rue une imposante tour d'escalier terminée par un petit pignon à crochets.

Tout à côté, voici la maison des Quatrans, tabellions de Caen au xv° siècle, grande et belle façade à deux étages de pans de bois, admirable charpente à compartiments irréguliers, couronnée par deux hautes lucarnes également en bois.

Sur la cour étroite et ombragée d'un grand arbre, la façade en pierre est d'aspect plus sévère; près de la voûte de la grande porte s'élève la haute tour d'escalier de toutes les maisons importantes de la région, octogonale en bas et carrée sur encorbellement à l'étage supérieur dominant le toit, — celle-ci, ajoutée au xvi° siècle, très majestueuse vue du fond de la petite cour.

LUCARNE DANS LA COUR DU MUSÉE DES ANTIQUAIRES

CONTREFORT DE SAINT-ÉTIENNE LE VIEUX

XIX

CAEN (suite)

VIEILLES MAISONS ET VIEILLES ÉGLISES. — DE L'ABBAYE AUX HOMMES
A L'ABBAYE AUX DAMES. — LE VIEUX CHATEAU
LA MAISON DES GENDARMES. — FONTAINE-HENRY

De vieille maison en vieille maison, de tourelle xve siècle en façade décorative à médaillons et devises à la mode du xvie, en passant par la maison abîmée de Malherbe, par celle écornée, mais encore intéressante en bien des détails de portes ou fenêtres, de Jean Bureau, le grand maître de l'artillerie de Charles VII le Victorieux, qui mena les bombardes du roi à la reprise de tant de villes normandes sur les Anglais, on arrive à la place Fontette et à la rue Guillaume-le-Conquérant, que dominent les tours austères de Saint-Etienne.

Voici donc l'antique abbaye aux Hommes, souche des églises normandes de

France et d'Angleterre, élevée par le terrible duc normand qui fut aussi le grand bâtisseur de monastères de la Normandie, — le Conquérant s'élançant à la conquête du ciel aussi rudement qu'à celle de l'Angleterre, comme s'il voulait l'enlever violemment et d'assaut à force de pierres saintes entassées les unes sur les autres, à force de tours d'églises dressées vers Dieu ainsi que des beffrois d'attaque devant les créneaux des villes, à force de bataillons de moines marchant à la prière comme les archers de son *ost* à la bataille.

Il n'est pas question de coquetterie ici, la sévérité a fourni les plans et l'austérité presque farouche a bâti. Le portail, décoré de simples baies sans ornements, est surmonté de deux tours jumelles à trois étages d'arcatures terminées par deux flèches ajoutées au XIIIe siècle. La tour, élevée sur les transepts, dressait jadis une troisième flèche écroulée au XVIe siècle.

La beauté sévère et quelque peu rébarbative de l'extérieur ne peut s'apprécier que par la réflexion, mais l'intérieur du long vaisseau de pierre frappe dès l'entrée toutes les cervelles préparées ou non par un coup d'émotion, par une écrasante et solennelle impression de grandeur presque surhumaine, au-dessus et à côté de l'homme de nos jours qui se sent l'esprit presque aussi dépaysé ici, sous les grandes voûtes romanes élevées par ses pères, que dans un temple asiatique devant les autels d'incompréhensibles dieux.

Longs échos, résonances lointaines de pas discrets ou murmures psalmodiés dans la chaude pénombre du chœur, quel mystère à certaines heures dans l'immense nef sombre, formidable prière s'élevant vers le Dieu formidable du XIe siècle.

Elle est bien vide, la vaste carcasse de pierre sur laquelle se sont acharnées des générations de vandales, depuis la grande mise à sac de 1562 par les huguenots de Coligny, qui brisèrent ou brûlèrent tout ce qui pouvait être brisé ou brûlé, depuis le catholique duc de Bouillon, gouverneur du château dans le même temps qui, sous prétexte de les sauver des huguenots, fit enlever tous les objets précieux, les nombreuses châsses, les reliquaires et toutes les merveilles artistiques du trésor et les fit fondre ensuite, jusqu'aux iconoclastes révolutionnaires de 93 et aux terribles architectes embellisseurs et enjoliveurs du siècle dernier ou du commencement de celui-ci.

Des bâtiments de l'ancienne abbaye il ne subsiste plus que quelques parties plus ou moins modifiées, un très grand corps de logis du XIIIe siècle, à fenêtres ogivales avec grosse tourelle saillante au milieu de la façade pour l'escalier et le bâtiment du XIVe en forme de chapelle appelé la salle des gardes. Tout le reste a disparu sous l'accumulation des lourdes maçonneries du lycée construit au siècle dernier, qui écrasent de leur masse anti-pittoresque la vieille église normande et obstruent les perspectives.

CHATEAU D'ARGOUGES

Ce coin de la ville est admirable, grands bâtiments modernes à part. En descendant de la place Fontette, la vue donne sur des promenades aux belles

PORTE DES CHAMPS AU CHATEAU DE CAEN

masses d'arbres et, en laissant les toits et monuments de la ville à gauche, sur une immense trouée de campagne verdoyante; au premier plan, dans les prairies, court le petit ruisseau l'Odon, sur lequel retentit le battoir des lavandières installées comme aux champs sous les arbres. Un pan de mur restant de l'enceinte fortifiée de l'abbaye borde le sentier de l'Odon, quelques vestiges de cette enceinte sont encore éparpillés çà et là dans les cours de la rue Caponnière, notamment une tour carrée dans la cour de l'Ecole normale.

Dans la rue Caponnière, qui s'appelle ensuite rue des Capucins, dans les rues avoisinantes à l'aspect de faubourg, beaucoup de bâtiments intéressants, de façades ayant gardé une bonne tournure, de vieilles lucarnes ; des cours curieuses surtout, plus au large que dans la ville même et bien pittoresques, comme la cour de la Bergère et la cour dite de la *Tête de mort*, pour des sculptures macabres, tête de squelette, os en croix, accompagnées d'inscriptions.

Caen possède une collection de vieilles églises intéressantes enlevées au culte en 93, et transformées ; dans le nombre est Saint-Etienne le Vieux, église ogivale remplaçant un Saint-Etienne roman — antérieur au Saint-Etienne abbaye aux hommes — détruit pendant les guerres avec l'Angleterre au deuxième siège subi par la ville. Au premier siège, en 1346, les Anglais d'Edouard III emportèrent la ville d'assaut, malgré la résistance courageuse et acharnée des bourgeois sur leurs murailles d'abord et ensuite aux barricades de rue en rue jusqu'au château, lequel ne put être pris et vit le pillage et l'incendie tourbillonner dans la cité au pied de ses tours ; le second siège, plus terrible et plus malheureux que le premier, en 1417, au début de la conquête de la Normandie, après des journées de lutte aux remparts, après les pluies écrasantes des boulets de pierre qui renversèrent le vieux Saint-Etienne, se termina au dernier assaut par une effroyable scène d'horreur et de carnage sur la place Saint-Sauveur.

L'église Saint-Etienne le Vieux, convertie en magasin des services municipaux, est encore complète avec sa jolie tour octogonale ; il reste de l'église romane, encastrée dans la façade, un bas-relief très barbare et très détérioré représentant un cavalier sans tête sur un cheval également décapité foulant aux pieds une petite figure. Le cavalier, suivant les antiquaires s'appuyant sur d'autres exemplaires du même sujet, serait un Christ vainqueur et allégoriserait le triomphe du christianisme sur le démon.

De l'autre côté de la ville, sur la colline en face de l'abbaye aux Hommes, s'élève l'abbaye aux Dames, ou église de Sainte-Trinité, fondation de Mathilde, femme de Guillaume le Conquérant.

L'abbaye aux Dames n'a pas souffert autant de mutilations et de modifications que l'abbaye aux Hommes, elle est restée presque complètement romane de la façade scrupuleusement restaurée, flanquée de deux tours décorées d'arcatures dans la partie supérieure, mais dépourvues de flèches, à la crypte et à la partie de l'église réservée aux religieuses de l'Hôtel-Dieu, au chœur que surmonte à la croisée des transepts une tour centrale modifiée au xiiie siècle.

Pour en finir avec les églises, outre Saint-Sauveur, devenu halle aux blés, il y a encore Saint-Gilles, tout près de l'abbaye aux Dames, église mutilée et transformée en magasins, remarquable par quelques détails extérieurs et surtout par une jolie porte latérale du xvie siècle en accolade ornementée ouvrant, entre deux contreforts, — et Saint-Nicolas, également désaffecté, aujourd'hui magasin des fourrages militaires, édifice d'un bel aspect dans la verdure de son vieux cimetière, avec ses pignons et ses toits irréguliers d'ardoises ou de pierres, sa curieuse petite abside ronde en arcades romanes superposées, sa tour romane trapue au centre des toits chevauchés et sa tour de façade couronnée d'une toute petite flèche au xve siècle.

De l'autre côté de la ville, après le chemin de fer, dans un quartier dont on aperçoit de la gare le revers des maisons, c'est-à-dire toujours de hauts bâtiments gris et toujours des tours d'escalier à pignon se dressant pittoresquement en saillie, on trouve, en belle situation sur un tertre dominant le faubourg, l'église de Vaucelles, remarquable par une ancienne tour romane à pyramide de pierres enclavée dans un bas côté, tour décorée d'arcatures et de zigzags et flanquée d'une jolie tourelle d'angle.

Les couvents non plus ne manquaient pas à Caen, de nombreux vestiges en sont restés çà et là, au centre de la ville et dans les quartiers excentriques, des chapelles ou des salles, des fragments de murs à fenêtres ogivales perdus au fond de vieilles cours ou même des bâtiments complets aménagés aujourd'hui à d'autres usages.

Le Musée des antiquaires est installé dans un de ces anciens couvents, primitivement hôtel des abbés du mont Saint-Michel. Dans la cour plantée d'arbres on a réédifié la façade très artistique d'une maison de pierres à fenêtres décorées de sculptures et à lucarnes de très belle forme portant un fronton orné de fleurons et de feuillages enroulés, dans un mélange heureux de beaucoup de gothique avec un peu de Renaissance.

Gagnons maintenant le vieux château de Caen par la rue Montoire-du-Château, par les populeuses ruelles aux vieilles maisons quelques peu délabrées. L'antique forteresse normande, française depuis Philippe-Auguste, touche au centre de la ville et domine l'église Saint-Pierre ; comme jadis des fossés herbeux entourent le vaste développement de ses remparts plus ou moins modifiés depuis les sièges contre Français ou Anglais.

Un peu trop caserne à son entrée du côté de Saint-Pierre, le château en grande partie caché ensuite par les maisons de la rue de Geôle et de la rue aux Lisses, qui occupent tout le revers du fossé et ne laissent apercevoir que des bouts de mur par intervalles, devient plus pittoresque vers la campagne, avec sa *porte des Champs*, encore précédée d'un châtelet et défendue par deux grosses tours. L'intérieur qu'on ne visite malheureusement pas, possède aussi quelques débris intéressants romans ou gothiques, fragments d'édifices des siècles lointains, parmi lesquels le bâtiment où se tenaient les séances de cette chambre des lords normande, chambre des comptes et cour de justice, dite l'Echiquier de Normandie.

En passant par la rue des Chanoines où se voit suspendue au milieu d'un pignon restauré une fine tourelle du xve siècle, et en suivant après des rues escarpées et des rampes, la rue basse Saint-Gilles qui sort de la ville au-dessous de la colline couronnée par l'Abbaye aux Dames et ses jardins devenus jardins de l'Hôtel-Dieu, on arrive bientôt à la Maison des gendarmes, l'ancien manoir de la famille de Nollent, si connu et si souvent dessiné. Le site est encore champêtre, il n'y a autour du manoir que des jardins ou des maisons de faubourg et, devant les tours, des prairies plantées de peupliers en bordure le long du canal de Caen à la mer.

TOURELLE, RUE DES CHANOINES

Edifié sous Louis XII, le manoir-maison de campagne de Nollent, comptait quatre tours espacées dans un grand mur entourant un jardin au milieu duquel s'élevait l'hôtel lui-même. L'hôtel a été reconstruit, des quatre tours il en reste deux, la grosse tour aux statues, et une plus petite, reliées par un mur crénelé. Cette grosse tour est une très singulière construction ayant conservé trois créneaux entre lesquels se penchent les deux statues plus grandes que nature qui ont valu son nom actuel au manoir, deux hommes d'armes, un jeune imberbe et un vieux fortement barbu, tous deux amputés de leurs mains aujourd'hui, ainsi que de leurs nez, mais qui tendaient autrefois vers le visiteur des arbalètes menaçantes.

Au-dessous d'une immense gargouille projetée sur la route, s'ouvre une grande et belle fenêtre surmontée d'un fronton en coquille et défendue par une forte grille de fer arrondie; dans une niche à côté de la fenêtre, se dessine en bas-relief un immense écusson casqué soutenu par des griffons. De grands médaillons irrégulièrement semés sur toute la circonférence de la tour, à différentes hauteurs et jusque dans les merlons des créneaux, encadrent des têtes vigoureusement sculptées, des figures de femmes à coiffure xvie siècle, des têtes d'hommes casquées ou non casquées. Ces figures sont-elles purement allégoriques, y trouve-t-on quelques portraits? la question a été discutée comme aussi le sens de l'inscription : « *C'est... ma... Noriche... et amie,* » gravée autour du médaillon principal à côté des armoiries, montrant une figure de femme embrassée par deux têtes d'hommes plus petites.

D'autres médaillons décorent les créneaux de la muraille joignant la deuxième tour et cette tour elle-même qui possède aussi, comme la première, une fenêtre à forte grille de fer.

LE CHATEAU DE FONTAINE-HENRY

Très nombreux sont, dans les alentours de Caen, les points intéressants, vieilles églises romanes ou gothiques de gros bourgs et de villages, abbayes, manoirs et châteaux. Ce sont des motifs d'excursions pour les baigneurs des plages caennaises, éparpillées sur le sable, le long du petit chemin de fer qui les dessert, rangées de villas et rangées de cabines sur quatre ou cinq lieues de longueur, étendues de sable, petites falaises minuscules, simples éboulis de 3 mètres et pendant deux mois fourmilières de monde.

A côté de la villa, caisse d'emballage de la petite plage bourgeoise, il y a le castel normand moyenagesque sur la plage aristocratique, le comble de la maison normande à pans de bois avec surabondance de lucarnes, de petites échauguettes et de crêtes à girouettes; il y a même, près de ces imitations, une façade du xvᵉ siècle flanquée d'une tour d'escalier rébarbative comme un donjon, une maison de bois décorée de sculptures grotesques, de la porte aux poutres du toit, façade authentique, enlevée à Caen lors de quelque démolition et transportée à Lion-sur-Mer, la plage extrême non loin de la fameuse église romane de Ouistreham au pignon tout en arcatures.

Lion possède un joli château de la Renaissance, pavillons à grands toits flanqués de tours et de tourelles en encorbellement, émergeant des bouquets d'arbres d'un beau parc. Plus près de Caen est le château de Lasson, du style Renaissance, le plus enguirlandé et le plus fleuri, à la mode d'Hector Sohier.

Un autre château fort important, celui de Fontaine-Henry, est un édifice des xvᵉ et xvıᵉ siècles, superbe d'ensemble et de détails. Ce qui frappe surtout, c'est le colossal toit du grand pavillon datant de François Iᵉʳ, bâtiment carré très robuste, plaqué de colonnes entre lesquelles s'ouvrent les fenêtres, flanqué sur un angle d'une tourelle jadis encorbellée probablement, et sur l'autre angle d'une haute tour que butent des contreforts et que surmonte un immense éteignoir pointu. La cheminée de ce grand pavillon n'est pas moins formidable, bien qu'élégamment ornée de colonnettes aux angles.

Sur la façade, qui fait penser aux châteaux anglais, s'élèvent deux tours carrées : l'une très simple ressemblant aux tours d'escalier les plus simples des maisons de Caen, avec deux pinacles en plus à son pignon, l'autre très ornementée, avec de fines sculptures autour des fenêtres à croisillons de pierre, en frises sous les bandeaux et en balustrades sur la plate-forme, lesquelles balustrades se retrouvent à la corniche du toit et se relient à une fort belle lucarne en accolade surélevée.

CHATEAU DE LION-SUR-MER

TOUR D'ESCALIER A BAYEUX

XX

BAYEUX

LES TOURS D'ESCALIER. — CE QU'A VU LE COQ DE LA CATHÉDRALE
UN BEAU CARREFOUR. — PORT-EN-BESSIN. — UN CHATEAU HANTÉ
ARGOUGES ET CREULLY

Avant de connaître la ville, le seul nom de Bayeux me disait surtout la fameuse tapisserie ou plutôt le grand album de broderie sur lequel la femme du duc Guillaume illustra de son aiguille très artiste en sa naïveté, l'histoire de la conquête du royaume d'Angleterre; ce nom évoquait les figures de ces Normands coiffés de casques coniques à nasal, se précipitant en mille navires à la bataille et à la curée, les archers, les cavaliers, les évêques, les moines de Guillaume, guerroyant contre les Saxons d'outre-Manche, tous emportés, comme leur duc, par l'âpre désir de *gaingner*.

Et je me souvenais aussi d'un tableau de Maignan de je ne sais plus quel Salon, représentant la duchesse Mathilde, sa tapisserie sur les genoux, en train de rêver, sous l'ombrage des saules, aux chevaliers absents, au duc en train de conquérir un royaume.

Mais le poème épique écrit à l'aiguille par la duchesse est au musée de Bayeux ; les images de ces Normands des anciens jours se sont évaporées ; en fait de heaumes pointus, je ne vois que les heaumes bonnets de coton portés par les femmes des champs autour de la ville, et la cité de Bayeux m'apparaît maintenant comme une jolie petite vieille ville, couchée pour sommeiller dans un écrin de

PORTE DE FERME A CRÉPON, PRÈS BAYEUX

grasses prairies d'un vert jaune, sous l'ombrage des saules et des peupliers comme la duchesse Mathilde du tableau.

D'aucuns ont dit que Bayeux est une ville morte et ennuyeuse ; ceux-là ne comprennent sans doute que les villes bien ratissées à maisons banales et rangées de boutiques à l'instar, que cette horrible rue moderne qui croît, grandit, se développe, s'allonge, hélas! partout, d'un bout de la France à l'autre, ayant pour unique idéal d'art de ressembler le plus possible à un petit boulevard de Sébastopol quelconque, — comme si le cerveau des édiles et des bâtisseurs du xixe siècle

MAISON DE LA SALAMANDRE A LISIEUX

CARREFOUR DE LA RUE DES CUISINIERS

était désormais irrémédiablement vide et fermé à toute idée d'originalité et de goût.

Ils se trompent. Bayeux est une ville charmante, tranquille mais non triste. Parce qu'elle n'a pas l'aspect affairé des villes de commerce, parce que l'on n'y court aucun risque d'être écrasé par les omnibus ou foulé par les passants; elle n'en est pas moins vivante, la bonne et paisible ville de bourgeoisie petite ou grande, agréablement située dans une plantureuse campagne à deux lieues de beaux rivages maritimes.

Le chemin de fer ne touchant qu'un bout de faubourg ne passe pas assez près pour l'abîmer, il n'a pas changé l'entrée de ville à la vieille mode, la route ou avenue à grands arbres entre les herbages et les vieux murs de jardins, les grandes maisons bourgeoises, bien calmes, bien silencieuses, puis la longue rue Saint-Martin qu'enfilent les petites diligences des bourgs environnants et que remplit, les jours de marché, la foule paysanne, les charrettes et les ânes, les gens et les bêtes.

Longue, étroite, sinueuse, cette grande rue de Bayeux, avec de vieilles maisons de pierre ou de pans de bois avec de pittoresques carrefours à la rencontre d'autres rues moins commerçantes et par conséquent restées plus intactes; d'abord le carrefour sur la rivière d'Aure, qui s'en va sans se presser à la mer, vers les pâturages d'Isigny, le petit pont à côté de la poissonnerie, du haut duquel on aperçoit de vieilles tanneries trempant dans l'eau et des roues de moulins accrochées à d'antiques pans de murailles verdies et, plus loin, un autre carrefour encore plus pittoresque où se voit, dressée à l'angle de la rue des Cuisiniers, la plus curieuse des maisons de Bayeux.

C'est un très haut et très bizarre pignon à deux étages de pans de bois avançant en surplomb sur des encorbellements de poutres taillées, posées au-dessus d'un soubassement de pierre au rez-de-chaussée surélevé de quelques marches. A ce rez-de-chaussée, petit café de campagnards pour les paysans du marché, des colonnes de pierre engagées portent les corbeaux du premier étage. La porte sur la rue des Cuisiniers ouvre dans un espace en retrait jusqu'au toit entre les deux moitiés du pignon de bois. Cette tranche de mur de pierre est percée de fenêtres en accolade, un écusson couronné orne le linteau sculpté de la porte, au-dessous de l'écriteau *Loge à pied*, écusson moderne de ce qui fut jadis quelque noble demeure.

Il faut se hâter de la voir la pauvre maison, elle n'en a plus pour longtemps, elle vient d'être achetée, paraît-il, par la municipalité que sa carrure moyen-âge offusque et elle ne va pas tarder à être jetée bas.

Ils diront *ouf!* tous ces conseillers municipaux, sans se douter que tout le monde, non pas seulement les artistes, gens dont l'opinion importe si peu, dira *hélas!* mais l'alignement! Cette superbe maison avance peut-être de cinquante centimètres, on ne peut pas lui faire grâce plus longtemps! Et elle va disparaître

VIEILLES TANNERIES, A BAYEUX

bientôt. Comme la façade n'a pas de sculptures, on n'aura même aucun souvenir encombrant à jeter au musée. Le musée d'antiquités n'est-ce pas, à Paris comme en province, l'hôpital des invalides de l'art architectural, l'hospice de charité où les édilités n'osant plus tout à fait les jeter aux gravats, cachent les débris de leurs victimes, palais ou bicoques, maisons quelconques ou hôtels la Trémouille…

Ce que réclament les sociétés d'amis des monuments pour les vieux édifices, monuments ou maisons, ce n'est pas seulement le respect, c'est la tendresse et la sollicitude. Les archéologues ne sont pas de bénévoles amants du passé, les archéologues au fond ce sont les vrais amis de l'avenir, qui s'efforcent de défendre contre le présent barbare dans l'intérêt des générations à venir, et les monuments illustres qui sont l'honneur des cités, et les édifices modestes qui donnent à ces cités une physionomie pittoresque et caractéristique.

CHEMINÉE DU XIIe SIÈCLE

D'autres maisons en pierre ou à poutres sculptées, avec vieilles statuettes de saints ou figures grotesques à demi effacées sur les corbeaux soutenant les étages, sont à voir, en cheminant par la rue Saint-Martin, qui s'appelle plus haut rue Saint-Malo et aboutit à la place Saint-Sauveur où furent jadis les grosses tours du puissant château fort de Bayeux, élevées au Xe siècle par le duc de Normandie Richard sans Peur, et démoli à la fin du siècle dernier.

Derrière ces pignons de pierres ou de bois il y a des cours étonnantes, puits noirs quelquefois, et quelquefois belles cours d'ex-riches manoirs; l'une des plus curieuses est celle d'un loueur de voitures, en face de la haute maison de la rue des Cuisiniers, cour très vaste et bien encadrée avec le revers des maisons de la rue pour décor de fond, c'est-à-dire une ligne de hautes murailles grises et de grands toits de tuiles aux fortes cheminées dominées par une ligne de ces tours d'escalier si caractéristiques de la région. Au centre, la maison principale, ornée, sur la rue, de sculptures sur son poitrail et ses poutrelles et présentant sur la cour d'anciennes belles fenêtres à croisillons de pierre, sous des accolades sculptées, des portes également bordées de sculptures cachées par de hauts tas de fumier ou donnant accès à des écuries; en somme, tout ce que l'on peut rêver de plus pittoresque, une superbe aquarelle, pleine de verve.

Des portes à linteaux sculptés et festonnés, encadrant souvent quelque vieil écusson, il y en a encore plus haut dans ces cours de gentilhommières urbaines plus ou moins transformées et accommodées à l'usage de rentiers ou de petits fonctionnaires, et il y en a sans doute encore davantage qu'on ne voit pas, dans les hôtels silencieux et fermés de la bourgeoisie bayeusaine, on peut le deviner en tournant autour de la cathédrale.

Ici même, juste devant les tours de l'imposante église, il est une fort curieuse façade à pans de bois, chargée du haut en bas d'images de sirènes et d'animaux fantastiques, de statuettes religieuses ou grotesques taillées dans le bois de toutes ses poutres, priant ou grimaçant à tous les étages, décoration si amusante que le

UNE COUR A BAYEUX

ver rongé, que la pluie délabre quand le propriétaire ne la gratte pas impitoyablement.

Presque toutes les maisons, sur cette place, ont gardé quelque chose de jadis, quelque joli détail en bas ou en haut ; en levant la tête vers les toits, au-dessus de la maison qui fait l'angle de la rue des Chanoines près de l'évêché, s'aperçoit la doyenne des cheminées de la ville, une cheminée cylindrique du XIIe siècle, terminée en édicule à pyramide percée de trous pour laisser échapper la fumée, très remarquable échantillon des pittoresques couronnements de cheminées d'autrefois, signalée par Viollet-Le-Duc, dans son *Dictionnaire d'architecture*, pour faire rougir les très laides et banales piles de pierre d'aujourd'hui surmontées de leur chapeau de tôle.

Rue Bourbeneur, à deux pas, il y a encore une très belle maison, très décorative et d'apparence importante, appelée traditionnellement l'hôtel du Gouverneur, peut-être ancien logis d'officier attenant à l'ancien rempart qui passait jadis ici près. C'est une très solide construction du xve siècle, modifiée plus tard, dressant devant sa façade une haute tour d'escalier octogonale jusqu'au toit, avec deux larges étages carrés ensuite, fortement encorbellés en bossages, dominant de très haut le pignon de la maison. Les étages supérieurs de cette tour sont une modification postérieure ainsi que les petites fenêtres à fine décoration Renaissance au rez-de-chaussée de la maison, sur la rue. Maintenant, dans la cour de cette maison à tournure de donjon, des blanchisseuses étendent du linge devant la porte blasonnée de la tour.

En descendant un peu les siècles, voici les hautes murailles d'un grand hôtel du xviie siècle, appelé le manoir de la Caillerie, une belle porte cavalière et de grands toits Louis XIII d'une belle silhouette avec leurs monumentales cheminées à frontons, c'est moins pittoresque que les hôtels du xvie siècle, mais c'est encore très noble et c'est surtout très solennel ; on sent que l'ennui des architectures emperruquées du grand siècle va venir.

Les quelques rues intéressantes de Bayeux tournent là autour de la cathédrale, au pied des magnifiques tours si robustes d'aspect et dressant si haut au-dessus d'une façade très ornementée actuellement en restauration, les deux flèches gothiques ajoutées sur les tours au xiiie siècle, lors d'une réédification de la cathédrale romane qui fut incendiée et presque détruite dans le sac de Bayeux par Henri d'Angleterre, en 1105, accident assez ordinaire de la vie des édifices de cette époque.

Elle en a vu, la vieille cathédrale de cette vieille cité normande, la ville la plus anciennement saxonne et scandinave de la côte, puisque le premier établissement des Saxons date du ve siècle et qu'après la gallicisation des Normands venus avec Rollon, Bayeux s'obstina bien longtemps, jusqu'au xiiie siècle, à rester de cœur et de langue une petite Scandinavie ; elle en a vu, la vieille église, plusieurs fois brûlée et rebrûlée déjà avant les compétitions et les guerres entre les fils de Guillaume le Conquérant, brûlée ainsi que toute la ville par les Normands, malgré la parenté des pirates scandinaves avec les Saxons, établis depuis des siècles déjà sur le *rivage saxonnique* du Bessin, brûlée par accident encore avec toute la ville...

Feuilletez l'histoire de Bayeux, qui est celle de la cathédrale, une de ces histoires de petites villes écrites en marge de la grande histoire, si remplie de faits menus ou grands qui en disent long. Là dedans que d'épisodes curieux ou romantiques, simples détails du grand tableau général, que de figures étonnantes : évêques et chanoines, échevins et chevaliers, ministres réformés et capitaines, bonnes et braves gens ou soudards d'une pittoresque canaillerie émergeant de la tourbillonnante, virante et kaléidoscopique mêlée des générations, — que de scènes extraordinaires et de tableaux épiques !

Vieux coq dressé tout en haut de la flèche de la vieille cathédrale, si tu pouvais dire tout ce que ton œil clair a vu depuis les grands jours du terrible évêque guerroyeur Odon, frère de Guillaume le Conquérant, qui fit si puissants et si riches les chanoines de l'église, le richissime chapitre, seigneur de nombreux fiefs, baron siégeant à l'échiquier de Normandie et battant monnaie — tout ce que tu as vu, vieux coq de fer, défiler de gens et d'événements depuis le serment d'Harold sur les reliques de la cathédrale apportés au château, serment extorqué qui servit de prétexte à la conquête d'Albion depuis le départ du contingent bayeusain sous la conduite d'Odon....

Tableaux de fête ou de deuil, — les magnificences des grandes cérémonies religieuses, — la cour de Guillaume, le prologue de la grande expédition ; — la messe de l'évêque René de Prie,

UNE DES FLÈCHES DE BAYEUX

dite au sommet de la tour centrale, le jour où quelque grande solennité religieuse avait attiré dans Bayeux et serré autour de la cathédrale une population de capitale ; — la prise de la ville par les Calvinistes du terrible routier Colombières, les soldats de Colombières, encore chauds de l'assaut, ivres de fureur, des chapelets d'oreilles de prêtres en bandoulière, entrant mèche allumée, tambour battant, sous les voûtes impassibles de l'église, faisant sauter les dalles tumulaires, déterrant les évêques défunts pour arquebuser leurs os.

Puis, après le saccage en règle de l'église, complété par le catholique Bouillon qui fit là comme à l'Abbaye aux hommes de Caen, et enleva pour les jeter à la fonte tous les vases et ostensoirs précieux sauvés des mains de Colombières, le retour et les vengeances des troupes catholiques, puis un nouveau siège de Bayeux par l'amiral Coligny...

Ici, au milieu des horreurs commises de part et d'autre, l'épisode curieux du capitaine italien Ruffio. Ce commandant de la garnison catholique, pour ne pas tomber entre les mains des protestants, s'était préparé une cachette où la ville

MAISON, RUE FRANCHE

prise, il se fit murer avec sa maîtresse et des vivres pour quelque temps ; mais sa retraite fut malheureusement éventée dans le nouveau sac de la ville et le pauvre Ruffio, tiré de là, finit bientôt au bout d'une corde...

La cathédrale, tant de fois meurtrie, à défaut de ses richesses mobilières perdues, a retrouvé sa splendeur architecturale ; la lumière entre à flots par les

CARREFOUR RUE DES BOUCHERIES ET GRANDE RUE A LISIEUX

magnifiques fenêtres de la nef et permet d'admirer après l'aspect saisissant de l'ensemble, des arcades ourlées différemment à chaque travée de frettes, de dents de scie et autres motifs du roman de Normandie, les arcatures des bas côtés, les stalles du chœur et bien d'autres détails remarquables.

Il y a une crypte et une salle capitulaire intéressante ; l'extérieur du côté du chœur n'a pas la même sévérité que du côté des tours de façade; il présente une belle série d'arcs-boutants appuyés aux angles de l'abside par des

PORT-EN-BESSIN. VIEILLE TOUR SUR LA FALAISE. — MAISONS DE PÊCHEURS

contreforts monumentaux qui se relient à deux petites tourelles à clochetons. Le couronnement de la tour centrale a été reconstitué de nos jours par une haute et belle flèche à coupole octogonale dans le style gothique.

V. F. — T. I.

C'est dans la sacristie qu'était conservée la fameuse tapisserie attribuée à la duchesse Mathilde, femme de Guillaume, qui raconte avec tant de détails précieux pour l'histoire et l'archéologie, avec tant de naïveté et de sincérité, comment les Normands de Guillaume ont vaincu Harold et conquis l'île des Saxons, illustrant les événements au fur et à mesure qu'ils se déroulent depuis le voyage imprudent d'Harold en terre normande, les préparatifs de Guillaume et l'embarquement, jusqu'aux victoires et à l'installation des vainqueurs dans leur conquête, avec détails particuliers sur le rôle de l'évêque de Bayeux Odon, terrible chef d'armée, pacificateur par le fer et le feu.

Cet inestimable document d'art et d'histoire, après avoir échappé à tant de périls dans le cours des siècles, à tant de pillages et d'incendies, est aujourd'hui au musée. Tout à fait ignoré pendant des siècles et pour ainsi découvert seulement au siècle dernier, les derniers dangers par lui courus datent de la Révolution, lorsque pour une fête quelconque les patriotes bayeusains voulurent le découper en morceaux pour en orner un char civique.

Robert Wace, clerc de Caen, qui a raconté ces mêmes aventures héroïques dans son *Roman de Rou*, fut chanoine de Bayeux après avoir occupé un autre bénéfice à Coutances.

L'ancien évêché, derrière le chœur de la cathédrale, a laissé des constructions de plusieurs époques aujourd'hui affectées à diverses destinations. L'hôtel de ville est dans un morceau ajouté au xviiie siècle, les tribunaux sont installés dans la chapelle et les prisons dans un autre corps de logis, devant lequel les prisonniers ont, pour se donner l'illusion de la campagne, le dôme de verdure d'un immense orme conservé des anciens jardins. Près de là, s'élève la statue d'Arcisse de Caumont, le grand archéologue normand, qui doit bien souffrir des mutilations opérées dans le vieil évêché du moyen âge.

Les environs de Bayeux sont charmants, c'est Port-en-Bessin, Creully, Longues, Argouges et nombre d'églises de villages remarquables, de manoirs, de prieurés plus ou moins ruinés.

Port-en-Bessin est un gros bourg, vivant uniquement de pêche, une véritable usine à poissons, dans une belle situation au pied des superbes falaises qui s'étendent en pittoresques écroulements jusqu'au rocher pointu appelé la Demoiselle-de-Longues, fragment de falaise en aiguille isolée dans la mer, et jusqu'au village balnéaire d'Arromanches. Les maisons de Port-en-Bessin, où tout est matelot, sont d'un bon petit pittoresque campagnard, avec les grands escaliers de pierre appliqués aux façades pour monter à l'étage supérieur, et les grands filets roux pendant aux lucarnes, ou séchant sur les perrons. Dominant le port au-dessus du sémaphore, une vieille tour se campe sur un repli de la falaise. Ses vieilles embrasures sont aujourd'hui des fenêtres, car elle est habitée par de pauvres pêcheurs.

Toute la campagne, dominée au loin par les flèches de Bayeux, est charmante. On voit tout près de là l'église de Marigny dont le cimetière est précédé d'un petit porche gothique et l'abbaye de Longues devenue ferme maintenant. La belle porte ogivale de cette abbaye donne entrée à une vaste cour au fond de laquelle se trouvent le bâtiment abbatial, maison d'habitation et logis du fermier, les dortoirs et réfectoires transformés en granges et l'église, resserre de cuves et de fagots, qui menace de s'écrouler bientôt.

Dans la vallée sillonnée par les bras nombreux de l'Aure, la rivière de Bayeux, qui semble jouer à cache-cache parmi les herbages et les futaies, en attendant qu'elle aille se perdre quelque temps sous terre aux fosses de Soucy, il y a un très beau et très romantique château isolé en un coin bien abrité; c'est le château d'Argouges quelque peu ruiné, un castel à légendes, qui possède un fantôme, mieux qu'un fantôme, une fée, appelée la fée d'Argouges, une belle châtelaine moitié femme moitié poisson, qui tourmenta fort jadis les anciens châtelains.

Je suis allé à la recherche de ce château d'une jolie architecture, aujourd'hui devenue simple ferme; je me suis perdu à travers les herbages, dans les sinuosités de l'Aure qu'il faut longer longtemps avant de trouver un pont en troncs d'arbres et dont un bras sert de fossé aux murailles et j'ai fini par découvrir un pignon de cet Argouges peu visible. Une belle entrée, par une porte cavalière à créneaux fortement détériorés, avec traces des sculptures, des murs éventrés et broussailleux, un bout de tour se mirant dans l'eau, à droite; à gauche, les débris d'un château antérieur, celui du mari de la fée, une autre tour complètement garnie de lierre, et une ancienne chapelle sans voûtes, également vêtue de lierre et empanachée de fleurs de murailles; enfin doré dans le haut par les rayons d'un soleil déclinant, se montre dans le fond le bâtiment principal du château, un corps de logis du XVIe siècle à grandes fenêtres sculptées, les unes surmontées d'accolades à festons, les autres décorées de bandeaux et de frises à rinceaux Renaissance.

Deux tours font saillie sur la façade, une très haute et mince tour avec l'étage supérieur carré en surplomb, coiffé d'un petit pignon à crochets comme il y en a tant à Caen et Bayeux et une plus grosse tour partant au contraire d'un empâtement carré à la base pour devenir octogonale ensuite. A côté, une porte en anse de panier, donne entrée à la salle de la ferme. Tournant autour d'une colonne de pierre, dans la jolie tour, l'escalier aux marches usées escaladées par des poules, ne conduit plus qu'à de vastes salles vides, à des pièces transformées en greniers à foin, où se voient encore de belles cheminées et des fragments de sculptures.

Toutes les fenêtres à croisillons de pierres sont brisées, elles bâillent béantes ou barrées par des planches.

Tel est le château d'Argouges, hanté par le fantôme d'une châtelaine fée. Cette fée, aimée et épousée par un brave chevalier, ne devait rester femme qu'à la condition que son mari ne prononcerait jamais le nom fatal de la Mort; dans l'ardeur d'un combat sous Bayeux, pendant un siège, le mot terrible sortit par les trous du heaume du chevalier et au même instant dans son manoir la dame d'Argouges tant aimée redevint une espèce de Mélusine à queue de poisson, lamentable et méchante, errant en fantôme dans les sombres salles.

Je n'ai pas vu la fée d'Argouges, le château et la ferme étant absolument vides. Seuls, des cochons noirs grommelaient dans la cour autour de moi, pendant que je dessinais la façade. Une bonne femme survint, toute blanche, toute vieille et toute cassée, qui me demanda, puisque j'avais l'air d'être de Paris, si je connaissais un monsieur dont elle me dit le nom. Sur ma réponse négative, elle déclara que c'était bien étonnant et se mit à me dépeindre le monsieur; après réflexion, elle ajouta que mon ignorance venait sans doute de ce que le monsieur était mort depuis plus de quarante ans, puis elle disparut. Était-ce la fée? Je l'ignore. Il ne resta qu'un cochon noir aux petits yeux pleins de mauvaise humeur, qui se mit à tourner autour de moi, reculant au bout de la cour, prenant de l'élan et me chargeant ensuite au grand galop. Ma canne l'arrêtait à deux mètres; il fuyait en grognant de fureur, mais il recommençait à tourner dans la cour et à me charger en me prenant par un autre côté.

Ce cochon atrabilaire et fantastique, gardien farouche d'un château hanté, donne vraiment à penser.

Un château plus ancien, mais mieux conservé et resté encore aujourd'hui une belle et seigneuriale habitation, c'est Creully de l'autre côté d'Arromanches, à peu près à la même distance de Bayeux.

Quelle jolie arrivée quand on descend de la côte venant de Crépon, village riche en belles fermes, on ne peut imaginer paysage plus charmant! C'est une vallée admirable parcourue par une petite rivière par endroits cascadante, la Seulle, qui en se dirigeant vers Courseulles et la mer, court sinueusement sur le tapis verdoyant des prairies; çà et là, de jolis bouquets d'arbres, des lignes de peupliers, des lavoirs rustiques, un moulin en ruines sur la rivière et, se dressant sur un monticule couvert d'arbres, de hautes tours presque entièrement drapées de lierre, tour de guette octogonale, gros donjon carré, remparts disparaissant sous les ramures.

Dans le château on peut voir des souterrains aux voûtes romanes, une petite salle basse à cheminée curieuse, des terrasses qui sont d'anciennes salles ayant perdu leurs toits, mais ayant conservé une immense cheminée dont le tuyau, isolé au-dessus des combles, se peut prendre pour une tourelle. Vue superbe du haut de la tour de guette sur les toits, les terrasses, les tours et les murs de l'ancienne enceinte couverts d'arbres.

Le bourg de Creully, qui possède une vieille église, a l'aspect riant d'un gros bourg d'autrefois, aux maisons demi-campagnardes, aisées et fleuries. Dans un rayon d'une lieue, il y a encore mainte autre curiosité, des églises intéressantes comme celle de Crépon avec sa grosse tour solide qui a presque l'aspect d'un donjon, l'église romano-gothique de Ryes, très joli et très ancien village, le grand

enclos du prieuré de Saint-Gabriel avec sa maison abbatiale transformée en ferme, son église romane en ruines et sa tour ruinée, ancien donjon servant de grange à la maison d'école.

FERME DU PAVILLON, A RYES

Les anciennes fermes des environs sont fort belles, beaucoup ont encore leur grande porte défendue par des créneaux et des échauguettes, ce qui s'explique par la situation de la région au XVIe siècle, pendant le cours duquel les gentils-hommes routiers, véritables chefs de bande, prirent, sous couleur de Ligue ou de Huguenoterie, des habitudes de brigandage telles qu'elles nécessitèrent pour en finir l'envoi des tribunaux extraordinaires des *Grands jours de Bayeux*.

Au village de Ryes existe le très beau manoir ferme du XVIe siècle, appelé la *Ferme du Pavillon*, aux vastes bâtiments bien conservés, dressant de hautes cheminées sur leurs toits pourvus de crêtes ; la grande cour est précédée d'une entrée monumentale, en trois larges portes cintrées à frontons triangulaires flanquées sur l'angle d'une grosse échauguette carrée en bossages.

ENTRÉE DE LA RUE AUX FÈVRES, A LISIEUX

XXI

LISIEUX

UNE VILLE DE BOIS. — CINQ CENTS FAÇADES PITTORESQUES
LE XVᵉ SIÈCLE VIVANT. — LA RUE AUX FÈVRES, LE MANOIR DE LA SALAMANDRE

Ville de plaine, Lisieux, de l'autre côté de Caen, étend dans les verdures d'un gracieux paysage son pittoresque amas de maisons de bois à toits rouges. Dans cette Normandie, pays des vieux maîtres huchiers, province du bois sculpté, Lisieux est la capitale des maisons de bois.

Rouen aurait pu revendiquer ce titre, en plus de tous ceux que peut arborer la vieille capitale normande qui fut la ville chef-d'œuvre du moyen âge, ciselée avec amour par tous les arts; mais, outre que Rouen a perdu une grande partie de ses anciennes maisons de bois, ses splendides façades dont il reste encore quelques spécimens ressemblaient plutôt, comme on l'a si bien dit, à de grands bahuts somptueusement sculptés du haut en bas, à des panneaux gigantesques aux mille sujets taillés en plein bois, encadrés de maçonneries.

Lisieux est tout en bois. Comme toute la région d'ailleurs où l'on ne voit que clochers en charpente recouverte d'ardoises, fermes blanches à pans de bois si jolies dans la verdure à travers les pommiers des courtils, châteaux en pans de bois même, ou plutôt manoirs fermes avec tourelle d'escalier, non plus en pierre, comme vers Caen, mais en charpente apparente dessinant la montée.

Dans le nombre des maisons de Lisieux, il y en a cinq cents que partout ailleurs on admirerait et dessinerait l'une après l'autre, les unes pour leur bel appareil de poutres sculptées, les autres simplement pour leur tournure. Il y a des carrefours superbes, plantés comme des décors de théâtre et des enfilades de rues tout à fait étonnantes, silhouettant une série ininterrompue de pignons étranges succédant à des pignons fantastiques...

Il est certain que, dans toutes les villes normandes, on trouve encore de nombreuses façades de bois, mais on n'en rencontre nulle part de plus complètes qu'à Lisieux, et nulle part formant, comme ici, des ensembles de rues et de quartiers restés debout tels qu'autrefois et sans retouches.

Quel étonnant, quel splendide aspect une pareille ville devait offrir, il y a quatre siècles lorsque tout était solide et neuf de ce que nous admirons encore vermoulu, lorsque les portes passées, après les tours grises et sévères de l'enceinte, apparaissaient le dédale des rues de bois reluisantes et multicolores, les alignements de façades rayées, quadrillées de poutres coloriées, de grands pignons aux formes variées sur lesquels du haut en bas toute la cage en charpente apparente est sculptée, fouillée au ciseau et peinte, sur lesquels poutres et poutrelles, sablières et poteaux corniers, huisseries des portes et meneaux des fenêtres ont été taillés, moulurés de mille façons, sur lesquels grimacent au bout des grosses poutres des figures grotesquement rageuses, de grosses faces caricaturales, des têtes de fous, tandis que des monstres chimériques, des bêtes fantastiques s'accrochent sous les toits, se tordent le long des poitrails et que des figures religieuses aux poutrelles principales succèdent à des scènes comiques ou à des figurations de fabliaux ou sujets légendaires, alors parfaitement connus de tous. Et tout cela recouvert d'une couche de peinture protectrice, alignant des ensembles de couleurs variées, rassasiant l'œil de pittoresque gai, ainsi que d'art populaire, naïf et sincère.

Aujourd'hui on en peut encore juger. Bien que ces maisons portent quelques siècles sur leurs épaules et que le temps, les vers et les grattages aient attaqué les poutres sculptées, enlevé l'épiderme et souvent les sculptures et ciselures, bien que beaucoup des plus riches maisons soient devenue de pauvres demeures peu soignées, maisons de gros bourgeois du xve siècle devenues maisons d'artisans, l'ensemble est encore bon et dans quelques coins mieux conservés garde encore l'apparence d'autrefois.

Bien des rues sont restées intactes, telles qu'elles furent jadis, sans un changement, sans une maison de plus, sans démolition et sans adjonction de la moindre façade moderne insérée entre des murailles anciennes. Telle est surtout la rue aux Fèvres, une petite rue que l'on rencontre dans la grande rue de Pont-Mortain venant du chemin de fer, à son entrée dans la vieille ville.

La rue aux Fèvres, c'est un décor moyen âge à faire illusion, une rue étroite, des maisons étranges, ventrues, véritables cages de bois avec remplissages de maçonnerie, étages en surplomb sur des corbeaux entaillés, pignons de toutes les formes possibles avec lucarnes doubles ou simples, toutes petites ou énormes, juchées les unes par-dessus les autres sur les toits de tuiles d'un rouge passé semé de plaques mousseuses.

On est coloriste encore à Lisieux; toutes ces poutres sont peintes en marron ou en brun rouge, des gros poteaux aux petits croisillons de bois à dessins variés sous les fenêtres. Quelques lucarnes plus impor-

LISIEUX, ÉGLISE SAINT-JACQUES

ENTRÉE DE L'ABBAYE DE BEAUMONT LE ROGER

tantes, fort belles, surmontent çà et là les toits avec leur charpente moulurée en colonnettes, une areature sculptée soutenant le grand auvent et laissant voir comme

MAISONS, RUE DU PARADIS, A LISIEUX

poinçon au sommet, une grosse tête taillée à grands coups de ciseau en plein bois. La plus belle de toutes ces maisons, la plus richement habillée de sculptures, c'est la maison dite *manoir de la Salamandre*, la plus belle et la plus décorée de la ville, maison assez pauvre aujourd'hui, hélas! auberge il n'y a pas longtemps, maintenant fermée et à louer. Pauvre maison, si admirée par artistes et touristes, le modèle le plus complet d'un genre d'architecture abandonné, type d'une opulente maison de bois des premières années du XVIe siècle, copiée et reproduite scrupuleusement en ces derniers temps dans le resplendissime décor moderne que Trouville étale tout le long de sa plage. La copie est soignée, l'original est abandonné et négligé, les fenêtres du second étage ouvertes à la pluie et au vent.

C'est pourtant une véritable œuvre d'art du haut en bas, cette façade à deux étages irréguliers surmontés d'une forte lucarne; œuvre d'art depuis la porte, la vieille porte de menuiserie vermoulue et rongée, finement décorée de panneaux à ogives et encadrée d'une accolade fleuronnée, — œuvre d'art depuis les corbeaux qui soutiennent le premier étage, ornés de grosses têtes grimaçantes et de figures de gens et de bêtes, salamandres, chauves-souris, oiseaux bizarres, un fou à cheval sur un poisson, un lansquenet sur un des pieds-droits de la porte, jusqu'à la grande lucarne coupant l'auvent du toit.

Les deux étages, un grand et un petit, sont décorés de même avec des têtes grimaçantes, aux grosses poutres, des figurines appliquées et des poutrelles en colonnettes taillées en spirales ou écaillées.

On peut se figurer avec très peu d'imagination celui qui fit bâtir cette maison, l'échevin ou le gros bourgeois en chaperon et ample surcot, rentrant chez lui et frappant à la jolie porte et les cornettes de sa femme ou de sa fille encadrées entre les sculptures tortillées et fleuries d'une fenêtre.

Deux petites rivières, la Touque et l'Orbiquet, se rencontrent à Lisieux et traversent la ville, filant à travers les vieux quartiers, se glissant entre les maisons, baignant çà et là des jardins et des cours. L'Orbiquet traverse la rue aux Fèvres sous une vieille arche du moyen âge, serrée entre des pignons et disparaît dans l'intérieur de ce quartier si coloré.

La rue aux Fèvres se continue par d'autres rues non moins curieuses traversées de venelles étonnantes. Il est admirable en plein jour tout ce quartier, — la rue aux Fèvres surtout, — imprévu de lignes pour nos yeux modernes, déshabitués de ces architectures, amusant de détails, mais comme à la tombée de la nuit le tableau s'accentue, comme l'impression de recul en arrière se complète! Trois ou quatre siècles sont effacés soudain, des temps lointains surgissent et dans ce cadre, non pas monumental, mais intime, le passé ressuscite!

Il ne manque pas dans nos vieilles villes d'édifices anciens, hôtels de ville ou cathédrales, qui donnent ainsi par places, au clair de lune, l'illusion fantomatique des siècles disparus, mais ces monuments non habités ne sont que des silhouettes inanimées, les pierres vraiment vivantes, ce sont les pierres des maisons. Et les maisons, à côté de ces édifices, dans ce décor monumental, sont presque toujours trop modernes pour ne pas détruire l'effet de douce poésie. Ce qui est tout à fait rare, c'est le cadre intime du passé, un ensemble de rues aux logis d'autrefois restés intacts, qui en disent plus sur la vie de nos pères que bien des livres. Eh bien, on trouve tout cela ici, dans ce coin de Lisieux, la rue aux Fèvres et les rues avoisinantes ont bien ce caractère.

Arriver au crépuscule, sans être prévenu de rien, dans ce coin de la ville, à l'heure où l'obscurité tombante voile les blessures que le temps a pu faire à ces vieilles maisons, étend des glacis sur les hourdis écaillés des pans de bois et souligne par de fortes ombres le surplomb des étages et l'avancement des toits, c'est tomber dans l'illusion absolue du quinzième siècle, non pas d'un décor froid et vide, mais d'un quinzième siècle vivant et animé. Car toutes ces maisons vivent, car il y a des gens sur le pas des portes, des gens aux fenêtres, — à ces rangées de fenêtres séparées seulement par leurs montants, qui peu à peu s'éclairent et font de ces façades de grandes lanternes allumées, — des gens dans l'intérieur de ces petits cabarets dont les vitrages aux carreaux étroits s'allument sous les poutres du rez-de-chaussée...

UNE VIEILLE PORTE

Habitants successifs de la vieille rue, locataires qui depuis des centaines d'années vous êtes succédé, génération après génération, dans ces antiques logis, vous pouvez revenir, vous vous reconnaîtrez chez vous ; défilez, locataires du xve siècle, entrez, bonnes gens, poussez les portes ; il n'y a rien de changé, peut-être même, en furetant dans les chambres, retrouverez-vous, à la place même où vous l'avez connu, quelque vieux meuble où vous mettiez vos hardes, quelque vénérable coffre ou bahut utilisé par vos descendants et successeurs.

En tournant au bout de la rue aux Fèvres, on tombe dans la rue des Boucheries, une antique rue de commerce aux maisons plus serrées, aux pignons plus hauts, non moins remarquables, où les encorbellements sculptés, les vieilles portes se suivent et ne se ressemblent pas; puis viennent la rue aux Chars, la Grande-Rue et tout un réseau de petites voies d'apparence plus anciennes les

AU-DESSUS DU PORCHE LATÉRAL DE SAINT-PIERRE

unes que les autres, présentant toutes des maisons curieuses par séries, par blocs, des pignons où se voient toujours de grosses têtes, la bouche fendue par un large rire ou par une grimace, sculptées à chaque bout de poutre, des figurines, enseignes ou emblèmes appliquées ou taillées en plein bois, des ornements de tout style grimpant le long des poteaux corniers, des poutrelles ou colonnettes, des lucarnes de toute envergure à auvents sculptés.

Quel carrefour admirable dans la Grande-Rue, à la rencontre de la rue des Boucheries et de la petite rue du Paradis, qui conduit à un porche latéral de la cathédrale Saint-Pierre. C'est une immense maison de trois étages à deux pignons irréguliers, se croisant à angle droit, aux charpentes peintes en brun rouge, frettées de bois ici, d'ardoises là ; à droite sur la rue des Boucheries, à gauche sur la Grande-Rue, d'autres pignons succèdent, d'autres cages de bois ventrues, penchées en avant ou renversées en arrière, couvertes d'un triangle de tuiles.

Tournez le dos à cette grande maison, voici en face, sur la rue du Paradis, la

UNE COUR, PLACE HENNUYER

maison Planteflor, joli nom moyen âge de boutiquier moderne, une autre façade moins haute, plantée sur un soubassement de pierre, à côté du renflement circulaire d'une demi-tourelle d'escalier. Là un grand pignon dessine une large ogive, avec têtes sculptées aux poutres maîtresses et pans de bois aussi.

Le fond de cette rue du Paradis est fermé par le pignon du transept de la cathédrale, un très beau et très sévère morceau d'architecture présentant au-dessus de deux rangées d'arcatures aveugles une grande ogive inscrite entre deux gros contreforts s'effilant en clochetons, liés par une belle arcature ouverte, formant galerie tout en haut.

L'église est d'ailleurs fort belle. Deux grosses tours s'élèvent au-dessus du grand portail, deux tours remarquables, la tour de gauche du xiii° siècle très pur, avec toutes ses lignes ascendantes, avec d'immenses fenêtres en lancettes à l'étage supérieur. La tour de droite, refaite et alourdie au xvi° siècle, a eu cet étage supérieur coupé de lignes transversales, divisé en trois tranches à fenêtres cintrées, elle seule possède une flèche assez jolie. Il y a de jolis détails dans la façade, des petites roses à jour ou même en relief semées un peu partout entre les ogives, dans les petits gâbles des contreforts, ou en garniture autour de la grande fenêtre centrale. Dans l'église il y a des bas-reliefs, des dalles tumulaires, des stalles anciennes et enfin, au fond de l'abside, la chapelle — expiatoire si l'on veut — de l'évêque traitre, le Ganelon de Jeanne d'Arc, l'affreux Pierre Cauchon, qui eut l'évêché de Lisieux après celui de Beauvais.

Sur la grande place, devant la cathédrale, place Thiers, — encore un nom politique, sans aucun rapport avec l'église, la ville ou le quartier, — le vieux bâtiment de briques et pierres touchant à la tour de gauche, est l'ancien palais épiscopal bâti au xvii° siècle, qui fait bonne figure avec son pavillon central et son grand toit coupé de lucarnes de deux hauteurs. Il est maintenant Palais de justice et Musée.

L'autre église de Lisieux, Saint-Jacques, s'élève au bout de la fameuse rue aux Fèvres ; elle a cette particularité d'être une simple nef sans transept, une longue salle ouvrant en haut d'un fort perron, sous une haute tour dont la partie supérieure est assez bizarrement coiffée d'un gros cube ardoisé. Autour de l'église, contreforts et pinacles effrités, gargouilles ayant l'air de fumer dans d'immenses pipes qui sont de longues gouttières de zinc plantées dans leurs gueules, belle balustrade formée de quatre-feuilles avec la coquille de saint Jacques au centre.

Au hasard maintenant, par les rues commerçantes ou sommeillantes, dans d'étroites venelles à l'aspect misérable, près des petites rivières que l'on rencontre incessamment, s'enfonçant à travers les maisons en des trous noirs bordés de vieux murs ou parmi les arbres des jardinets accrochés çà et là. Partout l'œil est appelé par des morceaux de belle allure et fait des trouvailles de jolis détails, des façades d'un dessin particulier qui ne ressemblent pas aux voisines, des pignons aigus ou trapus en ogive lobée, des maisons entièrement plaquées d'ardoises, des lucarnes ou des pavillons de forme imprévue, des poitrails en saillie sculptés en têtes de crocodiles, des allées tortueuses se perdant à travers des cours aux bâtiments cahotants, partout on rencontre des choses curieuses, partout l'œil est réjoui et l'esprit intéressé.

A l'angle de la place Hennuyer aux maisons pittoresques, s'ouvre une charmante cour dépendant d'un ancien couvent aujourd'hui aux sœurs de la Miséricorde : c'est un coin aimable, tranquille et comme un asile de bonne vieille rentière. Sur un des côtés de cette cour bordée de pans de bois ardoisés, aux fenêtres fleuries, se dresse une sorte de petit donjon qui est un reste de bâtiment abbatial du XIVe siècle.

TANNERIES, A LISIEUX

Autour du marché aux chevaux, rue du Bouteillier, rue de la Petite-Couture, toujours des pignons et des cages en poutrelles assemblées et sculptées, des perspectives assez sombres quelquefois sur des intérieurs délabrés et à côté des perspectives plus riantes sur les petites rivières près des tanneries, cages ouvertes ici, encadrées de verdure, avec des hangars sur l'eau, des escaliers, des passerelles et tout le pittoresque de la profession s'ajoutant au pittoresque de la situation...

Que de coins curieux doivent recéler encore les grands pâtés d'antiques maisons, ces agglomérations de bâtiments enchevêtrés dont les toits se profilent en un si beau désordre les uns par-dessus les autres. S'il était possible de fouiller tout cela rue par rue, cour par cour, que de trouvailles sans doute, de jolies choses ensevelies sous la poussière paisible amassée par les siècles, sous le mépris souvent, sans un regard de personne et qui doivent forcément rester inconnues au simple passant et qui disparaîtront un jour sous un coup de pioche brutal, ignorées toujours...

CLOCHER DE CREPON, PRÈS BAYEUX

LA LIEUTENANCE A HONFLEUR

BEAUMONT-LE-ROGER

XXII

BERNAY

RAVALEMENT GÉNÉRAL
L'ÉGLISE DE LA COUTURE. — LE DONJON INVISIBLE DE CONCHES
DANS LES RUINES DE BEAUMONT-LE-ROGER

Encore une ville qui eut et qui n'a plus, c'est-à-dire qui fut, au point de vue de l'art, quelque chose et qui est bien près de n'être plus rien qu'une ville quelconque et banalisée, sans caractère particulier, pouvant être placée indifféremment en Normandie ou en Champagne, au sud comme au nord.

Bernay est tout près de Lisieux, ce si remarquable type de ville normande en bois. On se souvient de vues anciennes et l'on croit pouvoir compter encore sur une bonne petite ville à la mode d'autrefois, sur un ensemble pittoresque de vieux et intéressants édifices. Bernay eut tout cela, il eut, il n'y a pas bien longtemps encore, une très belle Grande-Rue avec des maisons de bois comme à Lisieux, plus cahotantes peut-être, encore moins régulières, des façades ventrues, des pignons surplombant avec un lacis de poutrelles entre-croisées de toutes les façons, et enfin, ce qui lui donnait à cette bonne vieille Grande-Rue, un aspect tout à fait particulier, toute une série de maisons de bois à porches, portées sur des colonnes de bois ou de pierre formant une galerie sous laquelle on circulait.

Aujourd'hui, tout cela manque, tout a vécu ; les maisons à porche ont été démolies, les façades si intéressantes à poutres sculptées ont disparu ou disparaissent une à une, raclées par des ravalements ridicules, chaque maison s'empressant de se déshabiller de sa belle parure gothique ou Renaissance pour se faire aussi banale que sa voisine, se hâtant de supprimer ses fenêtres doubles ou triples séparées par des poutrelles ornementées, pour les remplacer par des ouvertures espacées régulièrement.

Les vieilles maisons cependant sont toujours là ; les aïeux les ayant faites solides, on ne les a point jetées à terre, sauf les façades à porche, qui furent sans doute atteintes par l'*alignement*, loi suprême, règlement inéluctable, la plus énorme et la plus malfaisante erreur moderne, qui établit la guillotine permanente et sans recours pour façades pittoresques, édifices, portes de ville, et autres belles choses échappant à la compréhension de la majorité des cerveaux de conseillers municipaux.

Les maisons sont toujours là, mais on les a déguisées, masquées et plâtrées ; il n'y a rien de changé, il n'y a que des murs bêtes à la place des murs curieux et intéressants. On ne retrouve plus rien des belles façades connues et signalées ; où est la jolie maison à porche Renaissance reproduite dans l'ouvrage de M. de Caumont ? Sous cette devanture ratissée et plâtrée qui vous crève les yeux. Allez admirer là-bas, au coin de la rue, la maison du pharmacien. Ces belles vitrines toutes neuves et si reluisantes ont fait disparaître récemment une vieille façade sculptée qu'on ne pouvait voir sans rougir dans une ville d'un goût aussi épuré !

L'église Sainte-Croix est au bout de cette Grande-Rue rhabillée à la moderne, sa grosse tour du XV° siècle s'élevant au-dessus des toits gondolés avec ses grandes fenêtres aux ornements touffus, le tortillement flamboyant des nervures de pierre, ses gros contreforts et le petit campanile qui la surmonte, complétaient bien l'ensemble aujourd'hui dénaturé. A l'intérieur il y a quelques pierres tombales curieuses provenant avec quelques autres choses de l'abbaye supprimée du Bec-Hellouin.

Laissons la pauvre Grande-Rue, — ou rue Thiers — banalisée et quelconque et cherchons ailleurs. Voici dans un coin, rue Auguste le Prévost, — jadis rue de l'Humanité, ainsi que le constate une vieille inscription du temps de la Révolution — une jolie porte restée intacte et soignée, surmontée d'une accolade surhaussée, avec crochets de feuillage.

Bernay possédait aussi une abbaye célèbre qui fut saccagée au XVIe siècle par les protestants, incendiée en même temps que l'église Sainte-Croix et reconstruite pour les Bénédictins au XVIIe siècle. Les grands bâtiments abbatiaux, quelques-uns assez jolis, de pierres et briques disposées en damier, servent actuellement d'hôtel de ville, de sous-préfecture, de tribunal, de prison, etc... Des vestiges de l'abbaye primitive se voient çà et là, restes de l'église transformés en marché, vieille voûte ogivale effritée devenue porte de prison, grosses fenêtres ogivales bouchées et raccommodées tant bien que mal.

Il y a une autre église dans un faubourg riant ou plutôt dans un coin de campagne sur le côté d'un joli vallon plein d'arbres parmi lesquels apparaissent des toits de chaume et des fermes. Suivez le joli chemin, longez un ruisselet à demi couvert par la verdure, voici un cimetière en pente, un vaste cimetière de campagne où les tombes ont de l'espace. A mi-côte, au centre d'un tapis vert, s'élève l'église Notre-Dame de la Couture, un bel édifice de style flamboyant qui développe de belles lignes sur la pente du terrain et dresse à côté d'un portail flanqué d'un contrefort clocheton, une grosse tour massive sans ornements aucuns, mais terminée par une très amusante flèche de charpente recouverte d'ardoises, composée d'abord d'un étage carré ouvert pour les abat-sons, avec jolis balcons en tourelles au centre de chaque face, et ensuite de la flèche proprement dite, octogonale avec une tourelle pointant son petit clocheton sur chaque angle.

A peu de distance de Bernay se trouvent deux autres endroits d'antique notoriété, Beaumont-le-Roger et Conches, deux anciennes petites villes, l'une serrée contre les tours d'un castel, et l'autre au pied d'une grande abbaye, petites cités qui ont joué leur petit bout de rôle jadis et qui sont aujourd'hui deux gros bourgs étalés autour de leurs ruines.

Commençons par la ville de Conches d'abord, quoiqu'elle soit la plus éloignée. Situation admirable sur un joli coteau couvert de grands arbres majestueux, belle apparence donnant grand espoir au voyageur en poursuite de pittoresque, mais, hélas! il ne lui faut pas longtemps pour s'apercevoir que les promesses ne seront pas tenues et pour constater amèrement qu'il en retard de quarante ans sur la ville de Conches.

Il y avait quelque chose autrefois, il n'y a plus rien aujourd'hui.

A part deux ou trois façades de bois insignifiantes quand on a vu Lisieux, les maisons de la grande et unique rue remises à la mode du jour ont perdu toute trace de vieillerie intéressante. Il y avait un castel, un château normand du xıe siècle, il y est encore, mais c'est absolument comme s'il n'y était pas, car il a été

PORTE RUE AUGUSTE LE PRÉVOST, A BERNAY

entouré d'arbres serrés et touffus qui forment quinconce au pied des tours et il a été enveloppé de lierre aussi complètement que possible, de sorte qu'il est absolument impossible de l'apercevoir. Vous pouvez toucher le donjon de Conches, mais le voir, non pas.

C'est derrière l'hôtel de ville qu'est située cette invisible ruine, ainsi embellie et devenue pièce principale d'un jardin public. Le square, toujours le terrible square! Suivez les petits sentiers qui pénètrent dans ce bosquet, passez par des trous verts, suivez des corridors d'arbustes et essayez de découvrir quelque chose des cinq ou six tours éventrées et du gros donjon cylindrique, avant d'être tout à fait dedans ou dessus.

C'est très beau la verdure et les arbres et nous devons vénérer les beaux ormes et les grands

ÉGLISE NOTRE-DAME DE LA COUTURE, A BERNAY

vieux chênes, mais que ne dirait-on pas du particulier qui bâtirait un haut écran de muraille autour d'un beau groupe d'arbres, de façon à le mettre dans une boîte? ce ne serait pourtant que juste aussi ridicule que de planter un rideau d'arbres autour d'un donjon ruiné, de façon à le cacher entièrement.

Il ne reste de visible à Conches que son église Sainte-Foy, intéressant édifice du xve siècle, en belle situation au-dessus de la côte et possédant de beaux vitraux du xvie siècle.

Beaumont-le-Roger est tout autre chose et ne trahit pas les promesses qu'il fait dès la descente du chemin de fer.

C'est un paysage charmant, de belles prairies semées de bouquets d'arbres, des fermes, une vieille église d'un faubourg de Beaumont devenue une ruine, transformée en grange, puis de l'eau, une petite rivière agréable, et pour fond d'assez hautes collines portant sur leurs premiers escarpements la petite ville, avec son église et les imposantes ruines de l'Abbaye.

Plus près cela devient tout à coup quelque chose de superbe et de grandiose, avec des premiers plans comme on peut en rêver quelquefois, mais comme on en trouve rarement. Vieilles maisons, grands arbres et grandes ruines se sont réunis en belles masses; là-haut, sur la colline, de grandes arcatures ogivales, ruines d'un des côtés de l'église abbatiale, se dressent et se découpent toutes blanches sur le fond boisé et rocailleux; sous ces arcs ébréchés, d'énormes murailles, de longues terrasses couvertes d'arbres, de pommiers et de décombres, suivent le flanc de la montagne soutenus par de gros contreforts entre lesquels se tassent des bâtisses; en avant de vieilles maisons de toutes formes, jetées dans un beau désordre, pignons, pavillons carrés, cours de fermes, grands appentis à toits de tuiles, et pour premiers plans l'eau courante et l'eau dormante, l'eau verte avec des reflets de ciel et l'eau rousse, l'eau qui coule et qui jase, la petite rivière la Risle, qui file dans les herbages et passe sous un beau vieux pont de pierres moussues et l'eau qui dort sous les plaques jaunes, sous les grandes feuilles d'eau, dans des retenues encadrées de saules, sous les grands arbres qui bruissent en se balançant à la brise de la vallée.

C'est merveilleux au soleil couchant, lorsque l'ombre a couvert le bas de la vallée, et que là-haut les arcades ruinées apparaissent encore dorées par le soleil, et c'est délicieux aussi au soleil levant, les ruines blanches éclairées doucement au-dessus de la vallée qui s'éveille, dans la fraîcheur de l'aube et dans le fin brouillard transparent qui dessine à travers la plaine le cours de la rivière.

La ville, c'est une rue de petit bourg tranquille, des maisons anciennes et des jardins; puis sur une grande place, une église bâtie très pittoresquement sur la pente de la colline, une belle tour flamboyante en haut de laquelle se trouve sous le toit un bonhomme de bois frappant l'heure. Il y a dans l'église des dalles tumulaires redressées d'un très remarquable dessin; l'une d'elles surtout, appliquée au mur d'une chapelle, la dalle funéraire d'un abbé dont l'image a été peinte et dorée de nos jours, est d'un effet très singulier.

L'abbaye de la Sainte-Trinité est plus loin au bout de la Grande-Rue sur la route conduisant à Beaumontel ; quelques pas encore, et voici quel admirable tableau se découvre tout à coup :

Sur la rue même, le pied des colossales murailles supportant les terrasses sur lesquelles s'élevaient les bâtiments abbatiaux et l'église, c'est-à-dire des contreforts énormes butant la muraille, portant, au lieu de pinacles de pierre, des pinacles de feuilles échevelées, des bouquets de broussailles et des frondaisons d'arbres. Ces contreforts enserrent des maisons plaquées aux murailles, maisons campagnardes à pans de bois de plusieurs étages surplombants, avec tous leurs X, toutes les croix de Saint-André apparentes et des fleurs grimpantes, des jardins en pots suspendus aux fenêtres, puis des appentis sous les ogives, un atelier de maréchal ferrant devant lequel s'arrêtent les charrettes et les grandes voitures des meuniers établis dans la vallée sur la Risle, tout un ensemble du plus étonnant pittoresque.

ENTRÉE DE L'ABBAYE
A BEAUMONT-LE-ROGER

En avant, repoussoir à la ligne très gaie des maisons blanches encastrées dans les contreforts jaunes, la sombre entrée de l'abbaye, un porche surbaissé ouvert dans un angle derrière un contrefort sous de noires cascades de lierre ; le chemin monte sur des cailloux glissants, c'est comme un bas côté d'église ruinée, voûté avec les feuilles des arbres et le bleu du ciel maintenant, un étroit couloir éclairé par les roses et les ogives des fenêtres ouvertes entre les contreforts au-dessus des maisons de la route.

Cette entrée dans les ruines est vraiment majestueuse ; en haut de la pente les terrasses s'élargissent au-dessus de la vallée, avec leurs tas de décombres envahis par la végétation, les quelques maisons construites avec et parmi les débris, et par-dessus le tout, au milieu des arbres, les ruines de l'église, le portail et les grands arcs du seul côté restant.

Ce petit bourg de Beaumont-le-Roger à la mine agreste, déjà si pittoresque dans sa belle vallée, avec ses bords de rivières, avec ses amusantes maisonnettes nichées dans les ruines, abritées sous la majesté du passé écroulé, est vraiment une des plus jolies choses de Normandie, un de ces sites d'une puissante originalité qui restent dessinés dans le souvenir quand on les a vus une fois.

ÉGLISE DE CRIQUEBŒUF

XXIII

HONFLEUR

DE DIVES A LA COTE DE GRACE. — CRIQUEBŒUF. — LES MAISONS ARDOISÉES
L'ÉGLISE SAINTE-CATHERINE ET SON CLOCHER.

De l'embouchure de l'Orne à l'embouchure de la Seine, c'est la côte d'azur normande, le rivage de féerie où les flots glauques de la Manche sont bordés d'une ligne ininterrompue de villas et villages balnéaires, décor immense de la grande pièce d'été qui se joue pendant quatre mois chaque année, défilé de fantaisistes architectures assises sur le sable des plages, serrées dans les valleuses et

CHATEAU DE TANCARVILLE

anfractuosités, sous les grands arbres des parcs, ou perchées sur les falaises crayeuses.

C'est d'abord devant les sables de Cabourg, Dives, petite ville très ancienne, ancien port d'où fit voile pour l'Angleterre la plus grosse partie de la flotte de Guillaume, ce que rappelle une colonne élevée sur la colline. De sa prospérité des temps lointains, en train de lui revenir un peu par les bains de mers, il lui reste une belle église gothique qui a un petit air

MAISONS SUR LE PORT, A HONFLEUR

anglais avec sa tour trapue, un certain nombre de maisons anciennes parmi lesquelles *l'hostellerie de Guillaume le Conquérant*, façade de pierres en damier et jolie cour très curieuse où il ne manque que des arrivées de diligences pour faire un tableau fort pittoresque.

Après le vieux, le moderne à outrance, Houlgate, Beuzeval, Villers, villages d'hier, villes aujourd'hui, où les architectures les plus étranges et les plus somptueusement contournées, hérissées, tortillées et tarabiscotées sortent tous les jours de terre. On s'aperçoit qu'on est encore bien près de Caen aux encorbellements imités de ceux des tours d'escaliers caennaises.

Frais vallons où les arbres moutonnent très serrés, éboulements de falaises, échappées sur la mer, fermes sous les pommiers, puis la vallée de la Touque aux larges horizons, et Trouville, l'étonnant Trouville, se développant au long de la fourmillante plage, entre la jetée de bois du port et la jetée-promenade en construction, — le très hardi pont de fer pointant sur les vagues, — un kilomètre de villas plus stupéfiantes les unes que les autres, non plus la banale villa-chalet des temps primitifs, du commencement de l'époque balnéaire, mais des outrances d'architecture, une explosion de fantaisie, de féeriques agencements de tous les styles, parmi lesquels cependant commencent à prédominer les reconstitutions ou les adaptations anciennes, le vieux manoir normand renaissant tout étonné, tout rajeuni, agencé et accommodé aux besoins modernes, et les copies de vieilles maisons connues.

Suivre la côte à pied de Trouville à Honfleur en haut des falaises est un ravissement. C'est d'abord un parc interminable, des ombrages magnifiques mais un peu trop civilisés, semés de castels et de villas, ou découpés par tranches pour les villas et castels à venir, car chaque saison en voit une poussée nouvelle. L'époque fabuleuse de la côte sauvage et du Trouville village de pêcheurs, d'avant la découverte par Isabey et les paysagistes, est bien loin, c'est de la préhistoire, cela s'enfonce profondément dans la nuit des temps. Sur ce rivage, dix années forment une période et suffisent pour bouleverser un coin de nature, pour y faire pousser une ville avec grands magasins, hôtels, églises, temples, ou pour apporter de profondes modifications à une ville déjà poussée, tout comme dans une petite Amérique, le Far-West de la France enfin, mais un Far-West de fantaisie, de luxe et de high-life.

De villa en villa, de terrain à bâtir en terrain à bâtir, on arrive à Villerville, ex-village de pêche juché sur l'extrême bord de sa falaise, avec ses bateaux échoués en dessous, son casino sur pilotis et ses baigneurs, avec ses roches et ses moulières. Puis reparaissent les pommiers de la vraie campagne, les fermes, les prairies, les vallons boisés et le site bien connu de Criquebœuf, si souvent aquarellé ou croqué, un très joli coin d'ailleurs, avec le charme des arbres, des eaux et des vieilles pierres et pour horizon la ligne verdâtre de la mer.

Au bord d'un étang couvert de grandes plaques jaunes, sur la bosse d'un monticule herbeux et broussailleux, s'élève quelque chose ayant vaguement encore la forme d'une église pourvue de son clocher, un édifice vert complètement garni de lierre jusqu'en haut, enveloppé, couvert et recouvert, sans interstices, sans autre ouverture qu'un trou sombre qui correspond à une fenêtre. Derrière cette église de lierre drapant une église de pierre, la baie de la Seine s'ouvre tout entière, devant les falaises du Havre, piquée de petites voiles blanches et traversée par de grands vapeurs déroulant dans le ciel de longs sillages de fumée.

Et la côte de Grâce continue à se développer toujours sous les pommiers et les grand arbres, avec des apparitions de chaumes et de fermes en pans de bois, avec des tournants délicieux, des dévalements de côte, des trouées sur la mer par-dessus les falaises, et l'on descend enfin dans Honfleur par des rues pittoresques de vieille ville.

Honfleur, c'est un repli charmant de la côte, sur la baie, à la fois fin de la Seine et commencement de la mer, frais paysage et vieille ville, Autrefois devant Aujourd'hui et Demain, devant le Havre tout neuf et tout blanc là-bas. — Ce sont des bateaux et des bassins encadrés dans un superbe moutonnement de verdure, un entassement de vieilles maisons et un fourmillement de matelots au pied d'une côte admirable, des voiles de pêcheurs qui frissonnent, des tubes de steamers qui soufflent de la fumée, des poulies qui crient, la vague qui clapote au bout des longues jetées, une odeur de poisson qui monte...

Par les rues dégringolantes on est bientôt au milieu de la vieille ville et au centre de ce mouvement, devant le vieux bassin à flot tracé sous Louis XIV par Duquesne, devant l'avant-port et les jetées. Ce point central du vieil Honfleur a un aspect très caractéristique; les bassins modernes avec leurs vastitudes, leurs grands steamers et tout leur attirail sont plus loin : ici c'est le port ancien entouré de hautes et vieilles maisons pressées, qui ont vu la vieille marine, les navires de jadis à hautes carènes et poupes si curieusement décorées.

Il y a tout un groupe de ces maisons aux étages fortement encorbellés portés sur d'énormes poutres au-dessus de petits rez-de-chaussée bas, boutiques ou cabarets de matelots, éclairés par de petits carreaux, des façades noires montant tout d'une pièce, du premier au toit, entièrement carapacées d'ardoises.

Il y a devant ces maisons, à l'entrée du vieux bassin, un édifice bizarre, la Lieutenance, un pâté de bâtiments écornés et entaillés, qui sont en partie des restes d'ancienne enceinte, en avant desquels s'ouvre une vieille porte de ville, souvenir du XVIe siècle, flanquée de deux échauguettes sous un grand comble ardoisé.

En remontant derrière ces maisons frettées d'ardoises, se trouve la place Sainte-Catherine, pittoresque également, avec des débouchés de rues curieuses où çà et là se rencontrent des maisons intéressantes. L'église Sainte-Catherine, qui a donné son nom à la place, n'est pas banale, c'est même une des plus étonnantes qui se puissent voir, pour différentes particularités.

D'abord, c'est une église en pans de bois, tout nouvellement restaurée en briques, bâtie à la fin du XVe siècle, dans le style ogival flamboyant, et pourvue au commencement de notre siècle d'un portail grec à colonnes doriques et fronton.

Ensuite elle est séparée de son clocher par une rue, ou plutôt par une petite place. Ce clocher, très amusant de lignes, est une tour en bois avec flèche entièrement ardoisée, posée sur un large soubassement à pans de bois formant une espèce de maison, avec grande porte au linteau en accolade quelque peu sculptée.

Le rez-de-chaussée de la tour est habité, c'est la maison du sonneur qui en occupe une partie, le reste étant en magasin. Ce qui achève de donner une apparence hétéroclite à cet original clocher si pittoresque déjà dans son entourage de vieux toits, ce sont de grandes poutres qui l'étayent sur chaque face, des béquilles partant du toit de la maison et recouvertes d'ardoises comme la tour.

Derrière son portique grec, l'église Sainte-Catherine est vraiment remarquable, bien entendu toute question de pureté de style à part ; c'est un intérieur d'église original et saisissant, ce grand vaisseau de bois du XVᵉ siècle, aux voûtes de bois soutenues par des piliers de chêne, cette vieille église des glorieux marins du vieil Honfleur, qui semble une carène de navire renversée, quelque chose comme un de leurs vieux navires revenus des courses aventureuses autour de l'Afrique et de l'Amérique, dans les mers océanes inconnues, retourné sens dessus dessous et amarré définitivement sur le quai.

Cette grande nef très colorée est bien intéressante de lignes et de détails, avec de belles ombres sous les bas côtés étroits comme une simple allée, et de jolis éclats de lumière qui viennent piquer des touches chaudes çà et là, accrocher des saillies et mettre en valeur des curiosités comme la grande tribune du fond sous les orgues, dont les panneaux sculptés présentent une suite de figures allégoriques ou mythologiques, déesses ou faunes, que la Renaissance, avec son sans-gêne artiste ne craignait pas d'égarer dans les églises chrétiennes.

La rue la plus curieuse de Honfleur, tout près de l'église Sainte-Catherine, est la rue Gambetta, un nom moderne qui va étrangement à l'aspect moyen âge de l'étroite et tortueuse rue, à côté d'autres noms antiques, comme rue de l'Homme de bois, ou rue Brûlée tout à côté. Cette rue Gambetta va parallèlement à la mer, de la Lieutenance près de la jetée au phare de l'Hôpital planté au-dessus d'un vieil hospice, sur une pointe saillante de la côte de Grâce. A travers les maisons curieuses, on distingue des cours encombrées de cahotantes constructions et des ruelles, corridors étranges, et des coins de mer s'encadrant dans des trous de vieilles murailles.

De l'autre côté du bassin de l'Ouest, une ancienne église, Saint-Etienne, est transformée en magasins ; peu de pittoresque par là, de grandes maisons et des magasins, tout à la marine et au commerce, et des rues neuves et une belle avenue, mais tout l'ensemble est dominé par de belles collines boisées sur lesquelles montent dans l'air vermeil les fumées de la ville.

Tout au pied de la côte se trouve une vieille église, Saint-Léonard, un pignon gothique du XVIe siècle, surmonté vers le XVIIIe d'une tour très quelconque remplaçant le clocher détruit au temps calamiteux des guerres de religion, qui valurent à Honfleur plusieurs secousses intérieures et plusieurs sièges et qui le firent plusieurs fois flamber en un immense brasier, allumant de rue en rue les pauvres maisons de bois. L'histoire rapporte que les habitants catho-

LE CLOCHER DE SAINTE-CATHERINE, A HONFLEUR

liques du faubourg Saint-Léonard défendirent leur église contre les calvinistes et subirent un véritable siège dans leur clocher.

Sous les ombrages charmants de la côte de Grâce, en haut de la magnifique colline qui regarde le Havre, s'abrite la célèbre chapelle Notre-Dame de Grâce, une des plus anciennes de ces chapelles de marins dressées sur les falaises, signal d'espérance et point de repère pour la coquille de noix ballottée par les vagues, cruelles mangeuses de matelots. Celle-ci élevée au xviie siècle en remplacement d'une plus ancienne, est d'une bonne petite architecture naïve qui cadre bien avec l'accumulation d'ex-votos de l'intérieur, les petits navires suspendus aux voûtes par la foi touchante des matelots échappés aux tempêtes, les inscriptions relatant les dangers courus dans les mers proches ou lointaines, les tableaux naïvement coloriés.

Quelle colline admirable que ce cap dominant l'embouchure de la grande rivière française, la fin de la Seine dans le large estuaire sillonné de navires et de barques de pêche, limité à l'horizon par la longue ligne de falaises verdoyantes aux belles cassures blanches, remontant de ressaut en ressaut, de valleuse en valleuse jusque vers les tours orgueilleuses du féodal château de Tancarville, avec le cap de la Hève en face et l'étalement prodigieux de la ville du Havre presque jusqu'au clocher d'Harfleur, sous les jolis coteaux bleuâtres.

Le malheur pour Honfleur, c'est que la Seine apporte toutes ses vases de son côté, sans cela, au pied de la colline, dans les anfractuosités, quelles jolies petites plages ombragées sous les éboulements boisés.

Je me souviens de la première fois que j'ai contemplé ce magnifique paysage, de l'enivrement éprouvé devant cet immense horizon de mer, contemplé par un jour de grand soleil. Des tables et des bancs de bois éparpillés sous les pommiers aux troncs tordus, des saladiers de crevettes, des pichets de cidre qu'on allait tirer au grand tonneau monté en plein air, un vrai coin de Normandie, avec la mer étincelant au fond. Il y a bien un peu plus de villas et de jardins peignés qu'en ce temps-là, mais c'est toujours à peu près le même décor et la même fraîcheur sous les arbres de la toute gracieuse côte de Grâce.

C'était un jour de Fête-Dieu, une journée magnifique ; au matin avait eu lieu la procession sur les quais devant les navires et les barques pavoisées ; de reposoir en reposoir la procession, suivie par tous les matelots, avait gagné la longue jetée au bout de laquelle, presque en mer, au-dessus de belles vagues d'un vert bleuâtre reflétant l'azur du ciel, s'élevait un dernier reposoir. Ce fut vraiment superbe, les bannières flottant à la brise, les chants psalmodiés au bruit de la vague, et cette bénédiction aussi donnée à la pointe de la jetée, à la mer et à la ville, à la belle colline de Grâce, à toutes ces bonnes et rudes figures cuites et tannées des marins.

POITRAIL DE MAISON DU XV° SIÈCLE, A HONFLEUR

XXIV

LE HAVRE

COMMENCEMENT DE L'AMÉRIQUE. — XI° ET XX° SÈCLE. — GRAVILLE
SAINT-HONORINE. — HARFLEUR. — LE CHATEAU DE TANCARVILLE. — LILLEBONNE

Des navires partant pour les Amériques par une marée du matin, quand la douceur de vivre monte de la terre et tombe du ciel avec les premiers rayons du soleil ; de grands voiliers gonflant successivement toutes leurs voiles, avec les matelots dans les vergues, cinglant majestueusement hors des jetées, à la fois dans le ciel d'un gris fin et sur la mer glauque où la ligne d'horizon se distingue à peine...

Un gros Transatlantique quittant les bassins, un énorme monument flottant, mastodonte compliqué à démarche lente et lourde dans le port, roulant vers la passe à travers yachts minuscules et barques de pêche que son passage fait danser, tous les passagers penchés aux bordages, grimpés sur les passerelles, des centaines de tête, des centaines de bras agités ; la foule courant sur les quais pour gagner le phare, du monde au sémaphore, des gens tassés au bout de la grande jetée, des hourras, des adieux échangés avec le mastodonte qui maintenant prend une autre allure et sent le large. Puis le coup de canon d'adieu du Transatlantique et le monstre soufflant, fumant, sifflant, lancé à toute vitesse, laboure les grandes vagues, emportant sur son dos un millier de vies...

Des bassins et des bassins, aux quais noirs de charbon, avec le Transatlantique que l'on visite, ou quelquefois le navire qui a eu des malheurs en mer que l'on regarde curieusement, les grands Chargeurs, gargantuas énormes à ventre ouvert, engouffrant des caisses et des caisses que des grues à vapeur lancent incessamment dans leur cale, d'autres navires en déchargement, jetant sur les quais, empilant sous des hangars, des caisses et des ballots sur lesquels des noms de villes de bien loin par delà les mers, évoquent de vagues paysages exotiques habités par des gens de toutes les couleurs.

De l'exotisme partout, d'ailleurs, dans cette ville où le bon Bernardin de Saint-Pierre, en bronze à l'entrée du port, semble attendre l'arrivée de Virginie ; des matelots de tous les pays, sollicités en toutes langues par les cabarets et restaurants des quais, des marchands de singes et de perroquets et même toute une population de perroquets de toutes tailles, bleus ou verts, jaunes ou rouges, jacassant sur leurs perchoirs devant les portes de ces cabarets et restaurants maritimes ; des gens de toutes les races parlant tous les idiomes, ici des Hindous accroupis en cercle sur les dalles et mangeant leur riz au milieu du va-et-vient maritime, là, un soldat de marine russe en grande capote, la baïonnette au fusil, montant la garde sur le quai devant une frégate de la marine du czar.

De grandes rues neuves, d'immenses boulevards poussant et croissant avec rapidité, dévorant les faubourgs, gagnant la campagne, d'interminables lignes de colossales maisons, d'édifices tout battant neufs, de luxueux magasins, des banques, des comptoirs et des offices, des foules affairées, et se dégageant de tout cela, — de ce développement vertigineux, de ce mouvement, — de ces foules et de ces maisons d'apparences également internationales, — une sensation très intense de la vie, non pas d'aujourd'hui, mais de la vie de demain.

Les gens du Havre, ce sont déjà nos descendants. L'Amérique telle que nous la voyons, sans la connaître, commence ici; on est tout étonné de ne pas apercevoir sur les plaques municipales les mots trente-cinquième rue, sixième avenue. Le décor et les personnages, ces immenses et luxueuses bâtisses, ces gens affairés ne sont pas nos contemporains, ce sont des gens et des maisons du vingtième siècle, un peu en avance, et voilà tout.

Tel apparaît le Havre toujours grandissant, ayant, chaque fois qu'on le voit, ajouté de nouveaux boulevards à ses boulevards, de nouvelles rues à ses rues, des quartiers neufs à ses quartiers neufs. Cette marée de pierres et de briques gagne Graville-Sainte-Honorine, grimpe sur les coteaux d'Ingouville aux larges horizons, pénètre dans le vallon de Sanvic et escalade les falaises de Sainte-Adresse.

Dans cette cité tournée vers l'Avenir, ce ne sont pas les souvenirs du passé qu'il faut chercher, ils font défaut complètement ou à peu près. Depuis que les nécessités de la navigation ont fait démolir la majestueuse tour de François Ier, père du Havre, ce dernier reste de la ville du roi chevalier, qui faisait une si noble entrée de port, il ne se trouve plus rien que de complètement battant neuf ou de relativement moderne dans la ville riche et prospère, sauf l'église Notre-Dame, gothico-renaissance à l'intérieur avec un portail gréco-romain.

Il faut gagner le faubourg de Graville-Sainte-Honorine en passant par les belles perspectives du bassin du Commerce et par une série de boulevards neufs aux

COUR DE LA MAISON HENRI IV A SAINT VALERY EN CAUX

opulentes architectures pour trouver, après des kilomètres de rues américaines, commencement de New-York, la vieille France finissant ici au-dessus du grand débouché de la Seine, à l'ancienne abbaye de Sainte-Honorine.

En forte position sur une hauteur dominant un bel horizon, se dresse un ensemble de bâtiments étagés, un grand bâtiment butté de solides contreforts d'abord,

L'ABBAYE DE GRAVILLE-SAINTE-HONORINE

puis une terrasse et de hautes murailles quelque peu ruinées, sur lesquelles se hérissent des paquets de broussailles, et tout en haut de la pente, au-dessus des cyprès d'un cimetière, l'église romane, dont le portail percé d'ouvertures ogivales s'ouvre au pied d'une grosse tour romane en ruines, découronnée et béante. On arrive à ces vieilles pierres et à ce sombre portail, par un grand escalier montant sous la noire végétation du vieux cimetière, qui cache presque cette entrée de l'église et lui donne un caractère solennel et mélancolique.

La nef se prolonge au-dessus de vieilles cours austères et dresse sur les transepts une tour romane à flèche ardoisée. L'intérieur, d'aspect vénérable, aux arcades décorées de zigzags, est célèbre pour ses chapiteaux cubiques d'un travail barbare représentant des scènes de chasse, des têtes bizarres, des poissons, des animaux, des cavaliers normands combattant ; une croix de pierre du xɪɪɪ^e siècle, aux sculptures presque dévorées par la mousse, s'élève dans le cimetière en un coin poétique, derrière la grosse tour ruinée.

La route qui passe au pied de l'abbaye de Graville conduit à Harfleur à quelques kilomètres.

Le vieil Harfleur, qui fut port important au moyen âge, enlisé peu à peu par les dépôts de la Seine et étouffé par le Havre, est maintenant une petite ville silencieuse, retirée des affaires, qui se chauffe au soleil dans un vallon abrité entre deux collines. Ce que n'ont pu faire les Anglais pendant la guerre de Cent ans, avec leurs canons et leurs bombardes, avec leurs déportations en masse des habitants, le sable l'a fait.

Quelques petites maisons anciennes dans les rues tristes et l'église Saint-Martin, voilà tout ce qui est à voir ; la belle tour ogivale à fenêtres flamboyantes et à haute pyramide de pierre fait surtout bien de loin, pointant au-dessus des toits parmi la verdure des collines.

La rivière d'Harfleur, la Lezarde, descend par une étroite vallée de la petite ville de Montivilliers, jolie et pittoresque, possèdent des restes d'abbaye, des restes de tours et de remparts çà et là, et, fondation pieuse d'un seigneur de Montivilliers, après la mort accidentelle d'une fille unique, un cloître-cimetière du xvɪ^e siècle ayant conservé une partie de ses galeries en pans de bois et une pyramide de pierre sculptée surmontée d'une croix.

D'Harfleur aux tours du vieux château de Tancarville, debout sur leur piédestal de falaise, il y a quelques lieues de magnifiques paysages se déroulant le long du vaste estuaire de la Seine. C'est de la grande nature, une superbe promenade qui se fait dans les solitudes silencieuses, sur le terrain d'alluvions apportées par la Seine et définitivement conquises sur la mer, au pied d'une ligne de falaises splendides.

Cette immense étendue de terrains aujourd'hui couverts de végétation, traversés par le canal maritime de Tancarville, coupés de marais où se voient seulement quelques huttes pour la chasse aux canards sauvages et des baraques, rendez-vous de chasseurs ou cantines d'ouvriers du canal, était il y a peu encore couverte par les eaux. La mer venait à chaque marée battre les falaises à la base aujourd'hui couverte de broussailles. Un vieux douanier retraité me montre encore, au débouché d'une petite vallée, sa cabane et la place où il attachait sa barque, une petite cale sous une pointe de roc aujourd'hui séparée de la mer par quatre kilomètres de terre.

Les falaises de l'ancien rivage se suivent tantôt en hautes murailles blanches, tantôt en éboulis magnifiques, en blocs pittoresques, en pointes et en petits caps qu'il faut contourner ; des petites vallées s'ouvrent, de temps en temps, ou de simples gorges, des anfractuosités, des pentes herbeuses gagnant le haut de la falaise. La solitude est absolue, traversée seulement par des vols d'oiseaux de marécages, jusqu'au moment où, après une dernière pointe, se découvre le bloc de falaise portant le château féodal de Tancarville.

Au tournant de ces falaises s'ouvre un vallon étroit couvert d'arbres où le village est tapi, comme dans une gorge de montagne enserrée par deux abruptes collines, deux rudes escarpements se terminant en coupures de plus de soixante mètres à pic, sur l'espace béant que remplissait autrefois la Seine et la mer. Les arbres se pressent et grimpent à l'assaut des deux collines, de la falaise de droite, dite le rocher de Pierre-Gante, et de la falaise de gauche en avant de laquelle se profilent les murailles et les tours du château de Tancarville.

Majesté de la gorge profonde, du précipice de verdure sombre et bleuâtre dans les fonds, je ne veux pas blasphémer ; beaux arbres de Tancarville en tout autre endroit je vous admirerais sans restriction, mais ici vous empêchez de voir le château. On suit le chemin sous bois dans l'espoir de trouver une éclaircie, on grimpe et toujours des arbres sur les pentes, toujours des arbres masquant les murailles, les courtines enlierrées et les tours, complètes ou ruinées, qu'on ne peut voir à plus de deux longueurs de nez !

Encore si c'était l'envahissement de la nature prenant d'assaut des ruines et couvrant les brèches d'un manteau désordonné, mais c'est près du château une futaie régulière de parc soigné et bien taillé, cela masque sans compensation. Comme ils rugiraient, les sires de Tancarville, de voir les abords de leurs murailles ainsi envahis et leurs vues bouchées aussi complètement. L'entrée du château entre deux grosses tours est tout à fait dissimulée, de même que les autres tours de l'enceinte.

Pour embrasser une vue d'ensemble, pour voir se développer dans toute sa beauté le site grandiose de Tancarville, il faut s'en aller escalader l'escarpement voisin de Pierre-Gante, grimper à travers les arbres qui le couvrent aussi, en futaie libre celle-ci, et trouver dans le feuillage un trou assez large pour encadrer le château tout entier.

La falaise bordée en bas par le chemin sinueux qui marque l'ancienne limite du flot, apparaît dans toute sa masse avec le plateau triangulaire projeté en avant comme un bastion naturel sur lequel est assis le château ; à l'extrémité juste au-dessus du vallon se dresse une grosse tour blanche, la tour de l'Aigle, drapée de lierre jusqu'à mi-hauteur, dominant d'un côté des remparts qui descendent ou remontent sous les arbres suivant la ligne irrégulière du plateau, dominant de l'autre la partie du château bien dégagée, le balcon ouvert sur les espaces de Seine et de mer une longue terrasse bordant le rocher à pic, au bout de laquelle, à l'abri d'une vieille tour carrée debout mais ruinée, s'élève le château moderne, habitation édifiée au siècle dernier.

En retour, de la tour carrée à une autre tour d'angle qui domine tout le château de sa taille formidable, de sa couronne de mâchicoulis surmontée d'une couronne de feuillage, se dressent des pans de murs considérables, des ruines de remparts, de grandes salles, de hauts pignons superbes dans leur écrin de végétation.

De ces tours romantiques et de ces terrasses escaladées par le lierre, quelle vue admirable sur la large Seine et sur les collines et falaises d'en face, et quelle situation! On devine ce que pouvait être aux temps féodaux un castel de cette taille dressé sur cette pointe, avec ses défenses naturelles la mer et le roc, et les puissantes tours bordant les escarpements, et la beauté du site s'ajoutant à la beauté de l'édifice, et le mouvement du paysage, les eaux qui vivent, le flux et le reflux, les voiles qui passent, flottes remontant à Rouen ou aux autres ports ouverts en Seine, nefs amies ou ennemies, nefs chargées de marchandises ou nefs d'Angleterre bondées d'hommes d'armes fils des Normands de la conquête, ramenant la guerre chez leurs cousins de la Terre Normande.

HARFLEUR

« Si je tenais un pied en paradis et l'autre en mon château, dit un seigneur de roman de chevalerie, je retirerais celui du paradis et le remettrais en arrière dans mon château... » Les sires de Tancarville l'ont pu dire et aussi tous ceux qui ont passé dans ce castel, des rudes Normands du temps de Guillaume, fils de Vikings, à l'aise sur ce roc en vue de la mer, aux belles châtelaines des siècles suivants, aux nobles visiteurs amenés par les fortunes de la guerre, Talbot et Dunois, Charles VII et sa dame de Beauté Agnès Sorel.

Après les sensations Chicaguesques et vingtième siècle de la ville du Havre, après les voûtes romanes de l'antique pieuré de Graville, après Tancarville et la majesté des tours de la brillante époque féodale, voici pas bien loin dans les terres Lillebonne, c'est-à-dire le siècle de Guillaume et même l'époque gallo-romaine, car si la ville garde les débris d'un château qui fut un des séjours aimés de Guillaume le Bâtard et le lieu où fut discutée et décidée l'expédition d'Angleterre en un grand conseil de tous les hommes de guerre de Normandie — et même de tout ce qu'il y avait d'important en hommes de négoce, puisqu'il fallait de l'argent et qu'il s'agissait de « gaingner », — Lillebonne possède aussi des ruines romaines, un théâtre retrouvé en bon état avec sa scène, ses loges et ses gradins.

C'est l'affaire de deux petites lieues, d'abord avec la suite de superbes paysages et de tranches de falaises qui borde la Seine et plus loin dans une agréable vallée. Mais, hélas, amère déception ! Lillebonne est une jolie petite ville, blanche, coquette et fort moderne, n'ayant conservé des siècles passés aucune physionomie spéciale, aucune trace caractéristique, sauf des ruines, qu'elle a d'ailleurs arrangées et modernisées le plus qu'elle a pu.

La grosse tour ronde, donjon ajouté au XIIIe siècle au château de Guillaume, se voit de loin dans la vallée ; quand on la cherche de près, hélas ! on la trouve dans une propriété particulière coquettement plantée au milieu d'une pelouse parmi les fleurs. Comme cela elle est tout juste aussi pittoresque qu'un tonneau qui serait énorme.

Et ainsi du reste, ville et ruines, bien propres, bien nettes, bien ratissées. Le théâtre romain, ruine importante et qui pourrait faire bon effet, est arrangé comme un square où l'on n'entre même pas, et ses gradins ne sont que des pelouses de gazon étagées.

TOUR RUINÉE PRÈS D'YPORT

FÉCAMP, LE VIEIL HOPITAL

XXV

FÉCAMP

L'ABBAYE DE SAINTE-TRINITÉ. — LA FALAISE DE BOIS-ROSÉ. — VALMONT
LE DONJON ET L'ÉGLISE. — RUINE RENAISSANCE

De l'autre côté du Havre, le cordon balnéaire reprend, le rivage où chaque été voit s'élever de nouvelles villas, des villages de pêcheurs s'enfler et grossir et passer bien vite à l'état de villes d'eaux.

Les plages sont moins serrées que sur la côte du Calvados, c'est Etretat d'abord, pittoresquement encadré entre ses falaises si bizarrement percées en portes sur la mer, avec son échouage et ses *caloges*, les vieux bateaux invalides tirés sur le galet, devenus terriens après tant de courses sur mer, et recouverts de chaume ; c'est Yport, le charmant Yport, autre échouage abrité par une petite jetée précédée d'une tour corps de garde du premier Empire, au bout d'un admirable vallon couvert de grands bois, descendant fort près de la mer, dans un pays de belles fermes où se retrouvent aussi des débris de jadis, comme à la ferme des Hogues qui possède au milieu des bâtiments ruraux quelques pans de murs et une vieille tour transformée, de la base à la pointe du comble, en un gigantesque bouquet de ronces et de lierre.

Après Yport, viennent Fécamp, les Petites et les Grandes Dalles, Veules et Veulettes, Saint-Valery, etc., etc.

Entre deux hautes falaises sèches et jaunâtres, dénuées de végétation, s'aligne sur deux kilomètres, perpendiculairement à la mer, la longue ville de Fécamp, une très peu pittoresque plage de galets, des quais qui n'en finissent pas, et des rues qui s'allongent et se succèdent sans intérêt. Quelques traces d'antiquités çà et là, mais noyées dans le moderne sans caractère.

C'est la célèbre abbaye de la Sainte-Trinité qui forme tout l'intérêt artistique de Fécamp, l'abbaye bénédictine bâtie sur les ruines du moustier des pauvres nonnes de la légende qui se coupèrent le nez et les lèvres pour échapper aux outrages des Normands envahisseurs en 841.

De l'antique abbaye il reste des bâtiments de tous les âges, des débris romans, des fragments de tours englobés dans des constructions ou dans des jardins, d'autres grands et lourds bâtiments plus modernes, accommodés en hôtel de ville ou affectés à divers services municipaux, et enfin l'église, magnifique édifice des XIe et XIIe siècles, défiguré au XVIIIe par une très affreuse et très lamentable façade à colonnes, d'une architecture de buffet prétentieux.

Heureusement que derrière ce triste masque, il y a la tour centrale romane, et une vaste nef où bien des monuments remarquables retiennent le regard : des portes gothiques, des clôtures de chapelles, des balustrades, des retables d'autels, de belles sculptures çà et là, statues, bas-reliefs ou groupes gothiques, la chapelle de la Vierge, et l'autel du Précieux Sang, des encadrements festonnés de fenêtres ou de crédences, des tombeaux, des verrières et des boiseries.

A côté de ces souvenirs de l'antique abbaye qui compta parmi ses abbés mitrés, outre le pauvre cardinal La Balue que Louis XI logea plus tard dans une cage de fer, des cardinaux et des ducs de la maison de Lorraine et même un roi de Pologne, abbaye puissante relevant seulement du Saint-Siège, ayant de nombreux fiefs, bien défendue de murailles, bien garnisonnée de moines capables de prendre la cuirasse et la hallebarde pour tenir leur partie dans la défense de la ville contre l'Anglais, ou pour maintenir au pied de leurs murs les huguenots saccageant la ville ; à côté de ces restes importants, Fécamp possède une seconde église, Saint-Etienne, laquelle ne peut guère montrer qu'un élégant portail ogival décoré de sculptures, entre deux tourelles à nervures, coiffées d'un petit dôme de pierre.

Il y a encore quelques bâtiments à bonne tournure, dépendant d'un vieil hospice, sur la petite rivière de Valmont à son entrée dans Fécamp. Ces autres bâtiments et cette tour qui pointe dans le ciel avec des apparences de beffroi, ce sont des édifices industriels, c'est la fabrique de la Bénédictine, après l'abbaye des bénédictins ; il y a là un musée dans lequel ont été recueillis, avec des débris de sculptures, bien des vestiges du brillant passé de l'abbaye.

Au-dessus de la ville, s'élève la vieille chapelle Notre-Dame du Salut, là-haut au sommet de la falaise du nord, célèbre par l'aventure de Bois-Rosé, ce capitaine ligueur qui, en 1592, en accrochant à des échelles de cordes, entre la mer et le ciel, dans le noir de la nuit, des grappes de braves, enleva, par une fabuleuse escalade, un fort construit par les ligueurs à côté de la chapelle, sur la crête même de la falaise et tombé entre les mains du Béarnais.

Brrr, la falaise dénudée est déjà assez dure à escalader par les rudes sentiers, sans autres arquebusades à craindre que les coups de soleil.

En remontant le long de la rivière de Valmont, le paysage devient charmant dès la sortie de Fécamp, c'est une vallée boisée semée de maisons riantes sous les grands arbres, de moulins sur la rivière, de manoirs, avec de grandes fermes sur les hauteurs, — maisons, granges et dépendances, cachées derrière une double ligne serrée de magnifiques arbres formant le carré.

Valmont, qui donne son nom à la rivière, possède la double attraction d'un château du xvie siècle ayant conservé un donjon du xie et d'une église en ruines. Le village est fort joli dans un cadre superbe de collines boisées, au-dessus du grand tapis multicolore des prairies sillonnées par la petite rivière, les grandes herbes et les fleurs en carrés vert pâle, jaune ou rouge ondulant à la brise, le doux bruissement des hautes branches des grands arbres accompagnant la cadence lointaine des moulins à eau.

Le château construit par les sires d'Estouteville au xvie siècle, mais plus ou moins arrangé et modernisé, fait bonne figure parmi les futaies d'un beau parc accidenté ; on a conservé du château antérieur un petit donjon carré soutenu par des contreforts, couronné de mâchicoulis au xve siècle et percé de fenêtres, dont une coupe un contrefort par le milieu.

L'abbaye de Valmont est plus bas dans le village, aussi parmi les arbres d'un beau parc. Les bâtiments du xviie siècle sont habités, l'église est ruinée, sauf une jolie chapelle conservée qui contient les tombeaux sculptés des sires d'Estouteville.

ENTRÉE DU CHATEAU DE DIEPPE

ÉGLISE DE L'ABBAYE DE VALMONT

Cette église est du xvie siècle, la nef sans autre voûte maintenant que celle du ciel, est bordée de grandes arcades en plein cintre surmontées d'un triforium à colonnettes ioniques. La végétation a tout envahi, ce sont partout des lierres enserrant les colonnes, des lianes tombant du ciel en guirlandes, de grands arbres ayant poussé dans les bas côtés et passant leurs hautes branches par-dessus la galerie du triforium.

C'est ici qu'apparaît bien la supériorité du style ogival sur tout ce qu'on a cherché depuis. Ces ruines d'une église Renaissance sont charmantes, jolies, élégantes même, mais nulle sensation religieuse, nulle impression de mystère, de majesté ne s'en dégagent, comme il en serait des ruines d'une église gothique; nulle idée austère ne plane sur ces vieilles pierres jaunies par la mousse. Ces colonnettes dressant dans le feuillage les coquetteries ioniques peuvent être des ruines de palais, un peu décor de théâtre, ce ne sont pas les ruines d'un temple, on entrevoit difficilement sous ces voûtes élégantes, les moines à robes de bure de cet ordre de Citeaux qui tenait pour l'architecture sévère préconisée par saint Bernard.

DONJON DE VALMONT

LE PRESBYTÈRE, A VEULES

XXVI

SAINT-VALERY-EN-CAUX

LES COURS DE SAINT-VALERY. — LA MAISON HENRI IV
LA CHAPELLE SAINT-LÉGER. — MOULINS ET FERMES DE VEULES

A quelques lieues de là, dans une échancrure du littoral, la charmante petite ville de Saint-Valery-en-Caux ouvre son port entre deux falaises, lesquelles loin d'avoir la sécheresse de celles de Fécamp, débordent de végétation et se déroulent en ondulations grasses, en vallons boisés où se blottissent les maisons des faubourgs. A l'ouverture de ces collines sur la mer, s'étale la nappe d'un grand bassin complètement entouré de très vieux arbres, de frais ombrages, qui font une entrée délicieuse à la vieille cité. Les maisons de la ville sont au bout du bassin, tassées en avant de la plage, ou serrées sur les pentes des deux falaises.

Le port, hélas! manque d'animation; pendant huit mois de l'année tous les hommes sont au banc de Terre-Neuve ou dans les mers glacées d'Islande; il n'y a

ANCIEN MANOIR DE L'ABBAYE DE FÉCAMP, A SAINT-VALERY

plus ici de barques de pêche, les matelots sont obligés de s'engager sur de grands bateaux pour les pêches lointaines. Il n'y a donc dans le grand bassin encadré de

SAINT-VALERY, PORTE DE LA MAISON HENRI IV

ramures ou dans l'avant-port, que de rares navires anglais ou norvégiens débarquant des chargements de sapins, — les forêts scandinaves débitées en planches,

— et de temps en temps des bateaux qui s'en vont pour huit ou dix jours pêcher le hareng dans les eaux anglaises.

La ville, du côté de la plage sous la falaise de droite, est un amas confus de vieilles maisons serrées et de villas. Maisons de baigneurs en bordure devant le casino, petites rues de pêcheurs derrière, noires ou grises, avec les filets accrochés, l'odeur de poisson et les ribambelles d'enfants jouant sur les tas de coquilles de moules, et vers le port, vieilles rues aux grandes façades composées d'arcs de pierres et de remplissages de briques, et quelques coins ou carrefours plus anciens, plus noirs, en pans de bois frettés d'ardoises, avec l'odeur du hareng fumé planant sur tout le quartier où des saurisseurs exercent leur industrie et remplissent incessamment tonneaux et paniers.

De l'autre côté du port, sous la falaise de gauche, le quartier est plus riant et plus au large ; juste en face du pont de la Retenue, se trouve le plus important échantillon du vieux Saint-Valery, la grande maison de bois sculpté dite la maison Henri IV, parce que le Béarnais, au temps de ses courses armées en Normandie, y logea, — maison peu élevée, mais très longue, portant un unique étage tout en croisillons de poutrelles et un grand toit sur un encorbellement de poutres sculptées en grosses têtes et en figurines, en arabesques courant le long du poitrail ou sur les montants des portes. Cette maison possédait, il y a peu d'années encore, deux hautes lucarnes de bois surplombantes qui rompaient la monotonie du grand toit ; l'édilité les a fait abattre et remplacer par deux petites fenêtres insignifiantes.

Une grande porte charretière donne accès dans une belle cour, entourée de bâtiments portant une galerie ouverte en encorbellement sur de grosses poutres. Dans un angle monte la tour d'escalier, octogonale, en pans de bois, sur un rez-de-chaussée de pierres et galets arrangées en damier. On lit parmi les sculptures de la façade l'inscription suivante gravée sur le linteau de la porte :

« L'AN MDXXXX CETTE MAISON FUT FAITE
PAR GUILLAUME LADIRÉ A QUI DIEU DONNE BONNE VIE »

A Saint-Valery, presque toutes les façades ayant été modernisées il n'y a plus guère à voir que des cours, arrangées presque toutes sur le type de cette belle cour Henri IV, avec une tour d'escalier en pans de bois à petit comble de tuiles. De ces cours de maisons riches autrefois, il y en a de bien entretenues ayant encore bonne apparence et d'autres bien tombées, à tous les degrés du délabrement et de la pauvreté, la tour crevassée perdant par vingt blessures ses briques et ses plâtras, les pans de bois pourris, les lucarnes de toits déjetées, les fenêtres raccommodées avec des planches, bien abîmées mais toujours pittoresques dans leur misère.

Et puis encore d'autres cours, dans des bâtiments ayant gardé sur les toits des débris de crêtes en plomb, cour de saurisseur encombrée de tonneaux de harengs empilés, cour de maréchal ferrant avec le feu de la forge flambant dans le fond et les chevaux de paysans amenés les jours de marché... Fonds de tableaux très amusants et tout faits.

Dans la rue Saint-Léger, faubourg montant vers les falaises sur la route de Veulettes, rue très ancienne bordée de bien vieilles pierres et finissant en chemin creux ombragé d'épaisse verdure, il y a chez le docteur Leloutre, derrière une maison d'apparence moderne, une cour d'un autre caractère, fermée dans le fond par un grand et large bâtiment du xvie siècle probablement, aux grandes fenêtres encore garnies de vitraux dans la partie dormante, forte et sévère façade, ayant tout le long de son deuxième étage un balcon couvert par l'avancée du toit, porté sur de grosses poutres et ressemblant quelque peu à des hourds de forteresse.

Cette maison, de carrure si imposante est un ancien manoir de l'abbaye de Fécamp, suzeraine de Saint-Valery.

CLOCHER DE SAINT-VALERY

Au-dessus de cette rue Saint-Léger s'élève l'hospice établi dans un ancien couvent, ensemble de bâtiments sans grand intérêt, possédant une partie de cloître du xviie siècle. Tout au bout du faubourg sur une croupe de ces beaux sommets de falaise qui s'en vont vers Veulettes subsiste le clocher de la chapelle Saint-Léger, conservé comme amer pour les marins, vieux clocher sur porche d'une église disparue, porté sur quatre piliers trapus, se découpant sur la mer, abandonné, délabré, dans la mélancolie de l'isolement et de la ruine, laissant le vent de la mer moduler des plaintes aiguës à travers les trous de sa vieille flèche de charpente et montrant encore la route du port aux barques de pêche. Ce vieux clocher c'est encore l'espérance pour les mères aux rejetons chétifs, qui viennent faire tourner trois fois autour de la chapelle de Saint-Léger, les petites jambes flageolantes des enfants malvenants.

Saint-Valery a deux églises, une chapelle sans style au centre, entre le port et la plage, et son église paroissiale, édifice du xve siècle situé à vingt bonnes minutes en dehors de la ville, après les dernières maisons d'un faubourg, dans un joli vallon en entonnoir, entre deux escarpements de la falaise, dans un moutonnement de grands arbres qui l'enserrent et ne laissent apercevoir que le sommet ardoisé de sa tour. La façade en grès ne fait pas mal dans son cadre vert, avec

UNE COUR, PLACE DE LA CHAPELLE, A SAINT-VALERY

quelques chaumes dans le fond et le couronnement bizarre, le bonnet pointu plaqué d'ardoises de son clocher.

Les belles fermes cauchoises abondent autour de Saint-Valery, dans la magnifique campagne aux chemins creux voûtés de feuillage, dans les villages dessinant de grandes masses vertes par les plaines ou sur les ondulations des coteaux, villages éparpillés et dissimulés dans la verdure des bouquets de grands arbres qui

ABSIDE NOTRE-DAME A EU

laissent à peine apparaître le coq du clocher. Belles fermes blanches à pans de bois, dans de vieux pignons très anciens, dans des débris de manoirs quelquefois et belles petites églises rurales, anciennes et bien conservées, modestes comme des

CHAPELLE SAINT-LÉGER, PRÈS SAINT-VALERY

petites églises de village, mais d'heureuses proportions, avec leur clocher sur la façade au-dessus d'un porche ogival et de naïves statues coloriées à l'intérieur.

Quelques manoirs aussi, comme le petit château de Manneville-ès-Plains, manoir carré du xve siècle, à fenêtres, lucarnes et balustrades sculptées, soutenu aux angles par des contreforts à pinacles, un peu trop chargé d'ornements gothiques parmi lesquels beaucoup de trop jeunes.

Mais le plus charmant endroit des environs de Saint-Valery, la plus délicieuse crique de falaise, la plus fraîche valleuse laissant écouler sous les grands arbres vers la mer, des ruisseaux qui murmurent et cascadent, s'étendent en nappes dor-

UNE COUR, A SAINT-VALERY

mant sous le cresson ou se resserrent en bras étroits filant rapidement vers la mer, des ruisseaux qui font tourner des moulins aux vieilles roues moussues, vertes comme le cresson ou comme les arbres, la plus désordonnée réunion de vieilles fermes et de toits de chaumes, — c'est Veules, échancrure de la côte à deux lieues de Saint-Valery.

Ce n'est pas un village, ce site aimé des peintres, c'est une série de tableaux variés, s'emboitant les uns dans les autres, des vertes cressonnières à l'entrée de la vallée sous les voûtes feuillues que le soleil a peine à percer, au bout de la petite plage, — avec des ponts de bois, des mares, des sources, des trous où la truite se cache, des abreuvoirs, de belles chaumières accidentées jetées et perchées çà et là, le comble de la petite ferme normande. C'est merveilleux, aussi que de parasols piqués aux bons endroits, que de chevalets, que de peintres et de peintresses *devant le motif* et aussi que d'ateliers pittoresques couverts en chaume faisant modestement pendant à de somptueuses villas de banquiers sémites.

Le plus joli coin de ce Veules ravissant, c'est le Vieux Château, sur le penchant du coteau, un immense et montueux courtil planté de noyers et de pommiers, entouré de beaux bâtiments élevés parmi et sur des restes anciens, avec un vieux pigeonnier au centre, grosse masse de pierres, briques et cordons de galets, flanquée d'un puits à manivelle couvert d'un auvent, le tout s'arrangeant si bien qu'il y a perpétuellement une bonne demi-douzaine de pigeonniers à l'huile ou à l'aquarelle en cours d'exécution dans le courtil, et qu'il faut presque y retenir sa place.

VIEILLE CROIX, A SAINT-VALERY

Veules a encore entre autres charmantes vieilleries, pour orner son charmant vallon, un petit manoir du XVIe siècle appelé le Presbytère, composé d'un grand pavillon avec tourelles de chaque côté de la porte ogivale, d'autres grandes portes en ogives de large envergure à des maisons de la grande rue, et enfin sur une place fort pittoresque une très intéressante église de différentes époques, simple église de village, mais vaste et riche en détails curieux dans ses trois nefs accolées : piliers en spirales ou de formes diverses, voûtes de bois maintenues par des poutres, tirants et poinçons sculptés en tête de monstres, et surtout quantité de statuettes, de saints de bois naïvement sculptés, saint Martin, patron de l'église, à cheval, coupant son manteau pour un pauvre à jambe de bois, saint Clair portant sa tête, saint Sébastien, une sainte Rose rococo, etc.

Une curiosité extérieure de cette église, c'est, sur le petit toit de la sacristie, un tuyau de cheminée en forme de croix à quatres branches.

Dans le cimetière sur la côte, se voient quelques arcades ou ruines d'une autre église, et une fort jolie croix de pierre sculptée.

LE CHATEAU DE DIEPPE

XXVII

DIEPPE

LA VILLE ET LE CHATEAU. — SAINT-JACQUES. — LE MANOIR DE JEHAN ANGO
ARQUES-LA-BATAILLE

Le rivage en Seine-Inférieure n'est pas la côte de fantaisie, trop jolie, trop pimpante, toute en parcs et en villas des environs de Villers ou de Trouville, c'est la belle muraille de falaise au-dessus de la mer, battue en brèche par le flot, à peine coupée de loin en loin par le débouché d'une vallée étroite, la falaise à pic allant en belles lignes d'ondulation en ondulation jusqu'au bout de l'horizon, avec le petit chemin de douaniers qui serpente à la crête, gravit toutes les montées et descend dans les fonds aux grandes herbes, dans les criques étroites où la vague brode des festons d'écume sur le galet, la falaise solitaire où l'on rencontre seulement le berger gardant son parc à moutons sur l'herbe des pentes, les belles vaches des herbages, et le douanier dans sa hutte sur les pointes dominant de très haut les vastes espaces de mer et le déroulement infini de courbes et d'anfractuosités de la rive.

La ville de Dieppe remplit de ses maisons la plus large échancrure ouverte dans la ligne des falaises, à l'extrémité de la belle vallée parcourue par la rivière d'Arques, entre les escarpements du Pollet et le revers de falaise couronné par le vieux château.

La ville s'étend en largeur sur la mer, le long d'une vaste plage de près de deux kilomètres, bordant le port en arrière, les bassins et les retenues de la rivière, sous les belles collines accidentées et verdoyantes.

LE DONJON DU CHATEAU

Tout est en lignes parallèles, l'immense plage d'abord, la ligne de galets coupée d'épis, les espèces d'estacades de grosses poutres maintenant le galet, les pelouses, la bordure de grandes villas et d'hôtels ensuite, et derrière cette façade de la ville sur la mer, la Grande-Rue, d'un caractère XVIIIe siècle très prononcé.

La vaste plage et l'immense casino, c'est toujours le décor de la grande pièce d'été, moins flamboyant, moins épanoui et tarabiscoté que du côté de Trouville, une espèce de Monte-Carlo anglais, plus près de Londres que de Paris. D'ailleurs que de joueuses de lawn-tennis sur les pelouses, que de blondes misses à jerseys collants et casquettes, passant, la raquette ou le maillet sur l'épaule, en compagnie de jeunes athlètes en culottes courtes et bas noirs, avec l'accompagnement obligé de légions d'enfants aux mollets solides, de gentlemen très barbus et de clergymen très rasés en longues lévites.

Par-dessus le casino se profilent les tours du vieux château sur la crête de la falaise et la longue agglomération de gros bâtiments fortifiés, de tours carrées et de casernes reliant les grosses tours d'en haut au donjon carré qui commande la montée du château au-dessus de la rue de la Barre. Au delà des tours reprend le beau déroulement de falaises pittoresquement déchiquetées, striées d'éboulis, avec de petits caps, des rentrants brusques et des ressauts jusqu'à l'extrême pointe, au bout de l'horizon bleu.

A l'autre extrémité de la plage s'ouvre le port entre deux longues jetées, sous les falaises ravinées et herbeuses du Pollet, limitées par l'échancrure de Puys, village balnéaire après lequel reprend jusqu'au Tréport à peine visible, jusqu'à l'infini, la haute muraille blanche aux tons si doux dans les transparences de l'air, soulignés de distance en distance par les taches verdâtres ou bleuâtres des valleuses ou des courbes.

Le Pollet, de l'autre côté du chenal, est le faubourg des pêcheurs. Tout y semble goudronné : les matelots coiffés de *suroîts* et habillés de *cirés* noirs ou roussâtres, les vieux pêcheurs maigres, aux figures en lame de couteau, à méplats fortement accusés, rappelant vaguement des têtes de poissons, les barques de pêche, les hangars et les maisons, la noire jetée de bois... Hélas ! les vieilles maisons pittoresques de jadis ont disparu, il n'y a plus de l'autre côté du pont, dans le vieux faubourg si caractérisé jadis, que des bâtisses cubiques de briques sombres et une population de gens de mer, pêcheurs et pêcheuses, ne différant aucunement des gens de mer de la ville et de la côte.

La ville, c'est une ou deux très longues rues animées, courant parallèlement à la mer et coupées de sombres rues transversales. Les maisons de ces voies principales sont larges et amples, d'une belle allure, elles ont un aspect purement XVIIIe siècle, et alignent une longue série de belles grandes portes, de hautes fenêtres à moulures et de corniches décorées, et aussi de larges balcons de fer forgé, ce qui forme à tous les étages quelque chose comme un immense balcon ininterrompu régnant d'un bout de la Grande-Rue à l'autre.

Les maisons plus âgées que le siècle dernier sont fort rares à Dieppe, à part quelques toits mouvementés et quelques bâtisses qui se sont accommodées des débris de remparts, à l'extrémité du quai Henri IV, devant l'embarcadère des bateaux de Dieppe à Newhaven, à l'endroit de l'enceinte que défendait la tour aux Crâbes, — démolie avec d'autres tours ou portes en 1841, — objectif des bombardes de Talbot, et de la grande Bastille anglaise élevée au Pollet, dans le siège subi par Dieppe en 1442 et 1443, laquelle Bastille, des secours étant survenus aux Dieppois, fut assiégée à son tour et enlevée dans un formidable assaut conduit par le dauphin Louis, futur Louis XI.

SOMMET DE LA TOUR DE SAINT-JACQUES

Cette pénurie d'édifices anciens, tient à l'existence agitée et aux malheurs de la vieille ville des rudes marins ennemis de l'Angleterre et de l'Espagne, des coureurs de mer réguliers et irréguliers, du grand amiral de Louis XIV, Duquesne, et des aventuriers, boucaniers et flibustiers du golfe du Mexique.

Histoire singulièrement émouvante et agitée, que celle de la ville de Dieppe, pendant deux siècles surtout! Le siècle de la Réforme après le siècle des Anglais, c'est-à-dire la ville protestante organisant comme des courses de corsaires en terre, allant attaquer les villes catholiques d'alentour, puis attaquée à son tour par les armées du roi et de la religion. Coligny et Montgommery, maîtres de la ville, et en face, sur la falaise, le gouverneur pour le Roy, M. de Sigognes, de qui sous le château une rue porte encore le nom, maître de la forteresse. Des journées d'excès et de pillage, des journées de bataille de rues; des barricades dans la Grande-Gue au vieux carrefour du Puits-Salé, et, dans la bagarre des arquebusades, les canons catholiques et huguenots se répondant à travers la ville, puis, l'armée de Mayenne, survenant sous les murs, et le roi Henri combattant à Arques...

Enfin, pour couronnement à ces siècles d'aventures, le bouquet du feu d'artifice, le grand bombardement de 1694 par la flotte anglaise, dans la campagne de destruction entreprise contre les villes maritimes françaises d'où s'élançaient chaque jour tant de hardis corsaires. 120 navires, frégates, galiotes à bombes, brûlots se présentant inopinément devant la ville de Duquesne, ouvrirent un matin le feu, démontèrent vite les batteries du château et couvrirent de bombes la ville, qui flamba tout entière pendant un jour et une nuit.

Toutes les rues à vieilles maisons de bois allumées et transformées en un immense brasier s'écroulèrent l'une après l'autre au fracas des bordées anglaises, autour des édifices disparus dans les tourbillons de fumée. Heures horribles qui ne laissèrent du vieux Dieppe que des tas de décombres fumants et quelques bâtiments isolés, debout çà et là, et les églises Saint-Jacques et Saint-Remy survivant au désastre, mais noircies et fortement endommagées.

Dans ce désastre, Dieppe perdit la plus belle maison de bois sculpté et peint de la Normandie, la maison de ville bâtie au XVIe siècle par Jehan Ango, le riche et puissant armateur dieppois, un *Roi de mer* en son temps, l'homme qui, déclarant pour son compte la guerre au Portugal, envoyait sa flotte particulière bloquer le Tage, opérer une descente à terre, et attendait ensuite, pour traiter de la paix, les ambassadeurs portugais en son manoir de Varengeville à deux lieues de Dieppe.

Des deux églises de la ville, Saint-Jacques est la seule qui fasse bonne figure. Saint-Remy est au moins peu joli avec son portail en pavillon Louis XIII et sa lourde tour, tandis que Saint-Jacques est un superbe vaisseau gothique du temps des flamboiements et des envolements de la pierre, à regarder, à admirer morceau par morceau, une grande église superbe, tout récemment sortie en partie du lamentable état où elle se trouvait il y a quelques années, l'épiderme de sa pierre trop tendre profondément rongé et dévoré par l'air de la mer.

Toutes les cataractes du ciel depuis quatre siècles semblaient avoir coulé sans interruption sur la pauvre carcasse de l'église, lavant et blanchissant toutes les surfaces, effritant les pointes et les arêtes, émoussant les sculptures et donnant

LE TREPORT

à peu près à Saint-Jacques la triste apparence d'un immense monument mangé aux vers.

Comme à toutes les églises dédiées à Saint-Jacques il y a une belle tour, très ornementée et pourvue à son couronnement d'un étage de grandes fenêtres fleuronnées de sculptures où l'art ogival de la dernière période a cherché le compas à la main de nouvelles formes et prouvé qu'il pouvait trouver du nouveau et vivre encore. A gauche de la tour s'ouvre un grand et superbe portail à gâble transparent,

LE CHATEAU D'ARQUES

c'est-à-dire surmonté au-dessus de la grande rose, entre deux fines tourelles, d'un voile triangulaire de sculptures détachées du corps du pignon.

Il y a aux transepts d'autres portails plus anciens, fort abîmés, mais fort pittoresques et tout autour de l'église de légers arcs-boutants du xv° siècle, avec une population de gargouilles remarquables grimaçant au passant, animaux fantastiques, figures humaines ou diaboliques parmi lesquelles à l'angle du grand portail deux sirènes à queue écaillée prises dans un filet, signalées dans le curieux livre de M. Jules Adeline sur les sculptures grotesques et symboliques des églises et des cathédrales, particulièrement en Normandie.

L'intérieur de Saint-Jacques tient les promesses de l'extérieur; de chapelle en chapelle, mille détails attirent, les clôtures de ces chapelles d'abord, intactes ou restaurées, grilles de pierre ajourées, balustrades des styles gothique et Renaissance mélangés, de belles portes couvertes de sculptures et, dans le chœur, la riche cloison de pierre sculptée de la salle du Trésor, couverte du haut en bas d'ornements magnifiques et délicats, de bas-reliefs, d'enroulements et d'arcatures entre lesquelles naviguent des navires sculptés rappelant que l'on doit cette belle décoration votive aux sentiments religieux des armateurs dieppois.

Derrière cette cloison la petite salle du Trésor, malheureusement un peu obscure, aujourd'hui simple vestiaire des chantres, renferme, appliqué au mur du fond un bel échantillon de menuiserie artistique de la Renaissance, un superbe escalier de bois à arcatures et balcons sculptés, dont l'entrée est fermée par une jolie porte à panneaux finement décorés.

Comme pendant à la chambre du Trésor, de l'autre côté du chœur, se trouve la chapelle particulière d'Ango fort délabrée, aux sculptures mutilées ou abîmées couvrant la tombe vide du célèbre marin Jehan Ango, seigneur de Varengeville et vicomte de Dieppe, grand armateur, maître sur la mer d'une flotte de guerre et de commerce, des belles nefs à château d'avant et château d'arrière, et le plus illustre des gens de mer du moyen âge, dans cette ville des Jean de Béthancourt et de Jean Cousin, ces découvreurs d'Amériques avant Christophe Colomb, qui furent de braves et aventureux marins, mais non des *conquistadores* âpres et sanguinaires comme les Cortez et Pizarre.

Du vieux Dieppe, il reste encore, débris guerrier servant d'entrée aux pelouses du Casino, la porte de la Barre ouverte entre deux grosses tours à toit conique. Tout près, au-dessus du quartier neuf aux folles architectures, se dressent les escarpements du château. La haute tour carrée appelée le donjon, appuyée de contreforts et décorée sur chaque face de hautes arcatures ogivales à gâble fleuronné est le clocher d'une primitive église Saint-Rémy qui fut englobé et utilisé comme grosse tour dans la forteresse élevée par le sieur des Marets, aussitôt après la reprise de la ville sur les Anglais par échelade nocturne en 1435.

C'est en tournant par derrière et en grimpant par des sentiers escarpés sur les herbages des falaises qu'il faut voir le château de Dieppe élevant au-dessus des fossés profonds ses hautes courtines à mâchicoulis, sa porte au sommet de la falaise reliée par un pittoresque pont de pierre dont les arches encadrent du ciel et de la mer, des oiseaux et des voiles blanches. Après le pont deux grosses tours rondes flanquent le front tourné vers la mer, précédé, sur la crête même de la falaise, d'une batterie bastionnée aux embrasures herbeuses.

Admirable position, balcon dominant l'immensité de la mer, la ville fumeuse et les bassins hérissés de mâts, la belle vallée d'Arques et les falaises qui s'en vont en replis verdoyants, en beaux pâturages accidentés, vers le phare d'Ailly et Varengeville, le village où Jehan Ango avait bâti le joli manoir en partie subsistant encore, transformé en ferme, une cour avec un coin de belle façade décorée d'arrangements divers de pierres et de silex en damier, de jolies arcades, un beau colombier à toit en coupole et diverses sculptures aux murs.

Arques-la-Bataille est à 7 ou 8 kilomètres de Dieppe sur les rives boisées d'une charmante rivière ; le paysage si frais et si verdoyant, le bourg aux vieilles maisons pittoresques, l'église et son jubé, tout est admirable dans ce vieux pays illustré par ses souvenirs de lointaine prospérité et par la victoire d'Henri IV sur l'armée de Mayenne, alors qu'il menait gaiement sa fortune et celle de la France à l'assaut de la Sainte-Ligue, si anti-française de caractère et de tendances.

LE MANOIR D'ANGO, A VARENGEVILLE

Dans le vert du large paysage, sur un grand mamelon au-dessus du village, s'élèvent et verdissent les ruines du château, énorme massif de constructions déchiquetées, derrière lesquelles se profilent les croupes de collines plus sombres, de cette forêt d'Arques d'où débouchaient les bataillons de Mayenne. Cet escarpement ondulé aboutit par une crête large de quelques pieds à un profond fossé qui entoure complètement le château. Les tours, les dévalements de courtines ébréchées au fond du fossé, le vieux donjon et le reste, portes ou tas de pierres informes, la végétation envahit, escalade, couvre et fleurit tout, le hérissement des broussailles couronne toutes les murailles et tous les morceaux de tours.

Au saillant du mamelon, deux massifs blocs de pierre flanquent la porte d'entrée, derrière laquelle on se trouve dans une première enceinte communiquant avec la seconde par une suite de poternes tout à fait ruinées, dont la première voûte supporte, encastrée dans ses pierres moussues, un grand bas-relief moderne représentant le Béarnais à cheval, l'épée à la main.

En arrière de ces poternes est la deuxième cour au fond de laquelle se dressent les hautes murailles du donjon construit au xie siècle par Guillaume d'Arques, oncle de Guillaume le Conquérant, et que Viollet-le-Duc, dans son *Dictionnaire d'architecture*, considère comme le type le plus parfait de ces donjons normands

DEUXIÈME PORTE DU CHATEAU D'ARQUES

si formidables; — donjon réputé imprenable, et, ce qui n'est pas toujours le cas des forteresses imprenables, jamais emporté de vive force par siège régulier, entouré maintes fois dans le cours des siècles, assiégé et pris seulement par famine ou composition.

De ce donjon il n'apparaît plus qu'un bloc de maçonneries colossales, dont le temps a eu raison, murs presque informes conquis par les herbes. Sur les côtés de la grande cour, ce ne sont que murs éventrés et troués, tours dérasées, écroulements de pierres, avec des substructions, des amorces de bâtiments et de souterrains, comme celui qu'on a découvert récemment, en pourchassant un renard qui s'y était réfugié par un trou dans les herbes, souterrain débouchant au fond des fossés pour la défense des approches ou les communications avec l'extérieur de la place.

GARGOUILLES A SAINT-JACQUES

LA VILLE D'EU

XXVIII

EU. — TRÉPORT

L'ÉGLISE NOTRE-DAME. — UN SOUVENIR AUX VIEILLES HALLES
LE CHATEAU. — SOUS LE MUSOIR DU TRÉPORT. — BATEAUX ET MATELOTS

Encore une belle vallée couverte des vagues vertes d'une longue forêt et d'un grand parc, par-dessus lesquels on aperçoit l'ouverture terminale entre deux falaises, sur l'infini de ciel et d'eau, sur les vagues de la mer.

Dans les arbres, au centre de cette plaine, les toits enchevêtrés d'une petite ville, toits de vieilles tuiles rouges ou jaunies, étalés, recevant en écharpe les rayons du soleil; majestueusement assis par-dessus les toits un noble vaisseau d'église, élargissant ses arcs-boutants autour de lui, sous la petite flèche d'ardoises, une haute nef toute lumineuse et transparente avec ses grandes verrières que le soleil traverse...

Derrière l'église, les grands toits étagés d'un large château de pierres et briques enchâssé dans de magnifiques enroulements de verdure, de belles ondulations de terrain, une rivière, des mâts de navire surgissant parmi les futaies...

Ainsi, à l'extrémité de la belle vallée de la Bresle apparaît la ville d'Eu, ses petites maisons jetées en désordre au pied de son antique église, devant le royal château de la famille d'Orléans, parmi les verdures qui se poursuivent jusqu'à la mer, tant par le parc lui-même que par la pittoresque route ombragée de grands arbres ou par le canal aux bords également pittoresques et boisés qui relient la ville d'Eu au gros bourg de pêche et de bains du Tréport.

La ville d'Eu est une bonne petite ville sans prétention, aimable et tranquille ; ses petites rues à petites maisons manquent d'architecturales *attirances*, comme on dit aujourd'hui ; j'y ai connu, en des temps peu lointains encore, quelques pignons maintenant démolis et devant l'église une vieille halle de charpente qui s'en est allée où vont, hélas ! l'une après l'autre, toutes les vieilles halles de bois à physionomie si curieuse, c'est-à-dire à la cheminée. Pauvre vieille halle, elle faisait bien au fond de la place, dans son cadre de vieilles maisons, avec ses gros piliers à peine équarris et ses recoins sombres, en face des arcs-boutants de pierre si finement taillés du magnifique chœur de l'église.

Ce qu'il reste encore des vieilles maisons d'autrefois, ce sont quelques logis du xvie siècle en briques et pierres, quelques portes ou fenêtres moulurées, quelques grandes portes Henri IV aux bossages vermiculés par les années et enfin quelques toutes petites maisons branlantes sur la Bresle.

La grande place irrégulière qui reçoit quelque animation l'été par les véhicules faisant incessamment la navette entre Eu et le Tréport, s'ouvre devant les grilles du château, sous le chœur magnifiquement dentelé de l'église Saint-Laurent ou Notre-Dame, posé sur l'ancienne terrasse de l'abbaye disparue.

Ce chœur de la fin du xve siècle découpe en belles lignes sur le ciel ses trois étages de contreforts à pinacles aigus, reliés par des arcs-boutants à arcatures du plus gracieux effet, qui vont s'accrocher à de belles balustrades et à une haute tourelle octogonale plus ancienne, décorée d'arcatures aveugles. Cette partie de l'édifice, cette abside élégante et aérienne était surmontée jadis sur la croisée d'une flèche de charpente dont il ne reste plus que la souche, coiffée d'un petit clocheton conique en éteignoir sans prétention. Le bas de la nef et la façade, récemment restaurés, sont plus anciens ; il y a là un petit porche latéral tout neuf d'aspect sévère, puis le portail qui fait face au château, un pignon percé d'une grande fenêtre à subdivisions et encadré de quatre solides contreforts à clochetons.

Dans ce grand vaisseau que la lumière inonde, l'art ogival finissant au milieu du xvie siècle a jeté, de pilier en pilier, de délicats arceaux, des anses de panier, des accolades, des courbes et contre-courbes fleuronnées formant une clôture charmante autour du chœur.

De l'époque précédente et du style le plus fleuri sont les portes de la sacristie et de la petite chapelle en contre-bas du Saint-Sépulcre. Dans cette petite chapelle, sous un dais extraordinairement fouillé où la pierre se tord en feuillages frisés et refrisés, l'ensevelissement du Christ est dramatiquement mis en scène ; les personnages, dont les physionomies sont bien traitées, avec un certain réalisme, sont en costumes du xve siècle, finement détaillés et jadis peints et dorés.

Le chœur surmonte une petite crypte qui renferme une douzaine de tombeaux sur lesquels sont couchées les statues des comtes d'Eu de la famille de Jean d'Artois, seigneurs de la ville au xve siècle, Jean d'Artois, Isabelle de Melun, Philippe d'Artois, qui mourut dans l'expédition de Nicopolis, Charles d'Artois, Jehanne de Saveuse, etc., tous, seigneurs et nobles dames, admirablement pourtraicts, en riches costumes dont les ornements et jusqu'aux ramages des étoffes furent autrefois relevés de peintures et de dorures.

LA MISE AU TOMBEAU. ÉGLISE D'EU

Dans la nef se remarque, comme pendant à la chaire, une tribune de bois sculpté dont le couronnement supporté par deux cariatides est surmonté de canons de bois et d'attributs guerriers, rappelant la qualité de grand-maître de l'artillerie du prince de Bourbon qui la fit élever.

Le château a considérablement changé depuis Henri le Balafré, duc de Guise, qui le construisit sur l'emplacement d'un antique château fort, brûlé avec presque toute la ville d'Eu, en 1475, sur un ordre de Louis XI, par mesure de prudence, en prévision d'une descente projetée par les Anglais.

Le château a été récemment restauré et fortement agrandi dans le style du xvie siècle, il présente aujourd'hui un grand développement de pavillons en briques et pierres à grands toits d'ardoises. Avant tous les souvenirs de sa période

LA CATHÉDRALE DE ROUEN

brillante sous le règne de Louis-Philippe, il rappelle les noms des Guise, de Mademoiselle de Montpensier, la *grande Mademoiselle* de la Fronde, et du beau Lauzun. Les arbres superbes qui couronnent de leurs branches le commencement de la route du Tréport ombragent la belle terrasse dite des Guise. Une inscription sur un marbre rappelle qu'ici les Guise ébauchèrent les vastes rêves, qu'avec les bordées de canons d'Arques et d'Ivry le Béarnais fit écrouler.

Un autre souvenir des princes de la maison de Lorraine, c'est le collège fondé par Henri de Guise et la chapelle de ce collège édifiée par Catherine de Clèves, veuve du Balafré.

Dans ce monument de briques et de pierres d'apparence triste, à la façade plaquée de colonnades et flanquée de tourelles, se trouvent les tombeaux, dans le style pompeux du XVIIe siècle, d'Henri de Guise et de sa veuve, avec les effigies répétées deux fois, agenouillées en prières en haut et raidies par la mort en bas, du duc et de la duchesse et l'accompagnement obligé de figures allégoriques, d'anges aux belles draperies.

Tirées sur les galets clayonnés de l'arrière-port, cinq ou six grandes barques de pêche couchées de-ci delà, sur babord ou sur tribord, vues par l'avant ou par l'arrière, entre-croi-

ÉGLISE DU TRÉPORT

sant leurs mâts et les voiles qui pendent et les filets roussâtres accrochés aux mâts, — cinq ou six grosses carènes noires qu'une trentaine de pêcheurs et de calfats plus pittoresques les uns que les autres, vêtus de toutes les façons, en vieille toile ou en larges cirés jaunes, coiffés de bérets ou de suroîts, sont en train de raccommoder, goudronner ou de flamber, les uns montés sur des échelles ou couchés sous la quille, les autres appliquant le coaltar avec de grandes brosses emmanchées au bout de longues perches, ou faisant, en de grosses marmites, une cuisine diabolique de goudron débordant et fumant ; d'autres encore flambant les carènes avec des bottes de paille allumées au bout de perches....

Derrière ces bateaux et ces voiles emmêlées, à travers les fumées qui montent, le petit port se développe avec d'autres bateaux à quai, à peine touchés par la mer basse, les bouées échouées comme de grosses toupies dans la vase, avec les maisons serrées et le va-et-vient des pêcheurs tout le long du quai, puis l'ouverture des jetées tout au fond, laissant apercevoir à l'horizon après les vagues blanches et jaunes battant le galet, la ligne vert émeraude de la mer. En hauteur, par-dessus les voiles des pêcheurs, sur un monticule soutenu par des terrasses, l'église, point central du tableau, dresse sa vieille tour noircie par les ans, avec les herbages de la falaise en arrière-plan.

Ce paysage baigné par l'air salin, fouetté par les brises réconfortantes qui font claquer les petits pavillons au bout des mâts et courir là-haut dans le bleu les paquets de nuages blancs, c'est le Tréport, le bourg de pêche mouvementé, la petite ville de bains si animée, voisine de la vieille cité d'Eu si endormie, le site bien connu que l'on revoit une bonne demi-douzaine de fois à chaque Salon.

Ce qui donne au Tréport son charme pittoresque, c'est que tout est rassemblé et serré sur un même point, le commerce et la marine, l'église au-dessus des rampes du musoir, la vie et le mouvement, et le débarquement du poisson, les ânes des paysannes du marché et la baigneuse parisienne qui va aux provisions et les matelotes en jupes rouges et en mules de bois à talons pointus...

> Le flot vert transparent qui lèche le flanc noir
> Des barques dans le port de refuge amarrées...

vient clapoter sous les monticules de l'église aux dalles du quai si remuant et si animé aux heures de marée ou aux rentrées en flottille des matins de dimanche. En face, de l'autre côté du port, s'étend la partie moderne des quais, mouvementée aussi, avec quelques voiliers de Norwège, des vapeurs en déchargement, des grues noires évoluant sur des tas de charbon...

Le pays n'a pas d'autres monument que l'église dédiée à saint Jacques, survivante d'une ancienne abbaye dont on peut voir, sous les herbes de la colline, de vieux pans de murs qui achèvent de s'émietter. Cette église couronne un monticule herbeux et broussailleux soutenu par un terrassement ; il faut, pour y accéder, faire le tour par le bourg en passant sur une petite place où se dresse une vieille croix de pierre sculptée, fleurdelysée, ou grimper un raide escalier aboutissant à un porche fermé sous la tour.

L'église, surtout remarquable par sa situation, date du XVIe siècle ; sa tour, plus ornementée, fait de tous les côtés un effet superbe, se détachant toujours de toute sa hauteur sur les nuages du ciel.

Aux voûtes de la nef, quelques jolies clefs pendantes attirent le regard, appliquées au centre de carrés de pierres sculptées, fouillés comme des collerettes de dentelle Renaissance.

Les maisons du bourg très serrées, au bas du monticule de l'église et le long des quais, retrouvent un peu de place au tournant de la belle plage, limitée d'un côté par les jetées et de l'autre par la pointe des falaises si bien découpées, sur lesquelles il avait été projeté, en ces dernières années, de construire une ville nouvelle en terrasse. Une bordure de maisons et de villas de briques d'aspect anglais ou hollandais, s'allonge jusqu'aux premiers escarpements de la falaise; derrière s'étend le quartier des Cordiers, aux petites maisons alignées en rues régulières, habitées par les gens de mer.

Les pêcheurs du Tréport sont une des rares populations de la côte ayant encore conservé un type et un caractère particuliers. Tout s'en va, les hommes et les choses s'estompent partout dans un gris uniforme. Combien y a-t-il d'endroits sur la côte normande, surtout au delà de l'Orne, où le matelot, le combattant héroïque de la mer, l'homme du danger de tous les jours, tend à ne plus se distinguer du vulgaire terrien et à ressembler à un ouvrier allant à son atelier, la vaste usine à poissons, et où la grande vieille barque non moins héroïque qui en voit de si dures en sa vie plus ou moins longue, le grand bateau de pêche monté par une quinzaine d'hommes pour les pêches du large, se modifie ou disparaît, remplacée par la petite barque, insignifiante coquille de noix vouée à la petite pêche le long des côtes.

Il n'en est pas de même au Tréport où le pêcheur est encore l'être à part, original, conservé dans la salure de la mer, le pittoresque pêcheur d'autrefois.

Il faut les voir, ces gens de mer, hommes ou femmes, aux grandes rentrées de bateaux par les belles marées un peu secouées, quand successivement les quarante ou cinquante bateaux de pêche, grandes barques à un seul mât ou flambarts à trois mâts, dansant sur la crête des vagues, enfilent les jetées en bondissant à travers l'écume, passent devant les vieux loups de mer à la retraite et devant les curieux arrosés par les lames sous le phare et s'en vont jeter sur le quai leurs paniers de poissons et leurs matelots bottés de cuir ou de gros bas de laine montant jusqu'à mi-cuisse.

Et les embarquements, les grands gaillards aux bonnes figures hâlées encadrées de barbes rousses, débouchant lourdement de toutes les rues pour gagner leur bord avec le petit tonneau de cidre sous le bras et les femmes en petit bonnet et en jupes rouges, portant de grands pains derrière les hommes et les mousses, en faisant claquer leurs mules de bois sur le granit du quai.

Et le départ, les chaluts et filets amarrés, le cabestan du bord qui grince, les voiles qui se hissent, le bateau qui s'ébranle halé jusqu'au bout des jetées par la ribambelle de femmes et d'enfants des gens du bord et par les anciens de la mer, les vieux cuits et recuits aux bises du large, qui tirent sur la corde sans quitter le bout de pipe vissé entre leurs dents....

VIEILLES MAISONS SUR LA PLACE, A EU

ROUEN VU DE LA CÔTE SAINTE-CATHERINE

XXIX

ROUEN

ROUEN NOCTURNE. — LA RIVIÈRE DES FLEURS DE LYS
TEMPS CALAMITEUX ET SIÈCLES DE SPLENDEUR

La première fois que je vis ou plutôt que j'entrevis la splendide vieille cité, couronne de la Normandie et joyau de la France, la ville aux glorieuses flèches pointant audacieusement vers le ciel et accrochant dans l'azur le nuage qui passe, c'était il y a déjà longtemps, avant la guerre, par une nuit sans trop de lune, de minuit à deux heures du matin, en une excursion nocturne entre deux trains.

O souvenirs, griserie du premier voyage, de la première course entreprise avec la bride libre, la soif de voir, de bonnes jambes et la bourse légère, vers les horizons nouveaux, vers la mer inconnue, vers les plaines et les grèves normandes.

Cette nuit-là, dès que j'eus traversé la Seine pour gagner, de la gare de Saint-Sever, la gare de la rue Verte, avec une tranquillité basée sur la connaissance de deux ou trois grandes lignes, quel plongeon soudain dans le fantastique et l'irréel, dans l'étrange et dans l'inouïsme, dans une forêt stupéfiante d'architectures fantomatiques, grandes rues à formidables silhouettes de maisons s'avançant en menaçants surplombs vers celles d'en face, noires, larges, montrant au bas de vagues sculptures et des entrecroisements de poutres, ruelles que la nuit creuse et fait semblables à des gouffres où tout détail sombre bientôt dans le noir profond, pignons, découpures de toits, tours, tourelles, formes inhabituelles, apparitions de murs d'un autre âge, percés d'ogives, de rangées de fenêtres éclairées accusant des lignes de meneaux sculptés.

Puis des places bordées d'étranges bâtiments avec des silhouettes aux lignes indiscernables, se chevauchant, piquées tout en haut, à des hauteurs non mesurables, de petites lumières fines comme des étoiles indiquant des nids humains accrochés sous les toits. Et ces toits eux-mêmes, plus fantasmagoriques encore, pointus, montant les uns sur les autres, dressant des cheminées qui ressemblent à des tours et des tuyaux qui prennent des apparences d'hommes d'armes gigantesques, en train de brandir des armes confuses dans une mêlée de bataille, de soudards de tôle, auxquels des passages rapides de nuages moutonnants sur le disque de la lune semblent donner une vie infernale...

Tous les décors des opéras moyen âge mis au bout l'un de l'autre, des rues mystérieuses à tournants et ressauts imprévus, des entrées de cours où tout à coup un rayon de lumière lunaire filtre à travers des arcatures tréflées, des hérissements soudains de pinacles gothiques, des porches majestueux d'églises avec quelque reflet argenté dans le vitrail d'une fenêtre ou d'une rose; devinés plutôt qu'aperçus à des angles de mur, des gnomes de pierre grimaçants, ou bien la figure de quelque statue touchée par un rayon se détachant sur le noir d'une niche et tout à coup des places magnifiquement encadrées, l'envolée de hautes et confuses architectures, encore surmontées de flèches indistinctes, sombres, vagues, dont le sommet se perd dans les nues étoilées; un recul de plusieurs centaines d'années dans le passé, après une journée du XIXe siècle, une nuit du XVe, une course errante à tâtons, dans le dédale des rues gothiques, dans la formidable accumulation de formes étranges, impossibles, de silhouettes se juxtaposant les unes sur les autres, babel colossale dont la cathédrale au centre, vaguement entrevue avec ses mille clochetons et ses tours, semblait l'étage de départ d'une escalade vers les profondeurs obscures du ciel.

Ce fut, cette vision fantastique, tout ce que je connus de Rouen pour quelques années, et cela resta comme un souvenir de rêve, jusqu'à l'heure des explorations en plein soleil, dans l'immense décor gothique planté par les aïeux sur les rives de la Seine, toujours debout, et toujours, quoique moins cependant qu'au xve siècle, grouillant de vie, — mutilé, ayant en ce siècle perdu bien d'inappréciables morceaux, mais resté quand même un si considérable entassement de trésors et de merveilles que vraiment un éblouissement rétrospectif vous prend si vous songez en admirant le Rouen actuel, souffrant de cent blessures, à ce que pouvait être, non pas seulement le Rouen resplendissant de la Renaissance, du temps des cardinaux Georges d'Amboise, les grands bâtisseurs, mais le Rouen presque intact du siècle dernier.

La noble Seine venue de Bourgogne, rivière royale, grande et fière chercheuse d'idéal et de poésie, exubérante et capricieuse, la rivière des fleurs de lys qui baigna les tours du Louvre et vit entre ses rives fleuries couler l'histoire de France, la rivière devenue, pour des kilomètres au-dessous de Paris, l'égout des trognons de choux et des détritus d'usines, puis filtrée dans ses détours, redevenue pure aux approches de la terre normande et digne des vagues bleues qui l'attendent, va lentement de repli en repli. Arrivée en vue de la ville-musée, comme elle multiplie ses majestueux et caressants enroulements parmi les grands arbres, les coteaux à coupures de falaises montrant les érosions du fleuve colossal des temps préhistoriques, dans la large et plantureuse vallée que hérisse les tours et les flèches rouennaises.

Devant le panorama changeant des rives, quel défilé d'ombres imposantes et de site en site quelle évocation de tableaux terribles ou superbes! Quelles scènes grandioses le temps a vu se dérouler ici sans remonter trop loin, en tout au plus dix existences humaines mises bout à bout, depuis les premiers arrivages de Vikings scandinaves remontant aventureusement fleuves et rivières, ces Pizarres barbares découvrant des Amériques civilisées!

Cette sirène de bateau à vapeur qui mugit là-bas derrière les îles boisées, n'est-ce pas le déchirement sauvage du cor d'Hasting le pirate, qui glaçait de terreur les malheureux riverains? Les voici, les Normands ravageurs remontant les fleuves et rivières de France; voici, voguant à pleines voiles et à toutes rames, les navires du Nord, les grandes barques à proues taillées en dragons ou en serpents, en dauphins dorés, avec des aigles de forme barbare éployées en haut des mâts et les boucliers des hommes rangés aux bordages.

De leurs camps palissadés, établis d'abord aux embouchures des fleuves, puis dans les îles ou presqu'îles faciles à défendre, les Vikings s'élancent la hache ou l'*étoile du matin*, la Morgenstern hérissée de pointes à la main et s'en vont enlever quelque bourg, forcer quelque ville, ou escalader les murailles de quelque couvent épouvanté, s'aventurant au loin, massacrant et pillant tout, égorgeant moines et bourgeois, brûlant les églises et rapportant à leur campement le butin des villes et les orfèvreries des chapelles...

Et le fabuleux bouleversement d'alors, l'installation des hommes du Nord, des fils d'Odin, dans les fiefs conquis et les incessantes allées et venues à travers le monde européen de ces barbares au sang aventureux impatients de tout repos, de ces chefs fondant des principautés çà et là en Italie, ou s'en allant former la garde mercenaire des empereurs de Constantinople...

Puis la Neustrie devenue la Normandie avec Rollon, les vaisseaux du petit-fils de Rollon, Guillaume le Bâtard, conduisant à la flotte de la conquête les contingents en hommes d'armes, moines et valets fournis par les villes, les seigneurs et les couvents...

Les ducs de Normandie rois d'Angleterre, les guerres de partage entre héritiers du duché, les luttes avec le suzerain de France, les Français de Philippe-Auguste dressant leurs machines de siège sur le roc du Château-Gaillard de Richard Cœur de Lion...

Et les splendeurs du XIIIe siècle, les abbayes puissantes mirant dans la Seine leurs cloîtres pleins de moines, la grande efflorescence des architectures gothiques, les villes élevant toujours plus haut les flèches ogivales de leurs églises comme un jardin de fleurs de pierres et s'enfermant dans une forte garniture de remparts! Quelle ville que le Rouen hérissé de tours, alors réflété par ces mêmes flots qui passent sous le Rouen industriel d'aujourd'hui. Elle allait avoir besoin de toutes ces tours contre les Anglais pendant le siège aux effroyables calamités, l'horrible siège de 1418, qui donna pour trente ans la capitale normande aux gens de guerre d'Albion!

Voici les temps nouveaux et durs aux vieilles choses; gare aux villes splendides élevées et ciselées par les siècles naïvement artistes qui avaient su trouver une expression matérielle à leurs rêves et donner une si magnifique parure à la vie! Ce que les guerres et les sièges n'ont pu faire, le siècle réaliste et terre à terre va s'en charger.

Place, voici le char de la civilisation moderne, dure, outrecuidante, fille dénaturée qui méprise sa mère, la vieille France des aïeux. Pour livrer passage à ce char dirigé par les ingénieurs, chevaliers de la ligne droite et du niveau, il faut abattre, abattre, abattre! Il faut éventrer les vieilles murailles, renverser les tours, bousculer les monuments que touche la terrible ligne, culbuter les églises sur les beffrois, les flèches aériennes sur les cloîtres aux arceaux découpés, pratiquer de larges trouées à travers les antiques maisons, il faut partout raser et niveler! Les éventreurs et étripeurs de vieilles villes se sont donné libre carrière à Rouen, et, si l'on s'incline devant les améliorations indispensables réalisées, devant les

LE GROS HORLOGE A ROUEN

vraies nécessités, on pleure depuis tantôt cinquante ans les méfaits commis par faux goût ou pour de prétendus embellissements.

CATHÉDRALE DE ROUEN

En réalité, malgré les kilomètres de bâtisses rectilignes de nos quartiers modernes, caisses d'emballage pour locataires, s'allongeant indéfiniment sans une note d'art, on se demande presque si nous autres, gens du XIXe siècle, nous ne serions pas de pauvres malheureux logés dans les ruines magnifiques du temps passé, des tribus dépourvues du sens de la beauté pittoresque que possédaient si manifestement nos ancêtres, enfin de simples barbares, des barbares savants bien fiers derrière un décor de civilisation en ferraille et plâtras, de nos sciences malfaisantes, mangeuses d'idéal et casseuses de bras?

La larme due aux belles choses à jamais perdues une fois versée, soyons tout aux belles choses qui restent et dépêchons-nous de les admirer pendant qu'elles sont encore debout... car, hélas! qui pourrait nous dire lesquels, parmi ces pauvres souvenirs toujours attaqués et menacés, lesquels sont déjà visés et ne jouissent que d'une prolongation d'existence bien précaire.

Combien de belles choses restent encore en cette ville où si visiblement l'âme du passé plane et palpite au-dessus des monuments d'antan! On fait aujourd'hui le tour du monde en 72 jours, on pourrait faire, en cinq cents aspects pittoresques ou tableaux historiques, le tour de la cité merveilleuse qui étale au pied de la côte Sainte-Catherine le moutonnement de ses milliers de toits aigus entassés et enchevêtrés.

Ces vagues d'ardoises et de tuiles s'étendent en lignes entre-croisées, en courbes hérissées, en masses sombres s'estompant peu à peu vers les lointains, du côté des coteaux de Bois-Guillaume ou du Mont-aux-Malades et des autres gracieuses collines, entre lesquelles se glissent par de jolies vallées, des ruisseaux allant à la grande Seine et des fleuves de toits, faubourgs affluents de la grande ville. En avant surgissent des îles dans le fleuve, en verdures et maisons serrées, puis au-dessus de tout, semblables à de grands navires à l'ancre sur la mer des toits, les nefs des grandes églises, la cathédrale, Saint-Maclou et Saint-Ouen, dressant, ainsi que des gaillards d'avant sculptés, les pointes de leurs porches et comme des mâts leurs tours surmontées de flèches.

DEVANT SAINT-MACLOU

XXX

ROUEN (suite)

SOUS LE GROS-HORLOGE. — LE PALAIS DE JUSTICE. — FLÈCHE SUR FLÈCHE
CATHÉDRALE, SAINT-OUEN ET SAINT-MACLOU

Au hasard maintenant au cœur de la ville, dans ce coin de terre si particulièrement productif où les hommes de jadis ont fait pousser les magnificences les unes sur les autres, la cathédrale et le palais de justice, Saint-Maclou et Saint-Ouen, à peine séparés par quelques rues étroites.

On peut considérer la rue du Gros-Horloge comme le plus caractéristique et le plus particulier de tous les aspects de Rouen ; c'est une rue pas bien large, pas bien longue, mais amusante et grouillante, mouvementée, à vieilles maisons encore curieuses bien qu'il faille regretter celles que l'on ne voit plus hélas ! que dans la lithographie de Bonington, les grandes maisons de bois des XVe et XVIe siècles abattues pour la rue Jeanne-d'Arc, façades curieusement travaillées, sculptées comme de grands bahuts gothiques ou Renaissance par les maîtres ymaigiers, menuisiers, huchiers ou coffretiers de Rouen, les mêmes qui, dans le même temps, taillaient en cœur de chêne les si curieuses stalles sculptées de la cathédrale, aux miséricordes ornées de tant de petits personnages sérieux ou comiques.

De ces maisons du Gros-Horloge il reste la façade plaquée au fond du square Saint-André, si jolie avec ses poutrelles taillées en balustres, les figurines de ses consoles, ses frises à rinceaux élégants, ses médaillons Renaissance et le fronton en coquille de la fenêtre du pignon, mais combien plus d'effet elle devait faire à sa place naturelle, maison vivante et non pièce de musée dressée dans un angle de square.

Quel arrangement merveilleux que ce carrefour du Gros-Horloge, quelle grâce et quel pittoresque à ce décor de ville si souvent reproduit ! Le tableau est si complet, à la croisée de deux petites rues cette belle voûte portant au-dessus de la rue le grand cadran richement orné, et à côté dans un angle rentrant, la gracieuse et charmante fontaine XVIIIe siècle, au pied du vieux beffroi municipal ! La sévérité rébarbative au-dessus des grâces souriantes de la Renaissance et des galanteries rococo.

Les vieilles murailles de la tour ont été élevées au XIVe siècle à la place d'un plus antique beffroi en haut duquel sonnaient déjà pour les réjouissances et les tocsins d'alarme ou d'émeute les vieilles cloches de la Commune de Rouen, la *cache Ribaud* et la *Rouvel* ou Cloche d'argent. Après une grande sédition en 1382, révolte sanglante durement réprimée par Charles VI, le roi pour punir la ville, rasa ce beffroi primitif dit Tour Massacre et enleva les cloches en signe de suppression des franchises municipales. La ville après quelques années racheta et les cloches et le droit de reconstruire son beffroi, la tour actuelle.

L'arcade en travers de la rue fut construite en 1529 en l'honneur du grand commerce de lainage et draperie de la ville ; l'arc de la voûte, dessus et dessous, ont été avec amour décorés par la Renaissance d'allégories pastorales, sculptures, bas-reliefs et ornements divers, parmi lesquels on distingue sous la *bergerie* centrale de la voûte, de jolis cartouches ayant pour supports des figures élégantes terminées en rinceaux.

De chaque côté de l'arcade le grand cadran de l'horloge, formé d'un cercle de nuages contournés est aussi décoré d'une façon charmante, entouré d'ornements élégants et de médaillons. Sur le côté, la fontaine, du bon XVIII° siècle, campe au

L'AITRE SAINT-MACLOU

pied du vieux beffroi gothique des amours et des attributs pastoraux ou galants, autour d'un grand bas-relief représentant la nymphe Aréthuse cédant à l'amour du fleuve Alphée.

Sous l'arcade au bout de la rue, apparaît comme pour dire aux admirations de se hâter, un coin de la blanche façade de la cathédrale. Il y a pourtant encore pour retenir le passant bien des maisons curieuses dans cette rue du Gros-Horloge : la cour du passage Detancourt, ornée de statues de dieux et de déesses, les restes de l'ancien hôtel de ville, bâtiments en bossages de vieilles pierres noircies et çà et là, comme partout à Rouen d'ailleurs, de quelque côté que le regard frappe, de l'art sur les murs, de l'art de tous les styles et de toutes les époques, jolis détails, sculptures, écussons, bas-reliefs... On se dirige vers la cathédrale aux envolements de pierre blanche, mais au tournant de cette rue, d'autres perspectives s'ouvrent, d'autres monuments appellent, des tourelles et des toits à mille pointes, des lucarnes flamboyantes, toute une poussée d'autres magnifiques fleurs ogivales.

C'est le Palais de Justice dont la grande cour s'ouvre sur la vieille rue aux Juifs, abondante aussi en vieilles façades curieuses.

Quel palais que celui-ci ! La justice est-elle nulle part aussi magnifiquement logée que dans les grands bâtiments élevés à la fin du xve siècle et au commencement du xvie, complétés de nos jours et dans le même style, est-elle nulle part installée d'une façon aussi imposante, que dans les salles cachées derrière cette étonnante façade de la grande cour.

Suprême chef-d'œuvre de l'architecture civile du moyen âge, épanouissement dernier des formes ogivales, le vieux palais de l'Echiquier de Normandie développe entre les contreforts sculptés s'élevant jusqu'au faîte du toit en fines aiguilles, les arcs surbaissés des galeries du rez-de-chaussée, les grandes fenêtres aux appuis sculptés, les dentelures de leur cadre en accolade et après la belle balustrade à rosaces en corniche, les triomphales, admirables et invraisemblables lucarnes à triple arcature qui sont le che--d'œuvre de la lucarne gothique, ce qu'il y a de plus merveilleux de plus riche et de plus compliqué en fait de lucarnes. C'est une rangée de monuments sur le toit, en arrière de la balustrade, soutenus par des arcs-boutants en guipure de pierre, des édicules sveltes, élancés, fleuronnés et festonnés, avec des statues et des statuettes, des écus armoriés, des animaux fantastiques et des guivres accrochées aux feuillages ciselés, une projection de pinacles triomphants et, pour relier chaque lucarne à la lucarne suivante une suite d'arceaux qui portent sur leur fleuron supérieur une statue en costume Louis XII.

Superbe aussi tout le reste, la tourelle qui coupe cette façade par le milieu, puis à l'intérieur, en entrant par le perron de l'aile gauche en retour sur la cour, la fameuse grande salle des Procureurs, ancienne salle commune de la ville, un immense vaisseau aux voûtes de bois, aux charpentes sculptées, présentant de nombreux sujets grotesques, et ensuite la salle des assises, ancienne grand'-chambre du Parlement.

Ici par exemple notre siècle a bien travaillé, il a élevé des bâtiments dans le style Louis XII, les hauts pignons et la belle tour de l'horloge sur la place Verdrel; il a superbement complété et restauré avec conscience le palais qu'il avait trouvé dans un état de dégradation fort pittoresque en dessin, mais lamentable en réalité, négligé, abîmé, modifié en certaines parties, les pinacles de ses lucarnes tombés ou amputés. La porte conduisant par un magnifique degré à la grande salle a plusieurs fois changé de place : en 1830, elle était dans ce coin à gauche, au milieu d'échoppes accrochées au soubassement, ainsi qu'en témoigne un beau dessin de Bonington.

La cathédrale ! Il ne s'agit point ici d'une description impossible, mais d'une simple esquisse à la plume des grandes lignes de l'immense édifice. Au fond de la place se dressent, à des hauteurs formidables, deux hautes et superbes tours de formes différentes, la tour Saint-Romain, couverte d'un toit aigu en ardoises et l'élégante tour de Beurre, qui doit son nom bizarre à ce qu'elle fut construite à la fin du XVe siècle avec le produit d'un droit mis sur le beurre consommé en carême, belle tour flamboyante terminée, à près de 80 mètres, par une couronne octogonale; la robuste tour Saint-Romain renfermant le fameux gros bourdon de la cathédrale et la tour de Beurre ayant possédé, jusqu'en 93, la non moins célèbre cloche *Georges d'Amboise*, la plus grosse de France, qui pesait quarante mille livres, qui fut fêlée en sonnant à toute volée pour la visite de Louis XVI en 1786 et retrouvant une plus formidable voix, fit encore un beau tapage sept ans après, fondue en canons pour les frontières.

MONUMENT DE VANITÉ
DÉTRUIT POUR L'UTILITÉ
L'AN II DE L'ÉGALITÉ

dit une médaille fabriquée alors avec un peu de son bronze distrait de la fonte.

Entre les deux tours s'élève la large façade blanche, le grand portail lavé par les pluies; des lignes ascendantes, de blanches pyramides de pierre, des tourelles, des galeries, de hautes et fines colonnettes, un magnifique fronton ajouré au-dessus du portail central, une surabondance d'ornementation par malheur bien maltraitée par les hommes et par le temps, des statues en grande partie décapitées, bien des niches vides aussi; aux voussures du grand portail de Georges d'Amboise, de fins détails en partie cachés par le filet qui empêche les oiseaux de s'y édifier des nids, deux portails latéraux plus sévères du XIIe siècle, et au-dessus de tout cela la pointe de la transparente flèche de fer à peine terminée, de l'audacieuse et vertigineuse aiguille pointée à 150 mètres dans le ciel sur le socle de la tour centrale.

Ainsi blanchie et pour ainsi dire vieillie par les pluies, la cathédrale prend des apparences irréelles; elle a l'air à certaines heures de flotter dans l'air; je l'ai entrevue un jour d'hiver plus blanche encore et plus irréelle, avec une légère couche de neige sur tous ses toits, sur tous ses clochetons, sur toutes les arêtes et les saillies, et par-dessus toutes ces blancheurs, la flèche à peine indiquée en

LE PORTAIL DES LIBRAIRES

lignes grises, presque fondue et voilée de temps en temps par de floconneux nuages se déchirant aux architectures.

On ne monte plus aujourd'hui dans les galeries supérieures de la façade, j'ai gardé pourtant le souvenir d'une promenade à travers les arcatures et les galeries, quelque chose comme une excursion dans une ruine fantastiquement découpée ou sur une montagne sculptée à jour, le long des meneaux tremblants ou des balustrades fléchissantes, parmi les vieilles pierres rongées, sur des ponts de bois jetés au-dessus d'abîmes et de précipices.

ROUEN, LUCARNE DU PALAIS DE JUSTICE

Et les portails sur les transepts et le tour de l'église par des rues et ruelles de caractère et de couleur archaïques. La rue Saint-Romain tournant au pied de la tour de gauche montre d'abord à l'entrée la cour d'Albane, silencieuse cour de cloître endormie sous les hauts contreforts, fermée de bâtiments à grands arceaux gothiques; puis, après de curieux pignons à encorbellements, le Portail des Libraires ouvrant sur une cour fermée de vieux bâtiments, séparée de la rue par une belle arcature de style gothique.

TOUR CENTRALE DE SAINT-OUEN

L'autre entrée latérale de l'église, le portail de la Calende, est une pure merveille des XIVe et XVe siècles, une porte à fronton surmonté d'une rose sous un autre fronton, une belle suite de motifs ascendants entre deux grandes fenêtres à lancettes très simples. Sous les voussures, dans le tympan de la porte, partout, nombreux bas-reliefs et statues, figures du plus grand caractère, scènes de la bible ou de la Passion et toute une série de tout petits sujets encadrés dans des rosaces.

Il faut le voir, ce portail de la Calende, en débouchant par la rue du Bac ou par l'étrange rue de l'Epicerie qui vient de la place de la Haute-Vieille-Tour, se découvrant peu à peu entre les antiques pignons, avec la saillie aigue des pinacles dardés sur le ciel, l'énormité majestueuse des tours et surtout la saisissante envolée de la flèche de fer au-dessus de tous les vieux toits cahotants et de ce massif d'Alpes de pierres sculptées et déchiquetées qui forme l'immense église.

A l'intérieur, les féeries profondément solennelles et mystérieuses de la nef continuent les magnificences extérieures; dans l'immensité de l'église, les voûtes portées sur de gigantesques piliers semblables à des tours sous la lanterne de la flèche, se perdent dans une obscurité vague que traversent des projections de lumière ou qu'effleurent des rayons multicolores venus des verrières du fenestrage. En haut, à travers les arcades, les roses étincellent d'une lumière que les meneaux flamboyants semblent faire palpiter, symboles de l'épanouissement perpétuel de la vie, comme la Croix du plan symbolise à la fois la mort des corps et la mort du Fils de Dieu pour le salut des âmes. De chapelle en chapelle on va pas à pas, admirant verrières et sculptures, tombeaux et retables, à la merveille, à la grande chapelle de la Vierge où sont les fameux tombeaux, le monument des deux cardinaux d'Amboise et les monuments des Brezé.

Pierre de Brezé, grand sénéchal d'Anjou et Normandie, grand guerroyeur et bon conseiller pour Charles VII et Louis XI, entré le premier dans Rouen repris aux Anglais en 1449 et tué à Montlhéry, repose sous une arcade surmontée d'une élégante et très fleurie claire-voie ogivale, toute garnie des initiales P B entrelacées de palmes, sculptées ou ajourées. L'arcade est vide, la statue du grand sénéchal ayant disparu au temps des guerres de religion. A côté s'élève le monument plus important consacré en 1544 par Diane de Poitiers à la mémoire de Louis de Brezé, petit-fils du précédent, marié à quarante-cinq ans à Diane, âgée de quinze ans à peine.

Les admirables statuaires de la Renaissance ont prodigué les grâces de leur ciseau à ce superbe édifice divisé en deux étages d'une ordonnance si élégante et l'on ignore le nom de celui qui sculpta le merveilleux cadavre de Brezé, d'une expression si dramatique, tout nu sur le sarcophage de marbre noir du rez-de-chaussée, habillé seulement d'inscriptions et de noms gravés par les visiteurs de jadis, étendu entre deux statues, une Diane de Poitiers à genoux et une Vierge debout.

Au-dessus, entre deux groupes de statues allégorisant des vertus et des gloires, en cariatides élégamment drapées, la statue équestre de Brezé l'épée à la main, cheval et cavalier en grand harnois de guerre, s'encadre dans une grande arcade, sous un entablement dominé par une figure allégorique de la Force très noble et très superbe.

En face, le monument des cardinaux d'Amboise, datant de 1525, étale la richesse et la prodigalité de son ornementation. C'est quelque chose comme un autel ou plutôt comme un fastueux dressoir du style de la Renaissance commençante et exubérante, un extraordinaire monument fouillé et ciselé où pas un centimètre de surface n'est resté sans ornementation.

Sur un soubassement en six divisions, avec de ravissantes statuettes de vertus dans des niches, des figurines de *pleurants*, reste des belles traditions des monuments funéraires gothiques, les deux cardinaux Georges d'Amboise, l'oncle et le neveu, sont représentés en prière. Au-dessus un dais les recouvre, un dais extrêmement décoré où les figurines, les statuettes et les ornements se multiplient jusqu'à la profusion et qui se termine par une poussée de pinacles et de fleurons triomphalement ciselés.

Et que de choses encore dans cette cathédrale, porte de salle en fer forgé et ajouré, stalles, verrières, et enfin le superbe escalier de pierre de la bibliothèque en plusieurs zigzags de balustrades gothiques variées, plaqués dans un angle du transept gauche.

Mais à deux pas de la cathédrale, n'y a-t-il pas les richesses de Saint-Maclou à

FRAGMENT DU TOMBEAU DE LOUIS DE BREZÉ

explorer, Saint-Maclou et les sveltes délicatesses de son portail en perspective au fond de la rue Saint-Romain devant l'archevêché?

De face, un fâcheux bout de rue moderne l'écrase, ce portail, mais de côté, en se cassant le cou, sous l'abri des auvents de la rue Malpalu qui ne se pique pas de modernité, la brave vieille, ou du moyenagesque carrefour Damiette on peut apprécier toute la grâce de ce bijou de façade, la fuite et le raccordement de toutes les lignes d'un porche à pans coupés surmonté de ses cinq frontons transparents et d'un réseau de lignes, d'entrelacs et de balustrades flamboyantes qui se relient par des arcatures s'accrochant aux tourelles, au grand gable du pignon, sous la grosse tour en arrière, piédestal robuste de la flèche ajourée.

Mais seules en jouissent complètement les hirondelles qui l'habitent ou qui voltigent à travers meneaux et colonnettes de cette grande claire-voie !

Si j'étais petit oiseau...

martinet à l'aile rapide ou vieux et sage corbeau, je volerais vite et vite à Rouen et m'établirais un domicile ici même dans ce merveilleux carré de ciel percé par des flèches de la cathédrale, de Saint-Ouen et de Saint-Maclou. Quel domaine ! Les martinets, toujours en mouvement, n'y font peut-être pas suffisamment attention, mais les graves corbeaux gothiques y domiciliés de père en fils, depuis les ancêtres qui ont vu les tours monter, monter et s'élever vers le ciel, doivent en apprécier savamment les beautés. Ils connaissent tous les merveilleux sentiers de pierre si superbement ouvragés, que seules les âmes et les prières peuvent gravir, sentiers que d'en bas l'œil humain a peine à suivre dans leur ascension vers la pointe des flèches, vers la croix indicatrice du sommet, à travers les arcatures ou des statues songeuses regardent passer la vie tumultueuse au-dessous, à côté des guivres et des gargouilles qui semblent de leur gueule de pierre ouverte, essayer de crier les vérités d'en haut aux gens d'en bas.

Braves corbeaux à l'aile lustrée, au grand bec malin comme un nez, vous êtes les amis de l'artiste, vous aimez ce qu'il y a de beau de par le monde, la nature et l'art, camarades, vous qu'on ne voit jamais dans les villes neuves, prétentieuses et banales, mais que l'on rencontre voletant par bandes dans les champs solitaires et que l'on voit tournoyer dans les nuages à travers les pointes des clochers, en croassant à plein bec un tas de vieilles histoires.

Ce que l'on peut voir de près à Saint-Maclou, ce sont de belles portes Renaissance, particulièrement la petite porte du bas côté gauche, que ses figures aux lignes exquises font attribuer à Jean Goujon, et au dedans le tout à fait délicieux petit escalier des orgues, la tourelle gothique contenant la vis comme un étui de pierre en spirales ciselées à jour.

Tout près de l'église, poussons la porte de cette maison dont la façade ne diffère en rien des autres, voici une grande cour plantée de quelques arbres, entourée de bâtiments bas en partie à galerie comme un cloître. C'est l'aitre Saint-Maclou, l'ancien cimetière de l'église.

Les colonnes de bois soutenant la galerie et les poutres filant au-dessus sont tout le long du cloître garnies de sculptures et d'emblèmes macabres. Une danse des morts se développe ainsi en petits groupes sculptés au milieu de chaque colonne, squelettes et personnages, papes, rois, seigneurs ou religieux, tous bien abîmés, rongés ou mutilés. Et tout à coup, pendant que l'on regarde cette décoration sinistre, de squelette en squelette, voici qu'une porte s'ouvre et qu'une ribambelle de petites filles se précipite avec des rires et des bousculades, sans se soucier des os en croix ou des lamentables têtes de mort. L'aitre Saint-Maclou est maintenant un préau d'école ; ici où tout finissait jadis, la vie commence maintenant.

Cette rue Damiette aux vieux pignons déjetés conduit du petit Saint-Maclou au gigantesque Saint-Ouen, dont la tour centrale se dessine svelte et blanche par-dessus les toits de la rue Eau-de-Robec. Voici, dans les verdures de son jardin, l'église aux colossales proportions, dressant les flèches de son portail, l'immensité de sa

MAISON, RUE EAU-DE-ROBEC

nef, sa tour centrale et son chevet, avec les grands arcs-boutants semblables à des ponts inclinés projetés par-dessus les toits des chapelles.

En conscience, s'il faut l'avouer, Saint-Ouen est surfait. Extérieurement Saint-

Ouen ne frappe pas comme la cathédrale, l'ensemble est trop régulier et l'intérieur ne donne pas ce coup d'émotion, ce battement des âmes dans le corps, dû à la solennité des ombres tombant des voûtes, au mystère des chapelles au fond desquelles scintillent les paradis multicolores des verrières.

C'est une magnifique épure d'architecte, admirablement dessinée et lavée, sans une tache, sans un accroc, que cette immense église de l'abbaye bénédictine élevée ou plutôt commencée au milieu du xiv° siècle par l'abbé Roussel Marc d'Argent, mais cette trop grande pureté de lignes, cette trop grande perfection de style, cette projection régulière et presque indéfinie de faisceaux de colonnettes qui n'en finissent plus, c'est un peu trop l'élégance mathématique de la géométrie ; c'est beau, mais trop rigoureusement régulier, même quand on regarde, en soulevant le couvercle du fameux bénitier de l'entrée, cette nef colossale reproduite à l'envers par reflet dans l'eau.

Oui, ce n'est que par réflexion que l'on éprouve à Saint-Ouen cette impression religieuse que donnent souvent si profondément de toutes petites églises de village et que toutes les splendeurs d'un Saint-Pierre de Rome, — palais des papes-rois, — sont impuissantes à éveiller. « — L'architecte a bien travaillé ! » A Saint-Ouen, rêve grandiose d'un palais religieux mathématiquement exécuté par une abbaye puissante, voilà tout ce qui vient d'abord à l'esprit.

Au dehors, c'est la même perfection savante du style poussée aux extrêmes limites, dans le développement régulier de l'immense vaisseau, que l'on embrasse trop d'un coup d'œil, trop nettement disposé dans le square établi sur l'ancien emplacement des bâtiments abbatiaux ; pour juger Saint-Ouen, peut-être vaut-il mieux se reporter au temps où l'église se dressait au-dessus des crénelages de l'enceinte particulière de l'abbaye royale, des tours et des hauts pignons, des grandes salles, des logis monumentaux, — souvenirs de sa puissance, emportés dans le cours des siècles ou disparus dans la tourmente révolutionnaire, alors que des forges pour la fabrication des armes ronflaient sous les voûtes de l'église, grand ensemble d'édifices disparus et dont il ne reste aujourd'hui qu'un morceau, l'ancien dortoir des moines, noyé dans les bâtiments du vaste hôtel de ville actuel accolé au flanc de Saint-Ouen sur le portail opposé à celui des Marmousets à côté de la romane tour aux Clercs.

Mais il ne faut pas trop médire de ce jardin aux beaux ombrages sous lesquels on peut admirer à l'aise l'harmonieuse abside allongeant sur le ciel ses légers arcs-boutants et le si délicieux portail des Marmousets au porche dentelé, au magnifique fronton tout en roses, rosaces et découpures de pierre, surmontées de la fameuse tour centrale — qui s'élève svelte et blanche au-dessus de la croisée par un étage quadrangulaire, percé de magnifiques grandes fenêtres aux légers meneaux, dont les sommets triangulaires au-dessus des ogives passent à travers les balustrades, entre quatre contreforts d'angle terminés en hauts clochetons qui montent soutenir l'étage octogonal, les fenêtres flamboyantes du xve siècle

LE MÉRIDIEN DE SAINT-OUEN

et la couronne en gracieuses balustrades coupées de pinacles aigus pointés si haut dans le ciel.

Dans un angle, du côté de l'hôtel de ville, se trouve appliquée à l'abside la tour aux Clercs, un fragment de l'église primitive ravagée par plusieurs incendies.

Cet antique débris, conservé comme annexe de sacristie et vestiaire des clercs, lors de la construction du Saint-Ouen actuel, est une petite tour ronde à deux étages, percée de deux fenêtres à plein-cintre avec de très simples ornements romans et surmontée de la balustrade ogivale à quatre-feuilles de l'église.

En face, dans le jardin, on a placé un joli méridien xviiie siècle, provenant de l'ancienne Bourse et dû au ciseau du sculpteur Slodtz, c'est, au milieu du feuillage, un obélisque de pierre sur lequel un grand vieux Temps indique la ligne solaire, une figure allégorique et des attributs du commerce et au-dessous un médaillon du roi Louis XV.

PORTAIL DE LA CALENDE

33. ROUEN, UN COIN DE SAINT-ÉTIENNE DES TONNELIERS

PETITE PORTE DU BUREAU DES FINANCES

XXXI

ROUEN (suite)

AUTOUR DE LA HAUTE
VIEILLE TOUR
LA FIERTE
VIEILLES RUES ET VIEILLES MAISONS
LES VIEILLES ÉGLISES
TRANSFORMÉES

Quelle ville que celle où, suivant l'expression de Victor Hugo dans ses lettres sur le Rhin, on peut faire déjeuner son esprit le matin en passant devant quelque belle enfilade de vieux logis, artistique vêtement de pierre des populations d'autrefois, et le faire dîner le soir d'un gigantesque plat de superbes monuments! Mais à Rouen on dînerait ainsi toute la journée avec des cathédrales pour magnifique surtout de table.

Il n'y a qu'à consulter le *Rouen illustré* et le *Rouen pittoresque* consacrés à la capitale normande par M. Augé, le libraire-éditeur de l'artistique rue de la Grosse-Horloge avec le concours des érudits et des artistes rouennais, pour trouver immédiatement, en dehors des beautés classées et célébrées, les coins et recoins pittoresques, les morceaux curieux perdus dans le dédale des rues, des ruelles et des cours, avec les vieux souvenirs qui se dégagent de la poussière des vieux murs, le vieil hôtel où l'art étincelle du haut en bas des façades et la triste maison qui fut belle jadis, qui eut de beaux jours et qui pourrit aujourd'hui et s'effondre dans une lamentable déchéance.

Aimez-vous les contrastes violents? Il y a le brillant hôtel Bourgtheroulde qui fait regretter le passé et les cours de la rue des Arpents sur lesquelles plane affreusement le spectre terrible de la misère, des murs qui font retrouver avec plaisir les larges voies nouvelles ouvertes à grands coups de pioche dans ces sombres quartiers.

Hélas! le type de la maison qui n'a pas eu de chance, c'est bien cette haute et lugubre bâtisse du bas de la rue des Arpents, sur laquelle trois siècles et demi pour le moins ont passé si lourdement qu'elle en est toute déjetée. Pauvre vieille maison et surtout pauvre cour! Le dehors ne fait pas trop peur, si tu voyais dedans!

Regarde et respire! Des murailles lamentables, des logis horribles, cela se voit dans toutes les villes, mais le comble de l'horreur, le voici bien dans cette étroite cour, resserrée entre des façades de quatre étages de pans de boue reliés en bois pourri, noirs, sombres et puants, cloaque encombré de paniers et de hottes, de mille détritus et trognons de choux.

Vivre là dedans! y naître, hélas! Et les pauvres vieilles maisons ont connu de meilleurs temps; des coquetteries de leur jeunesse il reste des traces, des moulures sur les poutres, des sculptures rongées, car cette rue lépreuse fut, aux beaux jours d'autrefois, une rue aristocratique. Ces maisons en proie à la décrépitude et à la misère noire tombent par blocs, ces rues terribles et sinistres disparaissent et sont remplacées par des quartiers neufs et simplement laids, où le marchand de vins succède au liquoriste, comme dans les plus naturalistes faubourgs de Paris.

Mais heureusement, à côté du vieux Rouen sinistre qui disparaît, des verrues qu'on arrache, il reste le vieux Rouen extraordinairement pittoresque, serré autour de ses merveilleux monuments, cadre superbe du même âge qu'eux, c'est-à-dire le cœur de la grande ville, entre la Seine et les quais si remuants, la place du Vieux-Marché où mourut Jeanne d'Arc, le vieux château et la rue Eau-de-Robec.

Au bout de cette sombre rue des Arpents, après la porte Guillaume Lion, la seule conservée des portes de Rouen, probablement parce qu'elle était la moins intéressante, simple portique du siècle dernier imitant une porte Saint-Martin quelconque, voici l'air, la lumière, voici le fleuve avec ses grands navires, ses barques, son mouvement, les larges horizons, les verdures lointaines, les îles et les collines, les ponts, les bateaux à vapeur sifflant et fumant, le bruit, la foule et la gaîté.

Et les magnifiques perspectives, les coteaux de Sainte-Catherine et de Bon-

Secours, les espaces d'où la Seine arrive et les coteaux au pied desquels elle file parmi les peupliers et les arbres, le pont de pierre au milieu duquel réfléchit le grand Rouennais, Corneille, le nouveau pont qui fait regretter l'ancien pont suspendu, — lequel avait au moins une silhouette, — le mouvement moderne, le commerce déchargeant ses navires venus des quatre coins du monde et l'industrie fumant par toutes les hautes cheminées du faubourg Saint-Sever.

Pour rentrer dans le Rouen joyau d'art énorme et compliqué, voici, donnant sur la partie la plus remuante et la plus moderne des quais, les petits bouts de rues conduisant aux vieilles halles, au commerce d'autrefois, un passage noir, des voûtes et soudain la très curieuse place de la Haute-Vieille-Tour.

Un grand carré de sombres bâtiments, des voûtes et des enfilades d'arcades sombres, des toits immenses avec plusieurs étages de lucarnes. Ce sont des halles du XVIe siècle élevées pour le négoce des toiles et des draperies sur l'emplacement de plus anciennes halles construites elles-mêmes sur les débris du château des ducs de Normandie,

LE MONUMENT DE LA FIERTE

rasé par Philippe-Auguste ; la vieille tour, c'était la grosse tour du château dont le souvenir a traversé les siècles.

Au milieu de la façade, au-dessus du passage voûté venant de la place de la Basse-Vieille-Tour s'élève un monument bien célèbre du XVIe siècle, le monument de la Gargouille, autrement dit chapelle Saint-Romain, au balcon duquel se faisait la levée de la fierte ou châsse de saint Romain. C'est un petit édifice pyramidal composé, au-dessus de la première voûte, d'une loggia carrée ouverte par trois arcades en plein cintre, à laquelle on accède par un double perron ; au-dessus de ces arcades s'élève une espèce de réduction de temple antique à colonnade, couronné plus haut par un tout petit campanile rond et se terminant sur le campanile par une simple colonne, surmontée d'un fragment de colonnette, le tout bien frustre et bien détérioré.

ROUEN, MARCHÉ AUX BALAIS

Tous les ans, le jour de l'Ascension, par suite du privilège du chapitre de Notre-Dame, un condamné à mort, choisi à l'élection par le chapitre parmi ceux

ROUEN, PASSAGE DE LA SALAMANDRE

qui se trouvaient dans les prisons de la ville, était amené aux Halles en magnifique procession, sous l'escorte de la garde bourgeoise, avec toutes les pompes religieuses, avec les confréries, les dignitaires du chapitre et le clergé des paroisses, les bannières, les figures fantastiques portées par des bedeaux et rappelant la gargouille ou le dragon vaincu par saint Romain.

La procession, parvenue au monument de la Fierte, défilait sous la grande arcade ; en haut du perron, l'archevêque de Rouen, après une exhortation au condamné et une absolution, lui faisait soulever la châsse de saint Romain. Il avait alors grâce entière et complète, avec bon souper, bon gîte pour une nuit et un chapeau neuf, après les cérémonies. Ses complices, s'il en avait, étaient graciés de même et suivaient la procession avec les graciés des années précédentes, un cierge à la main.

Ce privilège du chapitre, accompagné de si curieuses coutumes, dura jusqu'à la Révolution. Que de criminels ou de malheureux défilèrent ainsi sur ce perron usé et se montrèrent sous la grande arcade, la châsse de saint Romain sur l'épaule, aux acclamations du populaire.

Tout ce quartier environnant les halles abonde en coins et recoins pittoresques, en curiosités et vieux souvenirs ; dans cet angle de muraille, rue de la Savonnerie, près de la basse vieille tour, voici, bien patinée et aussi abîmée par le temps, une fontaine bizarre, une sorte de monolithe pyramidal appliqué au mur d'une maison. Des robinets dans le bas et des ménagères autour avec des seaux annoncent seuls la fontaine. C'est la fontaine de Lisieux ; la maison aujourd'hui modifiée et ravalée à la moderne qui lui fait un cadre malheureusement banal, est l'ancien manoir des évêques de Lisieux, actuellement hôtel à voyageurs.

La fontaine figure la montagne du Parnasse, c'est-à-dire naturellement, un rocher sec et aride, bien noir maintenant, avec quelques maigres arbres, et deux ou trois moutons. Poètes, approchez ! Au sommet du roc est assis Apollon, menant le chœur des neuf Muses. Mais hélas ! elles sont bien malades et bien détériorées, les pauvres Muses éparpillées dans le chemin escarpé de la montagne sacrée ; les mieux portantes n'ont perdu que la tête, de même le coursier ailé Pégase, tristement guillotiné comme elles, a beau frapper le rocher de son sabot impatient, il aurait bien du mal à retrouver maintenant les sentiers de l'idéal. Poètes, les temps sont durs, le triste état de la fontaine du Parnasse vous le montre bien, faites-vous donc ingénieurs.

Sur ce point, d'ailleurs, ce n'est pas aux sources pures de l'Hélicon que l'on s'abreuve, c'est aux comptoirs de zinc des alentours, versant aux ouvriers, à la population du port, aux *soleils*, ces lazzarones des quais de Rouen, l'alcool, le terrible alcool coulant plus abondamment que l'eau des fontaines du Parnasse d'à côté !

En tournant le dos au pauvre Parnasse malingreux, voici pour nous consoler de sa ruine, une superbe maison du xve siècle en parfait état de santé, un bloc solide et luisant de maisons saillantes, ventrues, aux étages surplombants. Cela s'appelle le manoir des Caradas, du nom d'une ancienne famille de magistrats rouennais. La maison est fort belle, en grosses poutres moulurées et peintes ; elle va s'élargissant notablement à chacun de ses trois étages, jusqu'à l'avancée du toit portée sur de forts corbeaux ressemblant à des mâchicoulis, de façon à doubler presque la largeur du rez-de-chaussée. Tout ce pâté de maisons est vraiment fort imposant; à côté des pans de bois encorbellés se carrent et s'avancent des pignons ventrus, des façades en fort surplomb aussi, surmontés d'une tour ardoisée qui complète le caractère majestueux du groupe.

Revenons maintenant à la grande place des Halles, au perron du monument de saint Romain. D'ici le regard embrasse le bloc central du vieux Rouen, l'ensemble magnifique et le plus caractérisé de vieille cité moyen âge, de capitale imposante, illustre depuis des siècles.

En avant, c'est la rue de l'Epicerie, d'une physionomie si curieuse, bien éclairée dans le haut de ses pignons, mais aux vieux rez-de-chaussée plongés dans une ombre chaude, la rue si étrangement silhouettée qui va rejoindre une autre rue non moins étonnante, la rue du Bac, devant le portail de la Calende, au carrefour encadré de vieilles façades, qui fut un port en un temps où, par un bras plus tard asséché, la Seine amenait les nefs jusqu'aux pieds de la cathédrale.

ROUEN. FONTAINE DE LISIEUX

Et par-dessus la houle des vieux toits désordonnés comme des vagues de tuiles, par-dessus les échines des pignons, les pointes, les lucarnes et les vieilles cheminées, majestueusement se dressent les tours de la cathédrale, les pierres radieuses de l'immense poème sculpté jusque dans le ciel, et sur sa tour formidable, la pointe de la flèche s'élançant éperdument vers un but invisible dans les nuées, l'aiguille reliée aux pinacles des contreforts de sa tour par des arcs qui semblent des harpes gothiques vibrant aux hymnes des brises.

Mais tout de suite, au bas de la rue de l'Epicerie, s'ouvre une petite place amusante, appendice du vaste marché de la vieille tour, la place du Marché-aux-Balais, à l'entrée de laquelle une haute et mince maison de bois fait sentinelle. Le fond de la place est un très pittoresque assemblage de toits et de lucarnes, au-dessus d'une maison portant sous sa lucarne à épi de plomb, un grand motif de sculpture avec la date 1602. Au tournant de ce Marché-aux-Balais commence une

PRÈS LA MAISON DES CARADAS

succession de passages curieux, cours silencieuses, conduisant à la rue de la Salamandre, à travers des maisons tout à fait cahotantes, dont les vieux pans de bois dessinent tout un lacis d'entre-croisements bizarres.

La rue du Bac, la rue Grand-Pont, et les rues transversales, rue Potard, rue du

34. ROUEN, PLACE DE LA PUCELLE & HOTEL BOUIGTHÉROULDE

MAISON, RUE DU BAC

Fardeau, rue Saint-Etienne-des-Tonneliers, rue Saint-Denis, ne sont que vieilles maisons sur vieilles maisons, façades vénérables sur pignons romantiques et souventes fois un peu trop vermoulus. Dans ce labyrinthe extrêmement serré de rues et de ruelles tournant autour des gigantesques monuments, il y a du pittoresque de toute catégorie et de l'art de toutes les époques, surtout des bonnes, des aspects de rues superbes, vivantes et grouillantes en bas, déchiquetées en haut par toutes les saillies possibles d'auvents, de pignons, de poutres sculptées, de fenêtres de greniers, — des rues gaies et des rues tristes, des rues à tournure étrange, — très archaïques comme la rue des Cordeliers, mais très mal habitées, avec des matrones peu respectables, affreuses compagnonnes, assises sur le pas des portes, des rues qui semblent tirées d'une illustration des *Contes drolatiques* de Gustave Doré. A côté de ces rues de ribauds et ribaudes, il y a des rues à apparence de coupe-gorge pour truands et malandrins moyen âge, d'invraisemblables venelles étroites bordées de vieux murs noircis, entre lesquels il n'y a place que pour les bornes, le ruisseau et un passant à la fois.

Des façades à caractère, en voici un échantillon assez remarquable dans ce grand pignon qui fait l'angle de la rue des Fourchettes et de la rue du Bac. Quatre étages sous un grand auvent ogival, des pans de bois frettés d'ardoises, des encorbellements sous le premier et le second étages, poteau cornier au premier et poutrelles sculptées avec trèfles et petites figurines en culs-de-lampe.

A droite ou à gauche, dans chaque rue, tous les deux pas, le regard tombe sur des pignons de ce genre.

Voici de la Renaissance maintenant, et de la plus jolie. C'est sur la place même de la Cathédrale, devant le grand portail. Cette maison, littéralement couverte des affiches gigantesques d'un magasin de nouveautés, est un bijou du commencement du XVIe siècle, de ce quart de siècle si merveilleux à Rouen qui vit s'élever ses plus resplendissantes architectures, du temps où le cardinal Georges Ier d'Amboise, le grand bâtisseur de Rouen, couronnait de ses flamboyantes ogives le sommet de la tour de Beurre, où la ville édifiait pour ses marchands la salle des procureurs du palais de justice, où se construisait l'hôtel Bourgtheroulde...

Elevé en 1509 pour loger les services financiers de la ville, le bureau des finances n'a qu'un entresol bas et un étage surmonté d'un toit à belles lucarnes, mais tout ce qui n'est pas fenêtre, porte, ouverture quelconque, est sculpté, ciselé dans un goût charmant, réunissant les niches, les dais à crochets gothiques aux pilastres à candélabres, aux fines arabesques de la Renaissance. Tout cela est caché, obstrué par les grinçantes affiches en lettres de six pieds annonçant des « *rabais considérable* » et des « *complet à 29 fr. 95* » ; on ne peut voir que des petits morceaux, des fragments de panneaux et l'on maudit ces « *tire-l'œil* » commerciaux qui gâtent si tristement un aussi charmant édifice en si belle place. Sur le côté du bureau des finances, sur la fort curieuse ruelle du Petit-Salut, large de deux mètres et coupée d'impasses sinistres, s'ouvre une petite porte latérale moins

UNE PORTE, RUE DU SACRE

défigurée, et l'on peut apercevoir là quelques détails d'ornements, des F couronnés de François Ier et des écussons soutenus par des espèces de griffons.

Les maisons des xvie et xviie siècles moins importantes ne manquent pas ; devant le palais de justice, une façade montre de grandes figures en bas-relief, déployant de fortes musculatures à la Michel-Ange et tout à côté, rue Percière, une autre maison, datée de 1581, est décorée dans un goût plus contenu de pilastres et de beaux cartouches à mascarons. Un peu plus loin, rue du Sacre, quelle belle et monumentale grande porte Louis XIII cintrée de façon très originale. Et la cour de l'ancienne Chambre des comptes rue des Carmes, et les restes bien diminués de l'ancienne abbaye de Saint-Amand, dépouillés de la tourelle et de la fameuse façade de bois, en menuiserie si délicate et si fouillée, enlevées et transportées ailleurs.

RESTES DE L'ABBAYE DE SAINT-AMAND

De vieilles églises déclassées transformées en magasins ou en maisons maintenant. Cela ne manque pas non plus à Rouen. Voici dans la partie centrale de la ville les plus belles :

Saint-Cande le Jeune a laissé quelques débris entre la rue aux Ours et la rue du Petit-Salut, on voit encore sa tour au-dessus des magasins arrangés avec la nef.

Saint-Etienne des Tonneliers, un peu plus bas, se voit mieux. Par le portail grand ouvert pour laisser entrer des charrettes on aperçoit une vieille nef sombre et dévastée où l'on apprête des toiles à voiles. Une jolie chose à gauche du portail ! Apprêtez crayons et pointes ! C'est à l'angle d'un contrefort sur la petite rue Jacques-le-Sieur, une échoppe de chaudronnier accrochée sous une belle fenêtre ogivale en partie bouchée, entre des niches sans statues, mais délicatement fouillées, avec un petit gâble au-dessus de la fenêtre et le commencement d'un escalier montant dans la partie supérieure de l'église. Cela fait un motif charmant, les trous noirs de l'échoppe, les délicatesses fortement égratignées et patinées des sculptures gothiques. avec les vieux brocs et les casseroles du rétameur mettant çà et là des notes brillantes de cuivre et de fer-blanc et la fumée de l'étamage qui monte.

ANCIENNE ÉGLISE SAINT-LAURENT

MAISON, RUE PERCIÈRE

La plus belle et la plus importante de ces églises déclassées, c'est Saint-Laurent, qui dresse sa magnifique tour devant le nouveau musée-bibliothèque. Ici nous avons une église complète, un édifice considérable ; nef, chapelles, tout y est et tout est habité et occupé, logements et magasins, remises de carrossier, boutique de bouquiniste au pied de la tour. Des petites fenêtres s'ouvrent çà et là dans les ogives bouchées, des cheminées montent, un balcon coupe le fronton ogival du portail, rejoignant la balustrade qui forme au-dessus des chapelles une inscription en grandes lettres gothiques :

Post tenebras spero lucem.

La tour est superbe, c'est la tour Saint-Jacques de Rouen ; elle est superbe surtout dans sa partie supérieure, très ouverte et très décorée dans le style du commencement du XVIe siècle, avec des arcatures compliquées au couronnement, partant des gros contreforts d'angle pour soutenir une mince tourelle au centre. Un appartement là dedans, ce doit être charmant et si pittoresque ainsi au-dessus de l'église ! Espérons que Saint-Laurent durera longtemps encore comme cela et qu'on ne le mettra pas sur un plateau dans un square.

FLEURON SOUS LA VOUTE DU GROS-HORLOGE

LES TOITS DE ROUEN

XXXII

ROUEN (suite)

FONTAINES ANCIENNES. — LA RUE EAU-DE-ROBEC. — SUR LA COTE
SAINTE-CATHERINE. — LES SIÈGES

Les fontaines anciennes et monumentales sont nombreuses à Rouen ; outre le pauvre Parnasse moyen âge de la fontaine de Lisieux et la fontaine Galaor du galant xviiie siècle sous la Grosse Horloge, il y a la petite fontaine Saint-Maclou, la fontaine de la Crosse, la Croix de pierre, la fontaine de la Pucelle, place du Vieux Marché, etc.

La fontaine de la Crosse, édifiée en 1482 sur la maison d'un évêque de Bayeux et restaurée de nos jours, est un charmant petit monument d'une belle conception et d'une jolie finesse de détails. Au coin de la rue de l'Hôpital, sur la façade d'une maison, une grande ogive à crochets frisés encadre le corps de la fontaine, un soubassement plaqué de délicates arcatures doubles supportant une jolie statue de Vierge à l'enfant, assise sous un dais parmi les arabesques et les enroulements d'une vigne du Seigneur. Quelle grâce dans ce gothique de la dernière période et

VEILLES MAISONS DE CAUDEBEC

quel joli coin de rue cela fait avec les ménagères arrivant le matin emplir les seaux et les brocs.

La fontaine de la *Croix de pierre*, au carrefour Saint-Vivien, à la rencontre

FONTAINE DE LA CROSSE

des rues Orbe et Saint-Vivien est tout à fait moderne ; c'est une reconstitution d'une fontaine à peu près semblable élevée en 1515, par le cardinal Georges d'Amboise un joli monument fortement maltraité aux jours de la Réforme comme aux jours de la Révolution et qui porta même pour couronnement en 93 un buste de Marat. Ainsi abimé par les hommes et rongé par le temps, l'ancien monument fut enlevé, mis à l'abri et remplacé par la nouvelle fontaine, pyramide élancée, petit clocheton fouillé et refouillé qui abrite en ses niches des statues d'évêques.

Malheureusement pour cette fontaine qui serait peut-être jolie, elle a perdu son cadre de vieilles maisons et se détache maintenant toute neuve et toute blanche sur des façades refaites parfaitement lisses et banales.

Parallèlement à la rue Saint-Vivien court la longue et curieuse rue Eau-de-Robec, le quartier de la Venise Rouennaise qu'il faudrait, paraît-il, avoir connu il y a quarante ans, pour se rendre compte du degré de pittoresque accumulé auquel peuvent arriver une rue et un quartier : pittoresque de situation, pittoresque de bâtisses, pittoresque de professions...

Telle qu'elle est encore aujourd'hui, cette rue Eau-de-Robec, elle a gardé une tournure suffisamment particulière pour amuser la promenade du passant tout le long de sa petite rivière, et pour l'intéresser dans certains coins plus remarquables. La rivière venant de Darnetal pour teindre les toiles des teinturiers établis aux siècles derniers dans ces maisons, et dont nous voyons encore les séchoirs sur les toits, l'*Eau de Robec* ex-teinturière, frise les maisons d'un côté de la rue, et passe sous des quantités de ponts de pierre ou de bois jetés irrégulièrement et encombrés par les étalages, le bric-à-brac ou les meubles.

Les maisons robustes et bien assises sont restées très curieuses avec les grands toits avançant d'un mètre ou deux au-dessus des anciens séchoirs ; beaucoup sont remarquables par des ornements, des détails de façades, il y a des carrefours, des coins de rue tout à fait colorés, comme le coin de la rue du Ruissel qui donne vers les ruelles misérables du quartier Saint-Maclou. Sur cette rue du Ruissel s'élève un fort curieux pignon de bois, à étages surplombants tout recouverts d'ardoises découpées en feuilles de chêne, sur le poteau cornier et les poutres principales.

Il y en a bien d'autres encore, des maisons de pierre remarquables par quelque particularité : portes anciennes, sculptures, mascarons, bas-reliefs, etc., par exemple cette belle et large façade de la fin du XVIe siècle décorée de pilastres et de cartouches et portant au-dessus de l'entrée, en souvenir d'une vieille histoire de meurtre, un bas-relief qui représente un cheval harnaché revenant seul d'une forêt où son maître a été assassiné. De crochet en crochet, en quittant la rue Eau-de-Robec, par ce qui reste dans les alentours de ruelles malheureuses et par les rues droites du quartier Martainville transformé, voici le pied des coteaux de Sainte-Catherine et de Bon-Secours.

Un détour d'abord vers l'église Saint-Paul, non pour le bâtiment de l'église moderne, en très belle situation à mi-côte dans les arbres au-dessus des îles et du

Cours la Reine, mais pour ce que cache l'église moderne, pour les vestiges si curieux de l'ancienne église romane, petite abside de village décorée de grosses figures moustachues en modillons soutenant le toit. Puis par la rue du Mont-Gargan, et par les sentiers grimpant sur l'herbe on est bientôt en haut, en bonne place pour

AU QUARTIER MARTAINVILLE

respirer un peu d'air pur au sortir des ruelles étouffées et pour planer à l'aise au-dessus de la grande ville.

De simples traces seulement restent, des forts construits pour défendre les approches de la ville sur la côte Sainte-Catherine, où tant de fois des assiégeants campèrent, Angevins de Plantagenet, Anglais ou Français, se heurtant à ces premières murailles. Le roi Philippe-Auguste assaillit deux fois la capitale normande, une première fois en 1193, sans succès, et une seconde fois onze ans plus tard, si rudement qu'il enleva la ville. Entré par la brèche après capitulation, le roi de France rasa le château des ducs normands, et pour bien marquer sa prise de possession du duché, construisit sur la hauteur, du côté du faubourg Bouvreuil, le château fort dont il ne reste au Rouen d'aujourd'hui que la maîtresse tour.

Et le grand siège des Anglais de 1418, si terrible, si fécond en actes extraordinaires, en péripéties effroyables! Henri V d'Angleterre et trente mille hommes arrêtés devant le formidable développement de tours de la ville, depuis le fort de Sainte-Catherine debout sur cette motte de terre, jusqu'au grand château de Philippe-Auguste, en passant par la barbacane élevée sur Saint-Sever en avant du pont de pierre de la reine Mathilde, l'antique pont de pierre de treize arches, écroulé peu à peu pendant le xvie siècle, remplacé au xviie par un pont de bateaux fameux qui se haussait et se baissait pour la marée et s'ouvrait pour laisser passer les navires, remplacé lui-même par l'ancien pont suspendu aux portes monumentales, que l'on peut regretter maintenant pour sa silhouette pittoresque sur la Seine.

Deux cent cinquante mille âmes enfermées dans la ville bientôt sans pain. La cloche du beffroi de la puissante et tumultueuse commune, la *Rouvel*, qui avait souvent sonné pour les séditions et qui devait bientôt sonner le glas de la famine, sonnant l'appel aux remparts pour les milices et les gens d'armes, pour les bombardiers bourgeois et les arquebusiers d'Alain Blanchart. Sept mois d'héroïsme et d'horreurs, de combats, de canonnades, de sorties et d'assauts. Spectacle extraordinaire, les grandes nefs du roi d'Angleterre, traînées à terre et roulant à travers champs sur un espace de deux lieues pour gagner la haute Seine en évitant le pont de pierre! Puis le grand sacrifice des bouches inutiles, quinze mille malheureux jetés dehors, mourant dans les fossés entre les remparts ébréchés et les lignes anglaises; enfin les projets de sortie désespérée, les assiégés, soldats et bourgeois, hommes, femmes et enfants, devant, des pans de murailles jetés bas, se ruer sur le camp anglais pour passer coûte que coûte!... La faim cependant maîtresse de la ville et terrassant la résistance, la ville succombe après six mois de siège. Les Anglais entrant sur des monceaux de cadavres exceptent de la capitulation les chefs de la résistance, mais un seul, l'héroïque Alain Blanchart, est supplicié...

Trente ans après, les Français reparaissaient devant Rouen et pendant que les soldats de Charles VII donnaient l'assaut, les bourgeois se soulevaient contre les Anglais de Talbot.

Le duc de Guise avec l'armée de la Ligue et plus tard Henri IV avec l'armée royale apparurent aussi sur la colline Sainte-Catherine; le Béarnais, comme Philippe-Auguste à sa première tentative, ne réussit pas, il fut obligé après un mois d'efforts de reprendre sa chevauchée à travers la Normandie et dut, pour avoir la ville, l'acheter deux ans après à Villars, qui la tenait encore pour la Ligue expirante.

...Des vieux remparts de ce passé houleux, des tours qui subirent tant de chocs et virent tant de furieuses attaques échouer ou réussir, il ne reste aujourd'hui rien que le haut donjon qui pointe au loin au-dessus des toits vers le boulevard Beauvoisine.

ÉGLISE SAINT-ÉLOI

XXXIII

ROUEN (SUITE)

JEANNE D'ARC
LE DONJON DE ROUEN
ET LA PLACE DU VIEUX MARCHÉ
L'HOTEL
DU BOURGTHEROULDE

En haut de la grande et moderne rue Jeanne-d'Arc, qui coupe Rouen en deux parties, de la Seine à la rue Verte, au-dessus du square Solférino et non loin des deux églises Saint-Godard et Saint-Patrice, intéressantes, surtout Saint-Patrice, pour les splendides verrières du XVIe siècle qui étincellent si magnifiquement au fond de leurs chapelles, — se dressent superbement par-dessus les grands arbres d'un jardin, les hautes et sévères murailles de la tour Jeanne-d'Arc, dernier débris du château fort construit par Philippe-Auguste après la prise de Rouen.

Cette tour était le donjon; achetée récemment par la ville à une communauté d'Ursulines, elle a été restaurée avec soin, coiffée d'un comble aigu et munie sous le comble, comme en temps de siège, de ses hourds de bois percés d'archères.

C'est ici le théâtre de l'un des actes du grand drame rouennais, de la première partie de ce que l'on a si justement appelé la *Passion de Jeanne d'Arc*. Cette tour ne fut pas la prison de Jeanne; le cachot où elle fut d'abord enfermée, attachée par le cou dans une cage de fer, était dans une autre des sept tours du château, mais les impassibles pierres de ce donjon encore debout renferment la salle où la grande Française, l'héroïne la plus sublime, la figure la plus étonnante non seulement de notre histoire, mais de toutes les histoires, subit les longues séances du procès, les interrogatoires perfides et les cauteleuses admonestations de l'horrible Pierre Cauchon, évêque de Beauvais, aspirant au siège épiscopal de Rouen, son assassin par ambition, et de ses acolytes non moins exécrables, Français qui se firent les honteux exécuteurs des basses œuvres de Warwick et des chefs anglais. C'est dans cette salle voûtée qu'un jour les instruments de la torture furent apportés devant la Pucelle, et si l'on ne s'en servit pas pour briser sa fermeté, c'est que l'hypocrisie de Pierre Cauchon préféra recourir à l'adresse et au piège pour arriver à ses fins.

Le dernier acte du drame eut pour théâtre la place du Vieux-Marché, lieu ordinaire des exécutions ou plutôt capitale des nombreuses buttes à fourches patibulaires des juridictions diverses de la ville. C'est là que pendant des siècles s'exécutèrent les arrêts, depuis le martyre de Jeanne d'Arc sur le bûcher jusqu'aux montées par fournées sur la guillotine, de la bande de Duramé, les 137 chauffeurs qui terrorisaient les environs de Rouen à la fin du siècle dernier.

La belle rue du Gros-Horloge, en avant du beffroi, mène en deux pas à la place actuelle du Vieux-Marché, plus petite que l'ancienne, qui comprenait la place adjacente de la Pucelle et tout le terrain entre le marché et l'église Saint-Eloi. Reliée au Vieux-Marché actuel sans intérêt, la petite pièce irrégulière de la Pucelle a beaucoup plus de caractère avec son fond de vieux pignons, avec les bâtiments de l'hôtel du Bourgtheroulde, les belles lucarnes et les tourelles, à côté desquelles la vieille église Saint-Eloi montre sa flèche d'ardoises à quatre petits clochetons. Le xviiie siècle a décoré le centre de la place d'une fontaine qui serait assez jolie si elle n'avait la prétention d'honorer Jeanne d'Arc, une fontaine à dauphins contournés, surmontée d'une sorte de Bellone élégamment et classiquement drapée, de physionomie peu dramatique, qui voudrait bien représenter l'héroïne.

Cette statue de Jeanne d'Arc xviiie siècle ne marque pas le lieu où, le 30 mai 1431, le bûcher fut dressé sur un soubassement de maçonnerie construit spécialement, devant deux grands échafauds élevés pour les assassins juridiques de Jeanne et pour les chefs anglais; l'endroit précis, d'après les archéologues rouennais, est perdu dans le pâté de maisons entre l'hôtel Bourgtheroulde et le Théâtre Français.

Voici donc, contrastant avec les souvenirs de ce lieu funèbre, les gaies fantaisies architecturales du superbe hôtel de Bourgtheroulde. Sur la place c'est un bâtiment bas ayant subi quelques retouches peu artistiques et des grattages, sans compter la perte d'une tourelle au coin, démolie jadis par ordre du service de voirie. Il reste quelques sculptures aux fenêtres et une belle porte restaurée en cintre surbaissé orné d'une dentelure sculptée.

Passons le couloir d'entrée, le corps de logis, dont on ne voyait que les combles de la place, se présente en pied sur la jolie cour, avec les magnificences de sa décoration sculptée encadrée dans les belles lignes ogivales. Certainement l'hôtel est peu intact, il a subi bien des insultes et des remaniements, des bas-reliefs ont été barbarement supprimés pour allonger une fenêtre, mais tout cela se répare et déjà les grandes lucarnes du toit qui avaient perdu des morceaux de leur claire-voie de pierre sont restaurées.

Sur la cour, c'est un joli bâtiment à deux étages dont tous les pleins entre les fenêtres sont garnis de sculptures, une élégante tourelle hexagonale surmontée d'un comble aigu à épi de faîtière et, en retour sur le côté gauche de la cour, une galerie basse, en arcades surbaissées fermées, absolument couverte de sculptures, bas-reliefs et frises, comme le corps de logis principal et la tourelle.

L'aile droite sur la cour est un bâtiment du siècle dernier qui remplace un corps de logis incendié, sans doute construit dans le goût du reste et illustré avec la même profusion.

Elevé au XVIe siècle, commencé en 1506, par Guillaume Leroux, seigneur de Bourg-Theroulde et conseiller de l'Echiquier de Normandie et terminé quelque vingt-cinq ans après par son fils Claude, le charmant hôtel de Bourgtheroulde n'est en réalité que le cadre, la bordure de pierre d'une série de tableaux en bas-relief accrochés de la base au faîte. Au bâtiment du fond, le plus ancien en date et bien gothique de structure, les bas-reliefs encadrés sous les appuis des fenêtres et dans les trumeaux sont héraldiques et allégoriques, il y a des triomphes et des symbolisations, la salamandre de François Ier dans les flammes.

Deux hautes lucarnes ogivales reliées par une arcature couronnent le corps de logis, deux belles lucarnes, à crochets frisés, fleurons et claire-voie au-dessus d'un fronton surhaussé encadrant des écussons et des bêtes héraldiques...

La décoration de la tourelle est toute différente. C'est une série de pastorales, de tableaux champêtres, comme une sorte de tapisserie en relief tendue du haut en bas, fourmillant de petits personnages, bergers et bergères, travaillant, s'esbattant, jouant à la main chaude, sur des fonds de paysages peuplés de moutons, d'oiseaux voletant avec des inscriptions versifiées.

Le petit bâtiment de gauche est tout à fait dans le goût de la Renaissance; ici plus rien de gothique, mais des arcades encadrées de candélabres, des pilastres et des frises en arabesques. Les bas-reliefs, non plus champêtres ou héraldiques, sont historiques; ils représentent en plusieurs tableaux la célèbre entrevue du *Camp du drap d'or*, la rencontre de François Ier et d'Henri VIII d'Angleterre, les deux monarques à cheval se saluant, chacun à la tête d'une nombreuse suite de seigneurs et de prélats chevauchant, accompagnés de pages et d'hommes de pied, les seigneurs d'Angleterre sortant de la ville de Guines dans le dernier bas-relief de gauche et les seigneurs français de la ville d'Ardres dans le bas-relief

LA TOUR JEANNE D'ARC

extrême de droite. Cette représentation d'une scène historique est extrêmement curieuse et documentaire, mais elle est par malheur bien fruste aujourd'hui, bien abîmée, comme aussi les bas-reliefs de la frise supérieure qui représentent des triomphes à l'italienne.

LE PORCHE DE LOUVIERS

VIEUX LOGIS RUE DE LA HARENGUERIE

Bien des vieux pignons se profilent encore dans les alentours du vieux marché, plus pittoresques que le marché lui-même, égayés par ce mouvement amusant de campagnards et de marchands de victuailles, de voitures de légumes et de charrettes de paysans, si charmant dans la brume légère des matins, avec le débordement des verdures et les allées et venues des ménagères. Voilà encore de jolis bouts de rues, des toits et des toits, avec ces fenêtres de mansardes qu'on appelle en Normandie du joli nom de : « *belles voisines* », et des intérieurs de maisons que l'on voudrait explorer, un peu sombres par exemple, de grands vieux escaliers se perdant en des ombres vigoureuses, dans des cours fermées d'immenses pans de bois.

Et les vieilles auberges à la mode de jadis, comme l'*Aigle d'or* à l'entrée de la rue Cauchoise, les étages surplombants, les vieilles remises, les cours encombrées de voitures de campagne ou de messageries, — ces vieilles auberges devant lesquelles on est tout étonné de ne pas voir des gens à tricornes et culottes courtes et des demoiselles en mantes et en paniers.

Il y a bien aussi quelques églises intéressantes par les rues anciennes ou nouvelles, des églises restées dans leur entourage de vieilles maisons, ou des clochers ayant perdu leur église, comme la tour de Saint-André, que les inflexibles rigueurs de la ligne droite ont laissée toute seule dans un square sur la rue Jeanne-d'Arc, ex-rue de l'Impératrice, en face d'une autre victime, la façade de maison de bois Renaissance enlevée à la rue du Gros-Horloge.

Ah! cette ligne droite, cette grande bête de ligne droite, quand on songe à toutes les absurdités qu'on a commises en son honneur, en notre siècle, à tout ce qu'elle a fait abattre, à tout ce qu'elle a tranché, aux monuments qu'elle a guillotinés, amputés ou supprimés tout à fait, on se prend à la haïr férocement et à refuser d'admettre aucune compensation à ses crimes. Honte au T de l'agent voyer, qui n'est qu'une potence pour le pauvre pittoresque pourchassé! C'est fini pour les jolies rues tournantes d'autrefois, qui s'arrangeaient si bien et ménageaient à chaque pas des aspects nouveaux et des surprises, ces rues dans lesquelles on faisait tant de chemin sans y penser, on ne les reverra jamais plus! Il n'y aura plus désormais que de ces interminables voies alignées à perte de vue, fatigantes rien qu'à regarder, où il semble que les kilomètres aient double mesure, ce qui tendrait à réfuter une vieille erreur de géométrie et à prouver que la ligne droite est bien le plus long chemin d'un point à un autre.

Dans une ville qui possède une cathédrale aux colossales accumulations de splendeurs, l'immense Saint-Ouen, et le fin bijou de Saint-Maclou, on ne donne qu'un regard distrait aux églises ; l'église Saint-Vincent, au bas de la rue Jeanne-d'Arc, mérite pourtant mieux que cela.

Elle a d'abord, au portail principal, un très gentil petit porche en avant-corps sur arcades gothiques surmontées d'une balustrade, une jolie abside sur la rue Jeanne-d'Arc, et enfin, du côté de la Seine, fermant la perspective de la rue de la

Harenguerie, un portail surmonté d'une grosse tour assez lourde, mais d'allure pittoresque, agréable à regarder quand on tourne le quai.

Intérieurement il y a de jolies choses et des singularités, comme les statues dorées et les attributs des apôtres accrochés au xviii° siècle à chaque ogive du chœur, sous les galeries supérieures gothiques également dorées ; on peut se rattraper avec les vitraux très remarquables, avec de belles boiseries Renaissance et même avec des confessionnaux xviii° siècle moins offusquants que les statues.

En sortant par la rue de la Harenguerie, dans un groupe de maisons écorné par les démolitions, une curieuse cour se laisse voir par-dessus un petit mur. C'est à l'intersection d'un grand pavillon Louis XIII à lucarne formidable et d'un bâtiment plus bas, une tourelle d'escalier à pans coupés, ou plutôt une espèce de pavillon recouvrant un escalier ouvert, à rampe de fer en bas et balustres de bois plus haut.

SOUS L'ESCALIER DE LA CATHÉDRALE

LES TOURS DE JUMIÈGES

XXXIV

JUMIÈGES — CAUDEBEC

LA PRESQU'ILE DE JUMIÈGES. — LA GRANDE ABBAYE AUX NEUF CENTS MOINES
LA FLÈCHE DE CAUDEBEC. — DEUX PIGNONS VÉNÉRABLES. — SAINT-WANDRILLE

Si les siècles passés ont fait de la ville de Rouen un magnifique joyau d'art, ce joyau est superbement enchâssé dans un riche écrin de nature. Les environs de Rouen sont célèbres. En remontant la Seine ou en la descendant, c'est une série de sites grandioses ou de paysages charmants; ce sont, parmi les splendeurs naturelles, des petites villes ou des villages pittoresques, de magnifiques ruines, abbayes illustres ou vieux châteaux, avec des souvenirs historiques accrochés un peu partout.

Sur le port de Rouen sifflent et soufflent les petits vapeurs remontant vers Elbeuf à travers les îles de la Seine ou descendant vers le Havre. Des deux côtés, même bordure de rives admirables, collines descendant au fleuve, rochers ou falaises perchés sur l'eau rapide, coudes brusques découvrant de nouvelles collines, de nouveaux alignements rocheux perçant l'herbe des prairies en pente et, sur les rives, un débordement de verdure sous des moutonnements de forêts à l'horizon.

En descendant la Seine, de boucle en boucle, de tournant en tournant, vers la presqu'île où se dressent au-dessus des grands arbres les ruines de Jumièges, quel défilé de paysages plus ravissants les uns que les autres, le long de l'ample et royale Seine, coquette encore çà et là sous les peupliers de quelque tournant semé de villas, mais majestueuse surtout, coulant à pleins bords dans de larges trouées à travers les hautes collines couvertes de forêts, dont les derniers arbres semblent venir boire à la rive.

Eglises dans la verdure, villas et châteaux sur des collines, villages alignés sur les berges défilent ; les stations du vapeur sont quelquefois curieuses ; ce sont de vieux bateaux de pêche portant encore le chiffre de Honfleur ou du Havre, transformés en pontons, vieux loups de mer prenant leurs invalides en eau douce, loin des ouragans bravés jadis, mais avec, deux fois par jour, la visite du flot qui les fait encore danser un peu pour leur donner l'illusion de la vie.

Enfin dans un dernier tournant entre deux forêts, par-dessus les masses vertes, apparaissent, dorées par le soleil, les grandes ruines de Jumièges. De loin, dans ce large et silencieux paysage, il est bien majestueusement mélancolique malgré le soleil, ce grand vaisseau que l'on sait vide et dévasté, cet immense cadavre de pierres autour duquel doivent errer par milliers et par milliers les âmes des moines qui dans le cours de tant de siècles l'ont habité et animé.

Mais pas de rêverie trop romantique devant ce vieux spectre du passé. Voici, pendant que le bateau aborde à la station de Mesnil-sous-les-Ruines, le présent sous la forme de paysans qui apportent à bord des cargaisons de paniers remplis de fruits pour l'Angleterre, de bons paysans bien modernes, comme les peint Guy de Maupassant, criant et dialoguant comme ceux de l'écrivain normand.

De près, l'église de la vieille abbaye si barbarement traitée dans l'ouragan du siècle dernier, est une colossale ruine surprenante d'aspect, une accumulation de pans de murailles avec de formidables morceaux de tours qui semblent, pour tenir, s'accrocher aux nuages du ciel. Les deux hautes tours du portail, énormes tubes de pierre, sont seules à peu près solides au-dessus de la nef renversée, des débris de voûtes écroulées et des quelques piliers restés debout. La tour centrale de jadis, voici ce que la dévastation par la mine en 93 en a laissé, tout un côté suspendu par miracle sur le vide au-dessus d'une grande arcade qui semble ne porter sur rien, avec ses fenêtres béantes comme des trous sur le ciel, à quarante mètres de hauteur, avec sa tourelle d'escalier sur l'angle.

Le bâtiment d'entrée de l'abbaye, les deux portes flanquées d'une tourelle et les logis d'à côté, ont été restaurés avec soin, arrangés et transformés.

Nombreux sont les débris autour de l'imposante église, ruines de la salle des gardes, chapelles à ciel ouvert, arcades debout dans le feuillage, cryptes et caves sous les décombres... Dans la superbe habitation installée au pied des fantastiques ruines, se conserve tout ce qu'on a pu trouver de vestiges intéressants de l'abbaye d'autrefois : chapiteaux, débris de sculptures, statues et pierres funéraires, la dalle d'Agnès Sorel, dame de Beauté, et les statues tombales des Enervés de Jumièges, les deux fils de Clovis II qui eurent les nerfs tranchés après une révolte contre leur mère Bathilde et furent jetés sanglants, incapables à jamais de tout mouvement, dans une barque que les moines de Jumièges recueillirent.

Imposantes murailles, voûtes austères aujourd'hui éventrées, haute citadelle de prières dominant jadis cent bâtiments divers, entourée de murs crénelés pour se défendre contre toute surprise d'ennemis convoiteux d'une aussi riche proie, le légendaire Jumièges aujourd'hui drapé dans sa mélancolie, sur les verdures de cette presqu'île qui semble presque une solitude quand on l'aborde par la rivière, Jumièges, puissante abbaye étendant au loin sa suzeraineté sur bien des terres, des bourgs et des ports aux deux rives de Seine, abrita jadis jusqu'à neuf cents moines, tandis que, non loin de là, Saint-Wandrille, l'abbaye voisine de Caudebec, au superbe cloître gothique, en comptait trois cents.

Et combien d'autres encore, sur le sol normand, de ces vieilles abbayes plus ou moins illustres, combien de ruines importantes sont encore debout sous l'envahissement de l'oubli et des lierres, et combien ont disparu complètement sans même laisser un tas de décombres. Il serait intéressant de rappeler, pour la comparaison, les cloîtres et les bâtiments d'époques et de styles divers, de rechercher ce que sont devenus les manoirs, les granges, les débris enlevés, les richesses éparpillées...

La petite ville de Caudebec est à l'autre tournant de la Seine et à quelques minutes de chemin de fer seulement. Des coteaux charmants se resserrant pour former un vallon étroit, de grands arbres sur la Seine venant ombrager la petite cale où se balancent quelques barques voilées, où abordent les bateaux à vapeur en route pour le Havre, voilà le site.

La vieille petite ville assise dans la verdure de ses berges sur la Seine prend, avec son sémaphore et ses bateaux, un petit aspect maritime. Par-dessus de vieux toits serrés, se dresse la splendide tour nouvellement restaurée avec sa flèche de pierre sculptée et ajourée jusqu'à la pointe extrême. Fleuve, collines, vieux toits éparpillés, bouquets d'arbres, tout l'ensemble est d'une belle tenue et forme un splendide et large paysage.

C'est un jour de mascaret qu'il faudrait voir cela, lorsque le flot surgit du fond de l'horizon, du tournant de Villequier et vient tumultueusement soulever les barques de Caudebec et bondir en les frangeant d'écume, tout le long de ces belles rives vertes, vers les lointaines boucles de la Seine.

Trois pas hors des quais, dans la première rue qui s'offre aux débarqués et voici un recul soudain d'une cinquantaine d'années, une bonne petite rue étroite, des petites maisons anciennes, des boutiques à la mode du commencement de ce siècle, des commerçants prenant le frais sur des chaises devant leur porte, des commères bavardant, une bonne petite animation de petite ville... Il ne manque

LE CLOCHER DE CAUDEBEC

que des hauts bonnets cauchois sur la tête des femmes, et des bonnets de coton sur celle des hommes, pour avoir un bon tableau normand 1830, que compléterait admirablement une arrivée de vieille diligence jaune jetant sur le pavé, au bout de la rue, une ou deux dames à manches à gigot et vastes chapeaux, quelques messieurs en houppelande marron et de bonnes fermières en cornettes. Les personnages manquent, mais le cadre est à souhait.

Trois pas encore après le carrefour de la rue de la Boucherie, et ce n'est plus 1830, non effacé encore dans ce coin de petite ville, c'est 1330 ou à peu près qui se dresse devant 1890.

Sur la petite rue très étroite, parmi les maisons de bois ventrues et surplombantes, deux hauts pignons de pierre apparaissent, très nobles d'allure encore dans leur pauvreté, comme de vieux seigneurs tombés dans la gêne.

Ce sont deux maisons du XIIIe siècle, les plus anciennes probablement de toute la Normandie, deux pignons accolés qui ressemblent aux pignons de grandes salles de châteaux gothiques, bien que ces maisons aient toujours été logis de marchands, d'après M. de Caumont. L'une de ces maisons a été un peu remaniée, le rez-de-chaussée ouvre en boutique et les fenêtres ogivales ont été diminuées de hauteur, mais l'autre est intacte. Celle-ci a encore sa porte en ogive, et deux étages de belles fenêtres gothiques accouplées au premier étage et divisées par de gros meneaux de pierre en deux arcatures tréflées, avec trèfle encore dans le tympan. Trois énormes gargouilles, trois bêtes fantastiques assises sur des figures humaines dont une, le menton appuyé dans les mains, est très bien conservée, projettent l'eau du ciel dans d'affreuses cuvettes de zinc accrochées à leur gueule, qui déshonorent ces belles façades, tandis qu'il serait si facile d'arranger des gouttières plus supportables.

Ces deux maisons gothiques si remarquables ne sont pas la seule originalité de Caudebec, ce qui achève de donner à la petite ville une tournure si pittoresque, ce sont les bras de sa petite rivière circulant à travers les maisons serrées, dont les façades surplombent les eaux avec toutes sortes d'appentis accrochés çà et là, de balcons, de vieux murs déjetés. Toutes vieilles maisons d'ailleurs, carcasses de charpentes ou façades plaquées d'ardoises. Par endroits, ces maisons se resserrent et la rivière disparaît dans une espèce de cul-de-sac assez lugubre sous de hautes bâtisses, dans l'intérieur desquelles bruissent des roues de moulin, vieilles fabriques de quelque chose, au temps de la prospérité industrielle du Caudebec pelletier et farinier de jadis.

La rue de la Boucherie, se continuant le long de la petite rivière, a de coin en coin des aspects bien pittoresques... A l'extrémité, elle passe sous une maison presque entièrement portée sur des piliers et rejoint la rue qui mène à l'église, entre des maisons de bois toujours pittoresques, toujours anciennes, présentant toutes quelque détail amusant, comme celle presque en face de l'église qui a

L'ÉVÊCHÉ D'EVREUX

gardé une très belle porte aux panneaux de menuiserie décorés d'ogives à fines subdivisions.

Elle est vraiment curieuse, cette église de Caudebec, magnifique de toutes

VIEILLES MAISONS A CAUDEBEC

façons, comme ensemble et comme détails. Si ce n'est plus la pureté, la sévérité de style du gothique des époques antérieures, c'est la richesse d'imagination débordante des XVe et XVIe siècles, les complications imprévues de la dernière période ogivale, le tout surchargé et quelquefois abîmé, mais toujours remarquable et intéressant.

Deux étages de grandes et belles fenêtres flamboyantes éclairant les bas côtés de la grande nef, de légères balustrades, celle du haut formant une inscription en l'honneur de la Vierge, en grandes lettres gothiques, une petite flèche aiguë plantée sur le comble de la nef, voilà pour le tour de l'église. Ce qui est beau surtout, c'est le portail et c'est la haute tour qui se trouve sur le côté, un peu en arrière.

Ce portail est d'une richesse et d'une complication papillotantes, trois portes à voussures ogivales surmontées de contre-courbes, niches, rangées de statues, balustrades, rose, tourelles à clochetons terminées en pinacles gothiques ou Renaissance...

En arrière de cette accumulation s'élève la tour, carrée et massive en bas, supportant une flèche de pierre fouillée et ajourée sur une tourelle octogonale entièrement ouverte, toute en arcatures et en gracieuses fenêtres flamboyantes à frontons aigus, reliée aux contreforts par de beaux arcs-boutants. Cette belle flèche nouvellement restaurée, dentelure sculptée se découpant sur un noyau plein, est ceinte de couronnes de grosses fleurs de lis superposées, qui semblent des anneaux assurant la cohésion des montants de pierre réunis au sommet sous la croix terminale.

L'intérieur de cette belle église n'est pas moins intéressant pour ses remarquables verrières et ses sculptures, clefs de voûtes, statues et statuettes gothiques ou Renaissance.

Là, sur ces rives charmantes qui avaient déjà vu les ravages des Anglais au long siège qui retint Talbot et Warwick sous les murs de Caudebec, pendant six mois en 1419, dans les vallons entre Caudebec et Yvetot, batailla, contre l'armée de la Ligue commandée par le duc de Parme, l'armée du roi Henri. Après avoir emporté d'assaut le vieux royaume d'Yvetot qui ne lui suffisait pas, le Béarnais se jeta sur Caudebec où il entra après mille péripéties, pendant que l'armée de la Ligue, qu'il croyait bien prise, opérait sur un pont de bateaux la traversée de la Seine.

Un autre joli vallon aboutissant à la Seine abrite parmi les arbres d'un beau parc les ruines de l'abbaye de Saint-Wandrille, restes de l'église et vestiges gothiques enclavés dans des bâtiments du xviie siècle, et surtout magnifiques arceaux de cloître d'architecture flamboyante.

RETOMBÉE DE VOUTE, A SAINT-TAURIN D'ÉVREUX

XXXV

LOUVIERS. — ÉVREUX

RIVES DE SEINE. — PONT DE L'ARCHE ET GAILLON. — UN PORCHE FLAMBOYANT
PETITE VENISE SUR L'ITON. — CATHÉDRALE, PALAIS ÉPISCOPAL
ET BEFFROI DE VILLE. — SAINT-TAURIN

De l'autre côté de Rouen, les rives de la Seine déploient d'aussi magnifiques paysages que vers Jumièges, Caudebec et le Havre, des lignes de prés fleuris sous les peupliers, comme disait Mme Deshoulières, et des lignes de hautes collines herbeuses avec des brisures rocailleuses au sommet, semblables à des crêtes de falaises, des sites comme le promontoire appelé la côte des *Deux-Amants* dominant le village de Pitres et la vallée de l'Andelle, des îles et des îles, non loin du barrage monumental de Poses, archipel charmant et pittoresque rempli de jolies surprises, coins de Seine endormis, vieux moulin en pierre et pans de bois à cheval sur un petit bras, paysages grandioses entrevus entre les aulnes et les peupliers, avec le développement des rives et les petites criques intimes fréquentées seulement par les oiseaux et les pêcheurs.

Et de vieilles petites villes comme Pont-de-l'Arche, dont on regrette le pont du moyen âge, le superbe pont de 24 arches, détruit de nos jours et Gaillon, fief des archevêques de Rouen, dont le château devenu maison centrale après bien des malheurs, après avoir perdu ses splendides galeries et le grand portique transporté à l'école des beaux-arts de Paris, a gardé cependant quelques parties des constructions merveilleuses élevées par le cardinal Georges d'Amboise pour se consoler d'avoir manqué la tiare — et les Andelys au pied du coteau portant l'immense ruine du majestueux Château-Gaillard...

Mais auparavant il faut, par un petit crochet dans l'Eure, voir Evreux et Louviers.

Louviers est une ville d'industrie très ancienne, une ville de fabriques, — draps et nouveautés, — établie dans la verdure sur les rives de l'Eure. Une ceinture de jardins, de manufactures et d'habitations modernes entoure le noyau ancien de la ville, les quelques rues serrées autour de l'église Notre-Dame. Au bout de la rue Grande, quelques morceaux de rues anciennes, quelques coins de carrefours ont conservé de la tournure, quelques vieilles maisons çà et là présentent quelque intérêt, poteaux corniers sculptés, pignons en pans de bois embellis de sculptures, frises ou médaillons, mais c'est bien peu, hélas!

Du vieux Louviers qui eut, au temps de la guerre de Cent ans, une existence extrêmement agitée, si agitée même qu'il faillit disparaître à tout jamais, bien peu de témoins restent. Quelques parties de la belle église Notre-Dame sont de ce temps-là et doivent se souvenir des bourgeois de Louviers brûlés dans le clocher en se défendant contre les Anglais d'Edouard III, et des terribles malheurs de la ville au siècle suivant, du brave Lahire, le compagnon de Jeanne d'Arc, et du courage déployé par les habitants de Louviers, arrachant leur ville aux Anglais, la perdant, guerroyant vaillamment aux alentours et la reprenant encore longtemps avant la délivrance de la Normandie, pour la garder malgré tous les efforts, tous les retours offensifs de l'ennemi, qu'ils allaient ensuite attaquer dans ses places fortes.

Cette église est le seul édifice ancien qui subsiste à Louviers; il y avait aussi une *maison des Templiers* que j'ai cherchée longtemps par les rues, espérant trouver au fond d'une impasse quelque vieille construction bien rébarbative. A force de demander à tous les échos cette maison des Templiers, on a fini par m'en trouver trois. La première, un grand bâtiment de pierre à pignon du moyen âge, était tout simplement la prison de la ville et la seconde une simple maison ancienne à pans de bois. Enfin on m'indique la vraie, je la tiens, mais, hélas! elle n'a plus absolument rien de rébarbatif ni de pittoresque : cette maison des Templiers, devenue boulangerie et fortement transformée, ne montre plus rien qui la distingue des bâtisses voisines.

Pour en revenir à l'église Notre-Dame c'est un édifice fort irrégulier de plusieurs

LOUVIERS

époques, nef du XIIIe siècle avec deux grosses tours des XIVe et XVe siècles, l'une peu ornementée, découronnée, couverte par un comble carré avec deux petits clochetons également carrés, l'autre percée de grandes fenêtres, flanquée de contreforts terminés en grandes pointes. A l'intérieur il y a quelques tombeaux, quelques bas-reliefs et statues, une belle chapelle au fond avec pilier sculpté, mais la beauté principale, la merveille de l'église, c'est le porche sur la place au bout de la rue Grande.

Ce porche datant comme la partie de l'église à laquelle il est accroché de la fin du xve siècle, est le comble du gothique flamboyant, la ciselure de pierrre sculptée la plus étonnante et la plus fantastique, la limite qu'on ne peut dépasser sans tomber dans l'impossible.

Son plan est tout en lignes brisées, ouvert sur trois faces concaves; en avant, deux gros piliers ciselés du haut en bas, tout garnis de statues sous des niches extrêmement riches, avec dais fort délicatement fouillés et statues d'évêques au sommet, soutiennent tout l'édifice; jetées entre ces piliers, deux ogives à double voussure découpée et dentelée, se rencontrent sur un joli pendentif; au-dessus s'élève un double fronton triangulaire sous un arc en anse de panier que surmontent encore de belles arcatures trilobées et fleuronnées. Sur chaque face latérale se déploient et se reploient des ogives aussi merveilleusement découpées, sur pendentifs encore, surmontées de belles balustrades et d'arcatures reliées aux fenêtres flamboyantes de l'église.

Et plus on regarde cet admirable petit porche, plus on découvre de détails charmants, de motifs pleins de grâce dans cette étonnante et féerique exubérance de festons et d'entrelacs, de nervures et frisures ciselées.

A côté de la délicatesse et de l'élégance, il y a l'éclat de rire et la caricature, sous la balustrade au-dessus de l'ouverture principale, s'allongent deux gargouilles deux figures grotesques, de moine et de nonne il m'a semblé, d'attitude comique et qui ont l'air de se disputer. Les gens de ce temps-là, sachant que la gaîté est saine, que la joie de la créature doit être agréable au Créateur, ne craignaient pas de placer, dans les plus austères monuments, à côté de la pierre qui prie et s'élance en poétiques glorifications vers le ciel, la pierre qui rit et qui grimace.

La ville d'Evreux, le chef-lieu de Louviers, à six ou sept lieues de la petite ville drapière, a des allures de grande cité quand on regarde du haut de la colline du chemin de fer, l'étalement de toits qui remplit la vallée, les lignes d'arbres des avenues et les carrés verts des jardins, avec la grosse carène dentelée de la cathédrale surmontée de ses tours et de sa fine aiguille; joli et riant paysage traversé par les bras de la petite rivière circulant capricieusement à travers prairies, rues ou jardins.

Jolie ville, certes, d'un aspect clair et large, et surtout neuf; de grandes rues et des maisons bien modernes ou modernisées, dépouillées de tout ce qui portait la marque artistique des autres siècles, le passé bien raclé sur toutes les devantures.

Il y a peu de souvenirs d'autrefois à rencontrer en errant par les rues, de Saint-Taurin à l'allée des Soupirs, du jardin botanique au bout de la rue Saint-Sauveur sur la côte en face, peu de vieux coins absolument pittoresques, à part bien entendu les alentours de l'évêché sous la belle cathédrale, et les maisons bâties sur l'Iton, qui ont surtout un pittoresque de situation.

La vieille ville d'Evreux semble avoir passé par une remise à neuf générale, tout est jeune et frais, même les vieilles maisons qui se sont débarbouillées, qui ont passé le rasoir sur les irrégularités de leurs façades et posé une forte couche de peinture sur leurs rides. Et des grands monuments peu anciens comme la Préfecture ou tout neufs comme le Lycée ou le Palais de Justice, accentuent de leurs grandes masses fraîches le caractère moderne de la ville.

Quelques petites rues entre la place de l'Hôtel-de-Ville et la rue Chartraine ont gardé quelques silhouettes de bâtisses anciennes, rue Traversière, rue de la Petite-Cité ou rue de l'Echiquier, mais très peu importantes. Bien entendu au centre commerçant de la ville, les magasins de la rue Grande et la rue Chartraine, les deux principales rues de la ville, qui se coupent à angle droit, ont fait disparaître ou à peu près toute trace d'ancienneté et supprimé toute sculpture de pierre ou de bois aux façades.

C'est l'Iton qui donne à certains quartiers un petit caractère pittoresque; l'Iton, une rivière large de quelques mètres, se subdivise en une infinité de bras qui circulent très irrégulièrement à travers Evreux, coupent des quartiers, longent des rues et traversent cours et jardins. On le rencontre partout, cet Iton, sous la verdure qu'il entretient de sa fraîcheur, ou sous les maisons ; Evreux n'est pas Venise, cependant bien des maisons, comme à Rouen dans la rue Eau-de-Robec, baignent dans la petite rivière et chaque porte a son petit pont de bois ou sa passerelle embellie de fleurs et de feuillages.

Au carrefour d'entrée de la rue Chartraine s'ouvre la perspective de la place du parvis Notre-Dame, avec la cathédrale en enfilade, la légèreté des beaux arcs-boutants et la flèche mince et très découpée qui surmonte la tour centrale.

La cathédrale d'Evreux, malgré la grande diversité des styles, est un très beau et très remarquable édifice, aux vastes proportions dressant une masse superbe et majestueuse, à côté des nobles murailles du vieux palais de ses évêques.

Il y en a dans cette cathédrale pour tous les goûts, de l'élégant et du sévère, du grandiose et du lourd, comme aussi du très léger, de l'aérien même. Le lourd c'est le grand portail aux deux tours à côté de l'entrée de l'évêché ; ces tours sont du XVIIe siècle, et pas du meilleur, mais il y a heureusement un portail latéral beaucoup plus réussi, très décoré, flanqué de beaux clochetons du style ogival le plus fouillé. La pièce maîtresse et originale de Notre-Dame d'Evreux, c'est sa belle tour centrale du commencement du XVIe siècle, terminée par une flèche de charpente recouverte de plomb, très découpée et très fenestrée et ajourée, hérissée de fines aiguilles ou de hallebardes.

De remarquables grilles de bois du XVI⁰ siècle ferment autour du chœur et sur tout le pourtour de l'église, les belles chapelles contenant de nombreux morceaux de sculpture décorative et des bas-reliefs.

Dans l'angle du grand portail sous l'ombre froide de l'église, voici l'entrée du palais épiscopal. Dès que la grande porte s'ouvre apparaît, en pendant à l'église au fond de la grande cour, une superbe et imposante façade de palais gothique du XVI⁰ siècle, aux belles fenêtres superposées dans un encadrement sculpté qui part du sol et se termine au quatrième étage par de belles lucarnes à fronton fleuronné. Une tour d'escalier octogonale fait saillie sur la façade, décorée dans l'angle rentrant de riches arcatures simulées au-dessus de sa porte.

Palais de ce côté, forteresse par derrière; sur les jardins en contre-bas du boulevard Chambaudoin qui sont d'anciens fossés, le palais épiscopal a une autre façade de tournure plus sévère et garnie dans le haut de mâchicoulis, reliés par des bâtiments divers à la cathédrale qui dresse au-dessus des verdures le chœur vaste et grandiose soutenu par de jolis arcs-boutants.

En tournant par l'allée des Soupirs, autre boulevard planté d'arbres bordant un des côtés du carré central d'Evreux, on rejoint la grande place de l'Hôtel-de-Ville encadrée des bâtiments modernes de l'hôtel de ville, du Musée et du Théâtre.

Un bras de l'Iton passe sur cette place, toutes les maisons d'un côté sont pourvues d'une passerelle; à l'extrémité, dans un coin s'élève le Beffroi ou Tour de l'Horloge, une jolie tour isolée, élégante et mince, carrée d'abord, octogonale plus haut et flanquée d'une tourelle d'escalier. Une jolie flèche de bois recouverte de plomb en retrait derrière la balustrade à pinacles, dresse au-dessus de l'édifice un second faisceau de hallebardes dentelées, en face de celui de la flèche de la cathédrale.

Ce curieux beffroi fut construit sous le roi Louis XI qui réorganisa la municipalité d'Evreux et confirma les franchises de la ville au temps où, la France étant complètement reconquise sur l'Anglais, la paix et la prospérité reparurent en Normandie.

L'évêché, ancien monument de la puissance religieuse, le beffroi, symbole des franchises populaires, sont restés debout. Il ne manque à la trinité que le signe du pouvoir royal, le château dès longtemps démoli, lequel château dans les annales calamiteuses de la ville, appartenait tantôt aux uns et tantôt aux autres, au roi d'Angleterre ou au comte d'Evreux, à Philippe-Auguste ou à Jean sans Terre qui faisait égorger dans un banquet les trois cents chevaliers français de la garnison, au captal de Buch pour le roi de Navarre, ou au bon connétable du Guesclin pour le roi de France, aux Anglais ou aux Français, ce

RUINES DU CHATEAU GAILLARD

LE BEFFROI D'ÉVREUX

château qui vit tant de fois la ville, prise d'assaut par les uns ou par les autres flamber en un immense brasier, aux clameurs des bourgeois égorgés, ce château a disparu comme aussi a disparu le château de Navarre construit au xive siècle aux portes de la ville par les rois de Navarre, et reconstruit par Mansart au xviie.

Saint-Taurin, à l'extrémité de la ville, vers les belles avenues baignées par l'Iton, église d'une très ancienne abbaye, est un édifice assez bizarre d'aspect, amalgame assez peu gracieux de tous les styles, depuis le roman jusqu'au jésuite. Il y a néanmoins quelques morceaux intéressants, quelques détails curieux, comme ce bénitier gothique supporté par un escargot à tête humaine, ou comme ces retombées de voûtes à figures grotesques à côté de jolies galeries, rudes et cependant élégantes.

Au trésor de Saint-Taurin appartient la magnifique châsse si richement ouvragée, merveille d'orfèvrerie religieuse, qui fut exposée au Trocadéro en 1889.

FLÈCHE D'ÉVREUX

LE PETIT-ANDELY

XXXVI

LE CHATEAU-GAILLARD. — VERNON

LA FILLE D'UN AN DE RICHARD CŒUR DE LION. — DANS LES RUINES
LES ANDELYS. — L'ÉGLISE. — LE PONT RUINÉ
ET LE DONJON DE VERNONNET

Encore la Seine, mais la Seine filant incognito sous un fin brouillard de septembre, cachant le bas des maisons de Gaillon et les berges du fleuve, noyant la campagne, sauf le haut des arbres qui apparaît joyeusement ensoleillé. L'omnibus qui fait le service entre la gare de Gaillon et les Andelys, deux lieues de route longeant un tournant de la Seine, traverse de vagues paysages, où se rencontrent de temps en temps des chasseurs qui ne voyent pas plus loin que la queue de leurs chiens.

Soudain, comme pompé d'un seul coup par le soleil, le brouillard disparaît, la campagne tout entière se montre, fermée à l'horizon par les belles collines accidentées qui bordent le fleuve sur sa rive droite.

Par-dessus les pentes vertes se dressent des ruines blanches, qui grandissent vite à mesure qu'on avance et développent au-dessus du Petit-Andely l'immense amoncellement de courtines ébréchées, de pans de murs percés de trous ou d'arcades et de tours gigantesques qui furent le bastion de la Normandie élevé contre la France de Philippe-Auguste, le Château-Gaillard de Richard Cœur de Lion, un formidable tas de pierres mises les unes sur les autres dans le cours d'une seule année, — la « *fille d'un an* » que Richard, extasié de sa force, trouvait si belle, géante de pierre que Philippe-Auguste avait juré d'enlever, fût-elle de fer, et Richard de défendre, quand même elle serait de beurre !

L'omnibus s'arrête au Petit-Andely, devant des maisons pittoresques, près d'une belle petite église du XIIe siècle. Et quel paysage sur la rive ! La grâce des belles courbes du fleuve, des eaux filant entre les îles boisées, des verdures plongeant dans le courant, la majesté des grandes lignes et des nobles découpures de collines au-dessus ! Le Poussin, né ici même, n'avait vraiment pas besoin de s'en aller chercher dans la campagne romaine ses sites rocheux plantés de temples et de ruines, ses paysages faits de morceaux de nature rapprochés.

Est-il comme horizon rien de plus grandiose et de mieux dessiné que ces dos de collines sciés en falaises qui dominent le croissant de la Seine. Au-dessus de la ligne d'argent du fleuve, des ondulations de la vaste plaine et des plaques vertes et jaunes sur la rive gauche, du verdoiement des îles, des pentes accidentées de la rive droite, des coupures de roche blanche apparaissent comme des cassures de falaise au sommet des escarpements. Ces érosions, ce sont les traces des grandes eaux que Dieu fit jouer aux premiers siècles, les marques laissées par l'immense Seine au temps où se façonnait le sol de la France, comme ces ruines blanches sont les vestiges laissés par les siècles qui façonnèrent la France politique.

Par une ruelle passant derrière les maisons du Petit-Andely on gagne le petit sentier qui escalade en zigzags l'escarpement du Château-Gaillard sous la pointe du promontoire dominé par les plus colossales défenses. Quelle vue, quel déploiement d'horizons lorsqu'on s'est hissé au sommet du plateau sur la crête du large et profond fossé tranché dans le roc crayeux autour des vieilles murailles croulantes, et qu'arrivé au saillant du château, à l'ouvrage avancé qui subit l'attaque de Philippe-Auguste, on revoit la Seine et les escarpements et toute l'enfilade du plateau, les trous ébréchés et le gros pâté de maçonneries blanches du château proprement dit, dominant la boucle du fleuve et la presqu'île !

Le Château-Gaillard de Richard Cœur de Lion, se composait de quatre parties distinctes. En avant, au seul point d'attaque possible, à l'isthme rattachant le promontoire escarpé aux collines voisines, s'élevait un très fort ouvrage triangulaire défendu par cinq tours dressées sur le roc tranché à vif. En arrière se déroulait une première enceinte de remparts et de tours, séparées de l'ouvrage avancé

LE DONJON DU CHATEAU-GAILLARD

par un fossé. A l'extrémité de cette enceinte, au-dessus d'un second ou plutôt d'un troisième fossé, le château proprement dit, cette masse de maçonnerie composée de demi-tours accolées, dominait les défenses premières, dominé lui-même par le donjon qui a perdu aujourd'hui la moitié de sa hauteur et se dresse cependant encore au-dessus de la masse.

De l'ouvrage triangulaire avancé il reste les débris de la tour de pointe, des morceaux de courtines percées de trous, de lamentables chicots de tours. En arrière du grand fossé qui le séparait du corps de la place, des pans de murs isolés se dressent troués de larges brèches, écorchés par endroits de leur revêtement extérieur en pierres de taille, un morceau de tour gisant tout entier comme un bloc dans le fossé.

Lorsque Philippe-Auguste en 1204, après la mort de Richard, attaqua le château construit en douze mois sept années auparavant, il essaya d'abord de le prendre par la famine et le tint bloqué tout un hiver. Dans les fossés, entre le château et l'enceinte défendue par des tours de bois, tracée autour du château par le roi de France, mille ou douze cents anciens habitants du Petit-Andely, jetés hors du château et repoussés par les assiégeants, moururent de faim et de froid.

Au printemps de 1205, impatient d'en finir, le roi résolut d'emporter la place de vive force et dressa ses machines de sièges devant l'ouvrage avancé, lequel après toutes les péripéties habituelles : — beffroi dressé devant la tour, mineurs attachés à la muraille, — fut enfin ébréché et emporté d'assaut. Les assiégeants se trouvaient devant la première enceinte. Dans le tumulte de l'assaut et de l'incendie, les chroniqueurs du siège rapportent qu'un nommé Bogis et quelques soldats des assiégeants descendirent sans être vus dans le fossé et parvinrent jusque sous une petite fenêtre qu'ils avaient remarquée dans le rempart. En se hissant sur les épaules les uns des autres, ils atteignirent cette fenêtre et pénétrèrent dans un petit réduit sous la chapelle de la cour du château. Bogis et ses compagnons, poussant de grands cris, se mettent à briser les portes à coups de hache, la garnison troublée et croyant les Français en plus grand nombre dans la place, barricade la chapelle, met le feu au bâtiment et finit, devant les progrès de l'incendie, par se retirer dans la seconde enceinte, l'énorme masse encore debout aujourd'hui.

Cette seconde enceinte est un formidable rempart formé de segments de cercles accolés, comme une agglomération de demi-tours sans courtines, curieuse disposition qui ne se rencontre qu'au Château-Gaillard. Sur le revers du large fossé creusé sous ce rempart, se voient encore, creusées dans le roc, des espèces de grottes aux voûtes basses soutenues par des piliers taillés à même de la pierre ; c'est dans ces grottes que se réfugièrent Bogis et ses compagnons lorsqu'ils eurent réussi à se faire jour à travers les flammes et c'est de là qu'ils s'élancèrent à la première éclaircie pour abattre le pont devant les troupes de Philippe-Auguste.

Le siège de la forteresse proprement dite commença donc, mené rondement par le roi; au bout de quelques jours, après des alternatives diverses, par un pan de muraille abattu, les Français se précipitèrent si furieusement que tous, assiégés et assiégeants, Français et Normands, roulèrent en combattant pêle-mêle jusque sous le donjon. Cette grosse tour, suprême réduit de la garnison, nous la voyons encore, coupée à mi-hauteur, n'ayant conservé que les curieux supports en cône renversé des grands mâchicoulis qui la couronnaient. Cette brèche ouverte là-haut, c'était la porte étroite et d'accès extrêmement difficile, qu'il fallait gagner par un mince escalier à trois coudes. Ces difficultés d'entrée tournèrent au désavantage de la défense, le gouverneur de Château-Gaillard, le chevalier Roger de Lascy et les cent soixante hommes qui lui restaient, trop vivement pressés, ne purent franchir cette rampe et la bannière royale flotta sur le donjon.

Au pied de cette grosse tour du donjon, les anciens logis du château s'étendent sur la crête de l'escarpement à pic. Dans un grand pan de façade, des ouvertures

LES GROTTES DANS LE FOSSÉ DU CHATEAU-GAILLARD

béantes, de larges fenêtres aux embrasures pourvues de bancs de pierre encadrent de vastes paysages verdoyants, les berges de la Seine en bas des collines, les maisons du Petit-Andely et le grand hôpital Saint-Jacques, construit au siècle dernier en face de l'île, défendue jadis par un châtelet. Un peu plus loin, sur la droite, apparaissent l'église et les toits du Grand-Andely.

Du côté dominant la Seine de grands morceaux de muraille restent debout, isolés à l'extrême crête du coteau et surplombant les pentes et les maisons qui bordent la Seine. En bas de l'escarpement, sous le donjon, s'appuie au rocher qu'elle semble épauler, une tour sans communication visible avec le château d'en haut. Elle commandait l'estacade, qui barrait la Seine en passant à la pointe de l'île.

Lorsque les Anglais du XVe siècle se répandirent en Normandie, après Azincourt, les fortes murailles du Château-Gaillard, devenu forteresse française, les retinrent pendant plus de seize mois et la garnison ne succomba que par la famine. En 1431, La Hire, venant de Louviers, enleva la forteresse par escalade, mais elle retomba aux mains des Anglais et ne fut reconquise définitivement qu'en 1440, après un siège de cinq mois.

Le roi Henri IV, qui connaissait le Château-Gaillard pour s'y être quelque peu frotté et en avoir été gêné dans ses campagnes, en commença la démolition, mais le donjon subsista jusque sous Richelieu, le grand destructeur de forteresses féodales, qui en ordonna le démantèlement.

Encore un souvenir attaché à ces vieilles pierres et une figure de reine romantique étrangement belle et étrangement noire. Le Château-Gaillard servit de prison à Marguerite de Bourgogne, la Marguerite de la Tour de Nesle, épouse coupable de Louis X le Hutin, qui régla ses comptes avec elle en la faisant étrangler dans ces murs quand il monta sur le trône.

Du Château-Gaillard au Grand-Andely il n'y a qu'un quart d'heure de chemin. Le Grand-Andely est gentil, très gai et très souriant, mais il n'a pas la Seine aux berges accidentées ni la grande ruine. Il avait un hôtel-musée et cet hôtel, vide de ses collections dispersées, est pour le moment fermé.

Cet hôtel du Grand-Cerf, si connu, occupe une jolie maison de bois, à poutres sculptées ornées de figures à toutes les hauteurs. La cour est aussi fort pittoresque; il y a une cuisine superbe avec une cheminée sculptée et armoriée, monumentale, et une grande salle curieuse; malheureusement la cour est vide de tout mouvement et l'intérieur est invisible.

L'église Notre-Dame du Grand-Andely est un édifice gothique pourvu à la Renaissance d'un portail riche, mais froid; on remarque cependant de fort jolis détails au dehors et au dedans, de belles choses nombreuses dans les chapelles gothiques ou Renaissance, de superbes vitraux, des tombeaux et des stalles, des statues et des sculptures diverses.

Pour le reste, le Grand-Andely est d'un intérêt médiocre : il a une grande place aux maisons quelconques avec la statue de Nicolas Poussin au milieu, des rues de gros bourg tranquille; mais la route est jolie entre les deux Andelys, parmi les jardins et les vergers occupant l'emplacement du vaste étang qui séparait autrefois le Grand-Andely du Petit-Andely, fondé par Richard Cœur de Lion en même temps que la citadelle.

Et l'on reprend cette route du Petit-Andely, avec plaisir pour retrouver sur la robuste colline le développement de murailles, les tours ébréchées, les pans de remparts debout, ouvrant sur le ciel les grands trous bleus de leurs blessures.

Vernon est à quelques lieues au-dessus du Château-Gaillard, dans un joli paysage fluvial d'îles, de collines et de verdures. C'est une petite ville de 8 à 9,000 habitants, gentille et gaie, un noyau de vieilles rues au bord de la Seine et tout autour des avenues et de grandes rues modernes.

VIEUX PONT DE VERNON

Le Vernon antique, très arrangé, a l'air presque aussi jeune que le nouveau, les vieilles maisons presque toutes ont fait un bout de toilette et en somme, à part certains profils anciens de maisons à étages en saillie, plusieurs façades dont on n'a pas encore fait disparaître les poutres sculptées, quelques vieilles statues de bois accrochées à quelque pignon, au coin de quelque vieux bout de rue, comme à côté de l'église, il n'y a plus beaucoup de choses caractéristiques à glaner dans la vieille ville.

PORTE DE MAISON, A VERNON

Cependant au-dessus des toits se montre le sommet d'une grosse tour ronde enclavée dans des cours. Cela s'appelle la Tour-Grise, comme à Verneuil et c'est tout ce qui reste du château fort de Vernon, le donjon du xviiie siècle aujourd'hui devenu pacifiquement Tour des Archives municipales, et prosaïquement entouré des banales maisons bourgeoises d'une rue dénommée rue Potard. Avoir été forteresse des ducs Normands contre la France, puis, avec le château de la Roche-Guyon et le château de Gisors, le point d'appui des forces de Philippe-Auguste en face du Château-Gaillard planté sur la frontière normande par le roi Richard et finir ainsi bourgeoisement entouré, cerné complètement, prisonnier des maisons de rentiers d'une rue Potard.

L'église Notre-Dame de Vernon a des lignes intéressantes, avec son grand portail et son petit porche, avec ses morceaux de différentes époques à l'intérieur, ses coins de nef pittoresques où les gros piliers encadrent quelques curieux morceaux de sculptures. Luxe rare, elle a de vieilles tapisseries tendues aux murs des quelques chapelles ; ces tapisseries, étalant leur architecture à perspective conventionnelle, et leurs figures décoratives font admirablement sous la lumière ou dans le clair obscur.

Les tableaux sont rarement d'un bon effet dans les églises ; on les voit ou bien on ne les voit pas. Si on ne les voit pas, ils sont inutiles ; si on les voit, ils nuisent aux architectures, ils font des trous dans les murailles au lieu de concourir à un effet général. Et quel terne aspect ils prennent sous l'étincellement des vitraux, sous les coups de lumière colorée qui tombent des verrières. La vraie décoration des églises, ce sont les sculptures, figures ou ornements, et les vitraux qui se font valoir mutuellement au lieu de se nuire ; les tapisseries aussi donnent un aspect riche, elles encadrent somptueusement la décoration sculptée et réchauffent, comme ici, le fond des chapelles.

Dans une de ces chapelles de Vernon à vitraux du xvie siècle et à tapisseries, il y a encore le tombeau, avec statue tombale d'un joli sentiment, d'une jeune dame noble du xviie siècle.

A l'un des premiers piliers du bas côté de gauche est accroché un fort curieux bénitier du xve siècle à deux vasques superposées, la plus basse supportée par de grosses têtes encadrées d'accolades fleuronnées et la vasque supérieure, placée sous un dais, soutenue par une petite figure d'ange ayant une grosse tête grotesque à la place du ventre.

En gagnant les rives de la Seine par le chemin des écoliers et des curieux, par des tours et des détours entre les ruelles de l'église et la rue Potard, voici un petit croquis à faire rue de Penthièvre, d'une vieille sculpture au linteau d'une porte de maison. Le sujet, c'est quelque scène religieuse ou quelque légende locale peut-être, il y a un bateau vigoureusement sculpté, sur le bateau deux hommes et un évêque à mitre et à crosse, le tout dans un riche encadrement d'arcatures un peu détérioré.

Ce qu'il y a surtout de beau à Vernon, c'est la Seine et les ruines de l'ancien pont aux nombreuses piles, encore debout dans le fleuve au milieu des îles boisées, avec un vieux donjon à tourelles en haut.

Le fond du paysage est déjà fort beau ! la Seine très large, divisée en plusieurs bras par des îles, s'en va entre deux rives de verdure vers un tournant dominé par des collines. En aval du nouveau pont, subsiste dans le lit du fleuve tout un morceau de l'ancien pont, quatre arches encore complètes et quelques piles isolées. Ce vieux pont de Vernon était un de ces ponts à maisons et à moulins si pittoresques, comme il y en avait tout le long du fleuve et comme il en reste bien peu, un seul peut-être sur la Seine, celui de Poissy.

Vieux débris de pont rompu et inutile, reste encore longtemps ici. Longue vie à toi! Plaise à la très puissante administration des ponts et chaussées, qui en a démoli tant, de ces beaux vieux ponts de jadis, — pas toujours gênants pour la batellerie, — de faire encore longtemps grâce aux tronçons de celui-ci. Il est tout à fait ravissant par une belle journée de soleil. Rien que de la verdure au bout du nouveau pont, de gros bouquets de grands arbres serrés, des masses vertes de tous les tons du vert, au-dessous des îles délicieuses, des bouquets de peupliers et de saules épanouis en éventail sur les eaux, puis des coins de rivière tranquille en dehors du courant, de larges étendues de roseaux, des petites plages de sable à l'ombre des grands arbres.

En avant des îles se dresse le grand morceau de pont en ruines; les arches restantes, deux arches à tablier de pierre et deux arches à tablier de bois soutenu par des séries d'étais, supportent quelques vieux bâtiments bas déjetés, aux toits de tuiles jaunies. La végétation a tout envahi, le tablier du pont est comme un jardin ou comme une prairie, des broussailles échevelées tombent des arches comme des lianes et les piles ont des chevelures et des barbes de grandes herbes.

Tout est cahotant et gondolé, les longues poutres du tablier, les poteaux qui le portent, les maisons aux toits bizarres, les vieux toits de tuiles, tout est charmant et s'arrange d'une façon merveilleuse, projetant de belles ombres sur des eaux vertes par endroits, d'un vert profond, et rousses plus loin dans un coin mort de la rivière; les ouvertures des arches sont comme des trous verts et jaunes, où s'encadrent des échappées de Seine, des détroits entre les bouquets de verdure, avec des touches de soleil filtrant à travers les branches et des miroitements de ciel dans les eaux.

Pas un bateau, pas une barque, pas même un pêcheur à la ligne. Les maisons du pont, d'anciens moulins sans doute ayant perdu leurs roues, sont abandonnées; ce sont les maisons de la Belle au Bois dormant, les broussailles ont entrepris de les recouvrir et grimpent déjà vers les toits. Solitude complète, sauf deux ou trois lavandières parmi les roseaux; pour musique, rien que des chants d'oiseaux et de temps en temps un frappement de battoir sur le linge.

Du côté du grand courant quelques piles isolées sortent encore du fleuve; sur la rive, juste en avant des dernières arches, comme un châtelet de tête de pont, un gros donjon carré flanqué de quatre tourelles rondes, passe sa tête au-dessus des arbres.

N'approchons pas de trop près et contentons-nous de le regarder d'ici, de cette berge solitaire et charmante d'où il fait si bien. Ce vieux castel du XIIe siècle, le château de Vernonnet, faubourg de Vernon, sur la rive droite de la Seine, est englobé dans des bâtiments usiniers, fermés aussi actuellement et ces bâtiments ne laissent apercevoir que le toit du donjon et les poivrières des tourelles.

BÉNITIER A DEUX VASQUES DANS L'ÉGLISE DE VERNON

LE DONJON DE GISORS

XXXVII

GISORS

PETITE VILLE ET GRAND CHATEAU. — LE DONJON AU BOIS DORMANT
LA TOUR DU PRISONNIER. — SPLENDEURS GOTHIQUES
ET RENAISSANCE DE L'ÉGLISE

Aux confins de Normandie, dans un pays charmant, sur une colline plantée maintenant comme une forêt qui domine les belles plaines du Vexin normand aux gras pâturages traversés de riviérettes au cours rapide, s'élève la jolie, la pittoresque, la charmante petite ville de Gisors et ce qui reste de son fameux château, c'est-à-dire une grande et magnifique ruine, un morceau de féodalité ébréché, debout encore, mais bien caché au siècle qui passe, enfermé avec ses vieux souvenirs sous un épais rempart de verdure protectrice.

Gisors mériterait en vérité bien d'autres adjectifs admiratifs, c'est aux portes de Paris une ville n'ayant rien de ce banal aspect de banlieue que d'autres vieilles villes à soixante lieues, s'appliquant à se défigurer, arborent comme un embellissement. C'est une bien pittoresque petite vieille cité ayant conservé toute son originalité, tout son caractère, une ville très

LAVOIRS SUR L'EPTE

aimable, très avenante, d'aspect heureux dans la gaîté de ses eaux qui courent et de ses jardins balançant leurs arbres par-dessus tous les toits.

Ce Gisors frontière normande, petite ville si attrayante, c'est en somme un résumé de la Normandie, comme site et comme ville : des herbages plantureux, de belles prairies baignées d'eau, des pans de bois, de vieilles maisons, un antique château dont chaque pierre raconte les luttes d'autrefois entre Français et Normands, et parle du roi Richard et de Philippe-Auguste.

Les maisons de la ville garnissent la croupe de la colline qui porte le vieux château ; l'Epte divisée en plusieurs bras traverse irrégulièrement la ville, elle coupe en deux endroits la grande rue et montre chaque fois de délicieuses échappées de rivière, des tournants encadrés de vieilles bâtisses, avec des ponts de bois jetés çà et là, des appentis descendant à l'eau, des lavoirs couverts anciens, très pittoresquement établis, des verdures tombant des jardins, des fleurs et des broussailles pendant en lianes aux vieux murs.

La charmante rivière ! Elle coule rapidement sur un fond de grandes herbes allongées dans le sens du courant et remuant avec l'eau claire qui file et le petit poisson qui frétille.

Partout des ponts s'arrangeant en tableau avec quelque bout de vieille rue tranquille aux murs dorés par le soleil; un des plus jolis est le petit pont de pierre sous les grands arbres qui montent au château à l'un des bouts de la ville, trois arches minuscules, un pont juste assez large pour donner passage à une personne à la fois. C'est fort gentil devant les belles prairies et les oseraies, sous les grandes masses vertes de la colline. Le nom de ce vieux petit pont? Les gens du quartier l'appellent le pont Poupette, du nom d'un vieux cordonnier qui avait son échoppe dans la petite maison du fond.

La grande rue, large comme une grande route, s'étage sur la pente, alignant ses vieux toits de façon fort pittoresque. Toutes les maisons sont anciennes, mais non vétustes, mais bien portantes, propres, entretenues et peintes. Bien des façades sont refaites et ont perdu leurs ornements de jadis, mais il leur reste toujours leur tournure à la vieille mode.

Il y en a de toutes les époques. Voici une grande maison Louis XIV à belle grande porte, avec des figures de femmes au bout de ses poutres saillantes; voici de vieilles cours curieuses, voici de beaux carrefours avec des groupes de hautes et solides façades à pans de bois, et voici de vieux noms amusants d'hôtels et d'auberges d'autrefois. D'en haut, quand on a grimpé la colline, la grande rue apparaît encore plus curieuse avec ses lignes de maisons descendantes et les silhouettes des grands toits enchevêtrés.

LE PILIER DES MARCHANDS

L'église est sur la gauche; le sommet de la tour se montre de temps en temps par-dessus quelque toit. Une courte ruelle large tout au plus d'un mètre cinquante, encadre entre ses grands murs de maisons une tranche de portail gothique du plus merveilleux travail, une découpure de pierre invraisemblable. Ce n'est qu'un portail latéral. Le mot dentelle de pierre qu'on applique assez facilement, est ici bien justifié, c'est plus que de la guipure, ce portail est une toile d'araignée d'un dessin gothique fleuri vraiment admirable.

On sait que l'église de Gisors est fort jolie, mais elle l'est vraiment beaucoup plus qu'on ne le dit. Cette église mériterait d'être célèbre et célébrée, c'est une des plus belles de Normandie et des plus originales.

Entourée de ruelles qui la laissent très peu apercevoir, mais qui lui font un

MAISON DE BOIS, RUE DU FOSSÉ DES TANNEURS

cadre et la font valoir merveilleusement entre leurs vieilles façades vermoulues et leurs vieux toits de tuiles, sans aucun dégagement, elle se laisse admirer morceau par morceau et vous fait passer de merveille en merveille, des beaux ensembles de l'art ogival des xive et xve siècles aux grandes décorations de la Renaissance, ici justement non moins merveilleuses.

De tout près, le portail gothique entrevu au bout d'un corridor est admirable de sculptures, la porte a encore ses vantaux de bois du xvie siècle bien conservés, encadrant des rangées de jolies figurines dans ses panneaux ogivés et cintrés.

Tout le détail autour de cette église est intéressant, grandes fenêtres, balustrades, niches sculptées, dais, écussons, garnitures de fleurs de lis sculptées partout, mais grattées souvent, petits médaillons Renaissance, gargouilles curieuses Voici, se laissant mieux apercevoir du fond de cette impasse de la rue de Lisle, un pignon percé d'une belle rose du xiiie siècle et surmonté d'un petit clocher ardoisé.

La rue de Lisle est jolie elle-même avec ses vieilles maisons et son clocheton

LE CHATEAU DE GISORS

UN COIN DE L'ÉGLISE DE GISORS

d'ancien couvent près de la sacristie de l'église en pavillon d'angle. Ce côté de l'église n'est pas moins intéressant ; il y a encore un autre porche latéral gothique, moins fleuri que l'autre, puis enfin le grand portail de la Renaissance, un monument considérable et ogival dû à des architectes nommés Grappin.

Ce grand portail n'affecte aucune régularité : c'est à droite une tour tronquée qui offre tout à fait l'apparence d'un porche antique ruiné, avec de belles colonnes superposées sur un soubassement fort écorné, des entablements décorés de feuillages en fort relief. L'autre tour ne copie pas l'antiquité, elle n'a pas de colonnades et se termine par un étage octogonal de forme bizarre ; ses murs sont nus dans le bas, mais à partir d'une certaine hauteur, elle est, comme tout le portail, couverte d'une décoration de la plus belle Renaissance, par une accumulation et une superposition touffues de motifs plus qu'élégants, superbes, — de frises, d'arcs richement décorés, de beaux encadrements accrochés un peu au hasard, de trouvailles exquises comme ces fenêtres qui ont dans leur voussure, au lieu de redents, une découpure de fleurs de lis. Au-dessus des portes encore ogivales, il y a encore comme une manière de joli petit temple antique accroché au centre du portail.

A l'intérieur, l'église est également superbe. Les premières travées sous le portail ont une apparence de vestibule de palais ; il y a là une tribune Renaissance avec statues et motifs charmants et dans un coin un escalier tournant remarquable, qui fait penser à un escalier de château du XVIe siècle. Près de cet escalier au mur d'une chapelle est sculpté un gigantesque arbre de Jessé, trop touffu peut-être d'enroulements et de personnages.

L'aspect de l'église est ample, les doubles bas côtés offrent de belles perspectives vers les transepts qui possèdent de très majestueuses galeries supérieures. A côté de piliers en spirale, dans le bas côté droit, s'élève le pilier sculpté dit des *Marchands* pour les personnages des différents corps de métiers de Gisors au XVIe siècle. Parmi les nombreuses autres curiosités, il faut citer une figure sculptée de recluse religieuse derrière une fenêtre grillée, la porte de la sacristie, le cadavre sculpté au fond d'une chapelle et attribué à Jean Goujon, probablement à tort.

Autour de l'église les rues et ruelles sont amusantes et abondent en jolis coins ; la rue du Fossé des Tanneurs derrière l'impasse est plus au large ; elle borde la rivière, qui s'en va se perdre ensuite dans les maisons plus serrées. C'est du bord de la rivière que l'on peut le mieux embrasser d'un coup d'œil l'ensemble de l'église, avec ses pignons et ses tours au-dessus des toits désordonnés ; ici même, juste devant ce tableau, s'élève une jolie maison du XVIe siècle aux pans de bois taillés en colonnettes et ornés de sculptures parmi lesquelles, entre des frises à rinceaux, on distingue des joueurs de cornemuse, des fous et des gens dansant.

L'hôtel de ville est dans un curieux pâté de bâtiments dépendant d'un ancien couvent de carmélites du grand siècle. La gendarmerie, la prison, le théâtre, l'école et la mairie se sont partagé les constructions, le théâtre a pris la chapelle à façade redondante, l'hôtel de ville s'est installé dans un grand bâtiment à galerie avec rotonde au milieu, surmontée d'une grosse tour.

En abordant le château par le sommet de la Grande-Rue, on se trouve sur une grande terrasse dominant le dévalement des toits, devant les tours de l'église, à côté des anciens fossés et glacis plantés d'arbres, entrée de promenade gardée par

LE PETIT PONT

la statue du général de Blanmont. Sur cette terrasse s'ouvrent les portiques de vieilles halles de pierre construites au XVIIIe siècle, pittoresques elles-mêmes et en si belle situation, au pied du donjon central, à côté de vieilles tours éventrées.

Sur le côté opposé à la ville, c'est autre chose, c'est le château de la Belle au Bois Dormant, la colline est entièrement boisée et il faut traverser une superbe futaie, grimper sous de grands beaux arbres plantés jusque dans les fossés pour trouver la porte du château. Le sommet du plateau, une vaste enceinte de forme presque ovale, est bordé par une ligne continue de remparts et de tours quadrangulaires, de hautes courtines en parties ruinées qui semblent les murailles d'un immense cirque. La ville a fait de cette grande cour un jardin public, heureusement sans lui donner des allures de square et en laissant un peu faire la nature, qui s'entend mieux qu'aucun jardinier à embellir les ruines.

Au centre de cette esplanade est une grosse butte artificielle couverte aussi de végétation, couronnée par une chemise de pierre circulaire, un gros mur soutenu par des contreforts, percé d'une porte et d'une poterne; on arrive à travers les arbres par un sentier de labyrinthe, à la petite cour du donjon primitif ou tour Saint-Thomas. Au fond, sur un des côtés de cette petite enceinte, en face de la porte d'entrée, près des ruines d'une petite chapelle romane, s'élève le donjon, forte tour polygonale également soutenue par des contreforts à chaque angle et accostée d'une tourelle d'escalier à pans coupés.

PORTE DE LA SACRISTIE

Ce château qui a joué un si grand rôle dans l'histoire des luttes entre Normandie et France, forteresse de frontière menaçant la France à quelques marches de Paris, a été commencé au XIe siècle par le duc Guillaume le Roux et remanié successivement par tous ceux, rois anglo-normands ou rois français, en la possession de qui pour un temps la guerre le faisait tomber. La longue guerre de plusieurs siècles entre France et Angleterre à l'occasion de Gisors, pour la possession du château, commença par des batailles en plaine devant la colline garnie de tours, par des conférences sous le fameux *Orme ferré*, par des assauts et des surprises et par des malheurs pour la ville assise sous le château. Cela dura un bon siècle jusqu'à la prise de possession définitive par le roi Philippe-Auguste, qui eut, en 1194, une si grande émotion sous les murs de la ville. Cerné avec peu de monde seulement à Courcelles, par les Anglais de Richard Cœur de Lion, qui le croyaient déjà pris, Philippe-Auguste et ses cinq cents lances foncèrent sur la

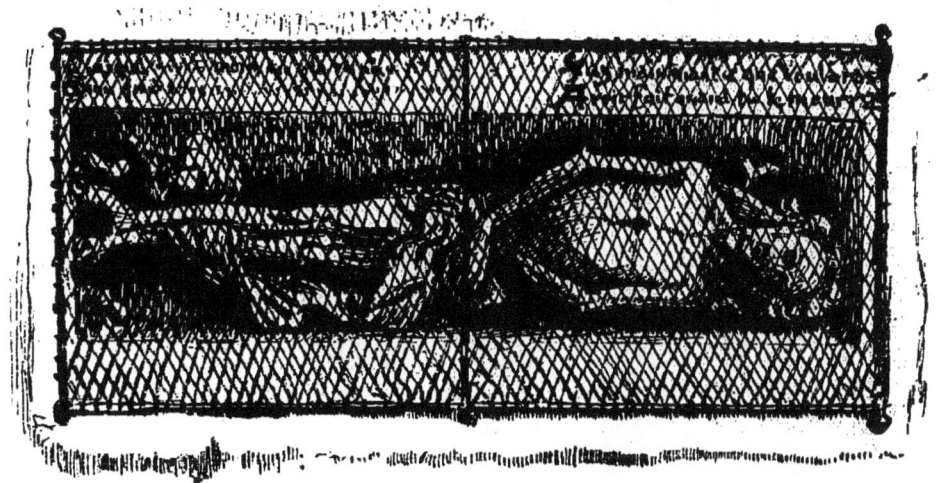

LE CADAVRE SCULPTÉ DANS UNE CHAPELLE

ligne anglaise, la traversèrent et coururent suivis de très près jusqu'à Gisors. Le roi, tout chaud de la bataille, entrait en ville et passait sur le pont-levis de l'Epte, lorsque le pont s'écroula sous le poids des chevaliers. Philippe-Auguste, au milieu d'une confusion terrible, fut tiré vivant de la rivière, mais bien des chevaliers se noyèrent dans leurs armures, pendant que ceux de l'arrière-garde se retournaient vers l'ennemi et le contenaient par des charges furieuses.

Chaque changement violent de possesseurs valait à la ville de Gisors quelque avarie, et au château quelque adjonction aux défenses, quelque tour nouvelle. Henri Ier d'Angleterre, Henri II, père de Richard Cœur de Lion, puis Philippe-Auguste lui apportèrent des améliorations successives. Le donjon isolé sur sa motte, étant comme prisonnier à l'intérieur du château, puisqu'il ne communiquait pas avec le dehors, Philippe-Auguste bâtit un second donjon, la grosse tour ronde à l'angle de l'enceinte.

La porte principale du château est sur la face de l'enceinte tournée vers la campagne. Montons des bords de la rivière qui coule rapidement sous les verdures, devant des moulins, avec des blanchisseuses dans le creux des berges, et gagnons la crête du mamelon sous la fraîcheur des grands arbres.

Là-haut dans la verdure, le château tout à fait isolé, rien ne se voyant de la ville cachée de l'autre côté, apparaît bien comme un château de légende ; le donjon se dresse sur sa butte, derrière une belle porte sombre sous le feuillage, une haute ouverture à deux voussures superposées percée entre deux tours carrées avec des créneaux garnis de broussailles et la herse même...

Mais ne regardons pas de trop près à la herse, je crois qu'elle est en bois. N'importe, la herse en imitation moderne fait très bien et donne un aspect farouche à cette porte ouverte parmi les rochers broussailleux, sous la futaie épaisse et échevelée ; ses barreaux de bois font penser au pauvre prisonnier inconnu enfermé

LA TOUR DU PRISONNIER

jadis au fond de la grosse tour, et qui occupa ses longues journées de souffrance à couvrir les parois de sa tombe de sculptures que l'on peut voir encore.

Pauvre prisonnier ! « *O mère de Dieu, souviens-toi de Poulain !* » a-t-il gravé, sur une pierre de son cachot. Cette tour du prisonnier, le donjon de Philippe-Auguste, est bien conservée et presque intacte. D'en bas, du fond du fossé, haute et majestueuse, serrée par un grand lierre qui l'escalade jusqu'à mi-hauteur, elle surgit très poétiquement de la rêveuse futaie, à côté de grands sapins austères. Elle a trois chambres voûtées. La dernière en bas est le cachot dans lequel Louis XI tint enfermé pendant vingt-deux années un certain chevalier nommé Poulain.

Ce tombeau de pierre ne reçoit qu'un peu de lumière filtrant d'étroites meurtrières percées à une grande hauteur à travers une épaisseur de quatre mètres. Patiemment avec quelque pointe de clou, le prisonnier a fouillé, gravé et sculpté les pierres de la muraille aux endroits frappés par le faible rayon de jour de ses trois meurtrières. Il y a des sujets religieux, témoignages d'espérances supérieures, et des souvenirs de ce monde dont il était si complètement retranché. Les

UNE TOUR DE L'ENCEINTE

sujets religieux sont mélangés à des scènes de guerre, de fête ou de chasse, seigneurs et nobles dames dansant. C'est un travail considérable, beaucoup des personnages sculptés sont presque détachés de la pierre, en fort relief, tandis que d'autres sont simplement gravés. Quand la lumière tournait sur la muraille, le pauvre captif passait mélancoliquement à une autre pierre et creusait, creusait...

Ce sont là sculptures grossières et bien naïves, certes, mais qu'on ne peut vraiment regarder sans émotion. « *O mère de Dieu, souviens-toi de Poulain !* » comme il résonne lugubrement sous les voûtes, le cri navrant du prisonnier!

Sur la colline, du haut de laquelle le vieux château de Philippe-Auguste peut voir son vieil ennemi le Château-Gaillard de jadis, également ruiné et édenté aujourd'hui, — dans la paix de sa vieillesse et la poésie de son manteau de verdure, le vieux donjon de Gisors brille au soleil couchant d'un beau jour de septembre. Au-dessus des grands arbres et de la fraîche feuillée, garnissant collines et fossés, le sommet de la grosse tour apparaît légèrement doré par les rayons, puis l'ombre gagne, et seule une petite touche brillante reste encore pour quelques minutes au sommet de la tourelle...

... Tout s'éteint, le soir tombe et de légères vapeurs montant des prairies mouillées estompent les grandes masses vertes poussées dans le courant des siècles autour de la silencieuse forteresse, l'opulent bouquet de feuillages que la brise balance au flanc de la colline couronnée de murailles ébréchées, au milieu des gras herbages, à l'extrémité des plaines normandes.

HÔTEL DE VILLE DE GISORS

MAISONS A GISORS SOUS LE CHATEAU

TABLE DES CHAPITRES

I. — LE MONT SAINT-MICHEL
Dans les sables mouvants sur formidable roc. — Au péril de la mer, est Saint-Michel de France.   1

II. — LE MONT
Sur les remparts de tour en tour. — Anglais et Huguenots.   9

III. — LE MONT
De la bastille d'entrée au cloître aérien de la Merveille   23

IV. — LE MONT
L'intérieur du roc. — Cryptes et cahots. — La ville   34

V. — AVRANCHES
Silhouette à distance. — L'allumette de la Ligue.   40

VI. — GRANVILLE
L'abbaye de la Lucerne. — Ville de granit sur roc pelé. — Remparts sur remparts. — Le cap Lihou.   48

VII. — COUTANCES
La cathédrale. — Deux évêques et trois poèmes épiques. — L'aqueduc vert.   55

VIII. — SAINT-LO
Le rocher de Saint-Lô. — Place des Beaux-Regards. — La chaire extérieure   63

IX. — VALOGNES. — CHERBOURG

La terre du beurre. — Grands hôtels et petites maisons. — Ennui et solennité. — Cherbourg panorama. — Forts de granit et donjons flottants 73

X. — VIRE

La tour de l'horloge. — Souvenir aux coiffes normandes. — Le dernier hennin... de coton. — Sous la feuillée du val de Vire 80

XI. — DOMFRONT

Forteresse aux dents cassées. — La rue des Barbacanes. — Le chat et la souris. — La fin de Montgommery. 88

XII. — ALENÇON

La fin d'un donjon de mélodrame. — Le porche de l'église Notre-Dame. — Fenêtres et verrières. 96

XIII — SÉEZ. — MORTAGNE. — LAIGLE

Grande cathédrale et petite ville. — Manoirs de ville. — Vingt-deux mises à sac en trois ans. — Le sommet de la tour. 104

XIV. — VERNEUIL

Un castel rébarbatif. — Clochers pointus et tourelles 110

XV. — ARGENTAN

Douairières de pierre. — La place Henri IV. — Saint-Germain et Saint-Martin. — Commencement de l'Orne. 116

XVI. — FALAISE

Remparts et ravins. — Le donjon de Guillaume le Bâtard et la tour Talbot. — La porte d'Ogier le Danois. — Dans le val d'Ante. 123

XVII. — CAEN

Rivières heureuses. — L'abside d'Hector Sohier. — Encyclopédie d'architecture. — Squares et boulevards 136

XVIII. — CAEN (suite)

Petites et grandes cours. — L'hôtel le Valois et l'hôtel de Than. — Les vieux noms de rues. — Médaillons et inscriptions. 143

XIX. — CAEN (suite)

Vieilles maisons et vieilles églises. — De l'abbaye aux hommes à l'abbaye aux dames. — Le vieux château. — La maison des Gendarmes. — Fontaine-Henry. 151

XX. — BAYEUX

Les tours d'escaliers. — Ce qu'a vu le coq de la cathédrale. — Un beau carrefour. — Port-en-Bessin. — Un château hanté. — Argouges et Creully. 159

XXI. — LISIEUX

Une ville de bois. — Cinq cents façades pittoresques. — Le xve siècle vivant. — La rue aux Fèvres. — Le manoir de la Salamandre. 174

XXII. — BERNAY

Ravalement général. — L'église de la Couture. — Le donjon invisible de Conches. — Dans les ruines de Beaumont-le-Roger. 185

XXIII. — HONFLEUR

De Dives à la côte de Grâce. — Criquebeuf. — Les maisons ardoisées. — L'église Sainte-Catherine et son clocher. 192

XXIV. — LE HAVRE

Commencement de l'Amérique. — xie et xxe siècles. — Graville. Sainte-Honorine. — Harfleur. — Le château de Tancarville. — Lillebonne 199

XXV. — FÉCAMP

L'abbaye de Sainte-Trinité. — La falaise de Bois-Rosé. — Valmont. — Le donjon et l'église. — Ruine Renaissance. 206

XXVI. — SAINT-VALERY-EN-CAUX

Les cours de Saint-Valéry. — La maison Henri IV. — La chapelle Saint-Léger. — Moulins et fermes de Veules. 211

XXVII. — DIEPPE

La ville et le château. — Saint-Jacques. — Le manoir de Jehan Ango. — Arques-la-Bataille 220

XXVIII. — EU. — TRÉPORT

L'église Notre-Dame. — Un souvenir aux vieilles halles. — Le château. — Sous le musoir du Tréport. — Bateaux et matelots. 230

XXIX. — ROUEN

Rouen nocturne. — La rivière des Fleurs-de-Lys. — Temps calamiteux et siècles de splendeur. 237

XXX. — ROUEN (SUITE)

Sous le Gros-Horloge. — Le palais de justice. — Flèches sur flèches. — Cathédrale, Saint-Ouen et Saint-Maclou 243

XXXI. — ROUEN (SUITE)

Autour de la haute vieille tour. — La Fierte. — Vieilles rues et vieilles maisons. — Les vieilles églises transformées. 257

XXXII. — ROUEN (SUITE)

Fontaines anciennes. — La rue Eau-de-Robec. — Sur la côte Sainte-Catherine. — Les sièges. 272

XXXIII. — ROUEN (suite)

Jeanne d'Arc, le donjon de Rouen et la place du Vieux-Marché. — L'hôtel de Bourgtheroulde. 277

XXXIV. — JUMIÈGES. — CAUDEBEC

La presqu'île de Jumièges. — La grande abbaye aux 900 moines. — La flèche de Caudebec. — Deux pignons vénérables. — Saint-Wandrille. 284

XXXV. — LOUVIERS. — ÉVREUX

Rives de la Seine. — Pont-de-l'Arche et Gaillon. — Un porche flamboyant. — Petite Venise sur l'Iton. — Cathédrale, palais épiscopal et beffroi de ville. — Saint-Taurin. 291

XXXVI. — LE CHATEAU-GAILLARD. — VERNON

La fille d'un an de Richard Cœur de Lion. — Dans les ruines. — Les Andelys. — L'église. — Le pont ruiné et le donjon de Vernonnet 299

XXXVII. — GISORS

Petite ville et grand château. — Le donjon au bois dormant. — La tour du Prisonnier. — Splendeurs gothiques et renaissance de l'église. 300

PIGEONNIER DU VIEUX CHATEAU, A VEULES

TABLE DES GRAVURES

	Pages
Le mont Saint-Michel vu des remparts (*hors texte*)	1
L'arrivée au mont	1
L'escalier de dentelle	1
La première porte du mont Intérieur	5
La porte du Roi	7
La tour Gabriel	8
Le mont Saint-Michel, côté de la Merveille (*hors texte*)	9
Porte de la Barbacane. Intérieur	9
Chapelle Saint-Aubert	11
L'arrivée devant la porte Bavole	12
Entrée de la ville. Intérieur	13
Le gros bastion et le chemin des remparts	16
Grande-Rue du mont Saint-Michel (*hors texte*)	17
Au sommet du grand degré	17
Le petit bois sous la Merveille	19
Le corps de garde	20
Entrée de l'Abbaye	21
Tour de Genêts	22
Les crénelages du Châtelet vus de l'église	23
Le promenoir a Avranches (*hors texte*)	25
Cour de la Merveille	25
Terrasse du Saut-Gaultier	29
Une des cheminées de la salle des Chevaliers	31
Le Cloître	32
Abbaye de la Lucerne (*hors texte*)	33
Pont fortifié de la cour de l'église	33
Eglise de la ville	34
La rue de la ville	36
La montée de la Grande-Rue	37

TABLE DES GRAVURES

Eglise de Périers	39
Sous les remparts d'Avranches	40
LE ROC DE GRANVILLE (*hors texte*)	41
Restes du château d'Avranches	41
Au jardin des plantes	44
Rue de l'Auditoire	45
Sur le petit promenoir	47
Le roc de Granville	48
CATHÉDRALE DE COUTANCES (*hors texte*)	49
Granville. — Porte de la ville haute	49
L'église sur le rempart	52
Chaumières de la Manche	54
L'aqueduc de Coutances	55
SAINT-LÔ (*hors texte*)	57
Cour de la Poissonnerie	57
Rue Geoffroy-Herbert	60
Cathédrale de Coutances	61
Eglise Saint-Pierre	62
Chaire extérieure de Saint-Lô	63
TOUR DE L'HORLOGE A VIRE (*hors texte*)	65
Le bastion de Saint-Lô	65
La maison Dieu	68
Près de la porte Dollée, à Saint-Lô	69
Au pied de l'église	72
DOMFRONT (*Hors texte*)	73
Cherbourg. — Le fort du Roule	73
Valognes. — Vieux débris sur la rivière	75
La rivière de Valognes	76
Cherbourg. — Le sémaphore et la digue	77
Flèche de Valognes	79
Vieilles maisons à Vire	80
ALENÇON, PORCHE DE NOTRE-DAME (*hors texte*)	81
Maison rue du Neufbourg, à Vire	81
Petit porche sur perron, à Vire	85
Vire. — Les gargouilles de Notre-Dame	87
Ruines du château de Domfront	88
MAISON DE LA TOURELLE, A VERNEUIL (*hors texte*)	89
Domfront. — Eglise Notre-Dame de l'Eau	89
Domfront. — Un morceau des vieux remparts	92
La rue des Barbacanes, à Domfront	92
Le donjon de Domfront	95
Sur la Sarthe, à Alençon	96

TABLE DES GRAVURES

LE CHATEAU DE FALAISE (hors texte)	97
Le château d'Alençon	97
Vieilles maisons rue aux Sieurs	101
Rue aux Juifs	102
Un vieil hôtel de Mortagne	104
EGLISE SAINT-GERVAIS, A FALAISE (hors texte)	105
Place du Marché, à Mortagne	105
L'arcade Saint-Denis, à Mortagne	107
Eglise Saint-Martin, à l'Aigle	109
La tour Grise, à Verneuil	110
Tourelle rue du Pont-aux Chèvres	112
PETIT PORCHE DE L'ÉGLISE SAINT-GILLES, A CAEN (hors texte)	113
Saint-Christophe, à Notre-Dame de Verneuil	113
Le clocher de Notre-Dame	114
Statuette, à Notre-Dame de Verneuil	115
La place Henri IV, à Argentan	116
Eglise Saint-Martin (Argentan)	117
L'Orne à Argentan	120
CARREFOUR RUE DE THAM A CAEN (hors texte)	121
Argentan. Le vieux château	121
Argentan. Tour Marguerite	122
Cour de l'Assurance, à Falaise	123
Rue de la Trinité	125
Petit porche de la Trinité	127
Passage sous l'église de la Trinité	128
MANOIR DES GENDARMES, A CAEN (hors texte)	129
La porte Ogier-le-Danois (intérieur)	129
La porte Ogier-le-Danois (extérieur)	131
La brèche d'Henri IV et la tour Talbot	133
Maison du val d'Ante	134
Le val d'Ante	135
Hôtel de Than	136
MAISON DU GOUVERNEUR, A BAYEUX (hors texte)	137
Lucarnes rue Froide	137
Maison de bois rue Saint-Jean	141
Abside de Saint-Pierre	142
Hôtel le Valois d'Écoville	143
CHATEAU DE CREULLY (hors texte)	145
Hôtel des Monnaies, à Caen	145
Hôtel de Colombey, à Caen	148
Cour de la maison des Quatrans	149
Lucarne dans la cour du musée des Antiquaires	150
Contrefort de Saint-Etienne le Vieux	151

TABLE DES GRAVURES

- Chateau d'Argouges (*hors texte*) 153
  - Portes des champs au château de Caen 153
  - Tourelle rue des Chanoines 156
  - Le château de Fontaine-Henry 157
  - Château de Lion-sur-Mer 158
  - Tour d'escalier à Bayeux 159
  - Porte de ferme à Crépon près Bayeux 160

- Manoir de la Salamandre a Lisieux (*hors texte*) 161
  - Carrefour de la rue des Cuisiniers 161
  - Vieilles tanneries, à Bayeux 163
  - Cheminée du xiie siècle 164
  - Une cour à Bayeux 165
  - Une des flèches de Bayeux 167
  - Maison rue Franche 168

- Lisieux. Carrefour et Grande-Rue (*hors texte*) 169
  - Port-en-Bessin. Vieille tour sur la Falaise. Maison de Pêcheurs ... 169
  - Ferme du Pavillon, à Ryes 173
  - Entrée de la rue aux Fèvres 174
  - Lisieux, église Saint-Jacques 176

- Beaumont-le-Roger (*hors texte*) 177
  - Maison rue du Paradis, à Lisieux 177
  - Une vieille porte 179
  - Au-dessus du porche latéral de Saint-Pierre 180
  - Une cour, place Hennuyer 181
  - Tanneries à Lisieux 183
  - Clocher de Crépon, près Bayeux 184

- Honfleur (*hors texte*) 185
  - Beaumont-le-Roger 185
  - Porte rue Auguste-le-Prévost, à Bernay 188
  - Eglise Notre-Dame de la Couture, à Bernay 189
  - Entrée de l'abbaye, à Beaumont-le-Roger 191
  - Eglise de Criquebeuf 192

- Le chateau de Tancarville (*hors texte*) 193
  - Maison sur le port, à Honfleur 193
  - Le clocher de Sainte-Catherine, à Honfleur 197
  - Portail de maison du xve siècle, à Honfleur 199

- Cour de la maison Henri IV, a Saint-Valery-en-Caux (*hors texte*) 201
  - L'abbaye de Graville-Sainte-Honorine 201
  - Harfleur 204
  - Tour ruinée, près d'Yport 205
  - Fécamp, le vieil hôpital 206

- Entrée du chateau de Dieppe (*hors texte*) 209
  - Eglise de l'abbaye de Valmont 209

Donjon de Valmont.	210
Le presbytère, à Veules.	211
Ancien manoir de l'abbaye de Fécamp, à Saint-Valery.	212
Saint-Valery, porte de la maison Henri IV.	213
Clocher de Saint-Valery.	215
Une cour, place de la Chapelle, à Saint-Valery.	216
ABSIDE DE NOTRE-DAME D'EU (*hors texte*).	217
Chapelle Saint-Léger, près Saint-Valery.	217
Une cour, à Saint-Valery.	218
Vieille croix, à Saint-Valery.	219
Le château de Dieppe.	220
Le donjon du château.	221
Sommet de la tour de Saint-Jacques.	223
LE TRÉPORT (*hors texte*).	225
Le château d'Arques.	225
Le manoir d'Ango, à Varengeville.	227
Deuxième porte du château d'Arques.	228
Gargouilles à Saint-Jacques.	229
La ville d'Eu.	230
La mise au tombeau, église d'Eu.	232
LA CATHÉDRALE DE ROUEN (*hors texte*).	233
Eglise du Tréport.	233
Vieilles maisons sur la place, à Eu.	236
Rouen, vu de la côte Sainte-Catherine.	237
LE GROS-HORLOGE (*hors texte*).	241
Cathédrale de Rouen.	241
Devant Saint-Maclou.	243
L'aître Saint-Maclou.	245
Le portail des Libraires.	248
ROUEN. LUCARNES DU PALAIS DE JUSTICE (*hors texte*).	249
Tour centrale de Saint-Ouen.	249
Fragment du tombeau de Louis de Brézé.	251
Maison, rue Eau-de-Robec.	253
Le méridien de Saint-Ouen.	255
Portail de la Calende.	256
ROUEN. UN COIN DE SAINT-ÉTIENNE DES TONNELIERS (*hors texte*).	257
Petite porte du bureau des finances.	257
Le monument de la Fierte.	259
Rouen, marché aux Balais.	260
Rouen, passage de la Salamandre.	261
Rouen, fontaine de Lisieux.	263
Près la maison des Caradas.	264

Rouen. Place de la Pucelle et hôtel Bourgtheroulde (*hors texte*).	265
Maison rue du Bac	265
Une porte, rue du Sacre.	267
Restes de l'abbaye de Saint-Amand.	268
Ancienne église Saint-Laurent	269
Maison, rue Percière	270
Fleuron sous la voûte du Gros-Horloge	271
Les toits de Rouen	272
Vieilles maisons de Caudebec-en-Caux (*hors texte*).	273
Fontaine de la Crosse.	273
Au quartier Martainville.	275
Église Saint-Éloi	277
La tour Jeanne-d'Arc	280
Le Porche de Louviers (*hors texte*).	281
Vieux logis rue de la Harenguerie	281
Sous l'escalier de la cathédrale.	283
Les tours de Jumièges.	284
Le clocher de Caudebec	287
Vieilles maisons, à Caudebec.	289
L'évêché d'Evreux (*hors texte*).	289
Retombé de voûte, à Saint-Taurin d'Evreux	291
Louviers.	293
Ruines du Château-Gaillard (*hors texte*)	297
Le beffroi d'Evreux.	297
Flèche d'Evreux	298
Le Petit-Andely.	299
Le donjon du Château-Gaillard.	301
Les grottes dans le fossé du Château-Gaillard	303
Le vieux pont de Vernon (*hors texte*).	305
Porte de maison, à Vernon.	305
Bénitier à deux vasques dans l'église de Vernon	308
Le donjon de Gisors.	309
Lavoirs sur l'Epte	310
Le pilier des marchands.	311
Maison de bois, rue du Fossé-des-Tanneurs.	312
Le Château de Gisors (*hors texte*).	313
Un coin de l'église de Gisors.	313
Le petit pont	315
Porte de la sacristie.	316
Le cadavre sculpté dans une chapelle	317
La tour du prisonnier.	318
Une tour de l'enceinte.	319

TABLE DES GRAVURES

Hôtel de ville de Gisors 320
Maisons à Gisors sous le château 321
Pigeonnier du vieux château à Veules 324
Eglise de Chaumont-en-Vexin, près Gisors 331

ÉGLISE DE CHAUMONT-EN-VEXIN

www.ingramcontent.com/pod-product-compliance
Lightning Source LLC
Chambersburg PA
CBHW050538170426
43201CB00011B/1481